Shohei Baseball's Two-Way Phenom

# Baseball's Two-Way Phenom Ohtani

belle vue

人生風景・全球視野・獨到觀點・深度探索

# 大谷翔平
## 天才二刀流挑戰不可能的傳奇全紀錄

Baseball's Two-Way Phenom

張尤金——著

# Shohei Ohtani

Shohei Ohtani

CONTENTS



PART 1

## 源流

### 野球少年的原點

PART 2

# 啟蒙



## 水澤少棒

PART 3

# 決斷

## 花卷東高校

PART 4

# 挑戰

## 日本火腿鬥士

PART 5

# 渡海

## 洛杉磯天使

【推薦序二】
# 不斷改寫人生紀錄的大谷翔平

宋怡慧——新北市丹鳳高中圖書館主任‧作家

我會留意到「投打二刀流」大谷翔平，起源於那年擔任體育班的國文老師。那群習慣在運動場上馳騁的孩子，要他們靜下心來，找到一本書享受閱讀，猶如登天之難。大谷翔平屢破紀錄的新聞開始火紅，猶如暗夜的曙光，讓我有個明確可行的方向執行。我應該先從學生熟悉的運動人物開始切入，當他們深入了解大谷翔平的生平事蹟之後，我們同時被一張大谷翔平高中時期，替自己所立下目標的九宮表給吸引了。

大谷翔平是他們心目中絕對頂尖的運動員，當他們看到這張智慧之表時，喜出望外之餘，卻苦於不知該如何下手。看來我的引起動機的手法奏效了。我循循善誘地引領他們理解九宮格的世界時，猛然發現大谷翔平是水平思考者，卻善於擬定目標，訂定可行的策略。他不僅懂得管理時間，也理解經營自己，要有創意、遠見與方法。

大谷翔平能成為地表最強的棒球選手，憑藉的絕對不是運氣，而是有方法的努力，有效率的躍遷。九宮格目標表可看出他強烈的企圖心，高中生的他把自己當成一個全方位的棒球選手，從體格、控球、球質、球速、變化球、運氣、人性、心理等八方面，務實地找到讓迅速壯大的關鍵力。

其中，運氣這個框格，讓我找到無縫接軌地給體育班學生的課程：為什麼運氣必須包含打招呼、打掃房間、撿垃圾、珍惜球具、正面思考、讀書、對主審態度、成為被支持的人等面向呢？學生說：「讀書是投資自己最划算也最簡單的方式，也是大谷翔平成功人生的祕訣。」我再問學生：大谷翔平為了要讓自己成為世界第一，他對自己做了什麼事？學生再說：「他嚴格要求自己，用知識管理自己的人生，勇於實踐，跳脫框架。」當時，我看見學生的眼睛亮了，心野火熱了，這個超級偶像的魔力可真是無遠弗屆。

如今，看見作者張尤金透過大谷翔平人生故事作為創作基底，運用豐富素材與獨特巧思，輔以經典格言的語錄，讓我們能夠全然地了解「投打二刀流」大谷翔平與棒球深情的緣分、精湛的人生智慧、溫婉的人際來往、精準的自我管理，精益求精的大谷翔平躍然紙上，與讀者親切相遇。這些珍貴的資料與文字分享，對喜愛大谷翔平的我們而言，是多麼奢華的幸福。

我喜歡作者的行文流暢生動，文字淺顯易懂，卻充滿哲思的懸想。幾處特別細膩的勾勒，讓讀者輕鬆走進大谷翔平的生活哲學與思維，也讓我秒懂頂尖體育選手成功的訣竅，以及面對生命困境，如何勇敢跨越的膽識與雄心。

大谷翔平一天吃十碗飯？大谷翔平為什麼可以成為炙手可熱的選秀新星？許多你不知道的大谷翔平，在張尤金的精心的勾勒下，一位可親可愛的國際球星竟像鄰家男孩般對著我們微笑，向我們訴說生活中的美麗與憂愁。請大家一起享受美好的閱讀流光，與作家乘著時光的羽翼，一起飛往大谷翔平熱血有夢的湛藍蒼穹，我相信，這會是無比欣喜的甜美時刻。

【推薦序二】

# 大谷翔平。沒有不可能！

曾文誠－資深球評

一直以為能親眼見到鈴木一朗球技，和他活在同一時代是極其幸運的事。沒想到……

棒球之神還送給我們一個大谷翔平！

等等！是棒球之神送給我們的，或他根本就是外星人？

外星人？這可不是我說的，和大谷翔平競爭二〇二一年度MVP的小葛雷諾（Vladimir Guerrero Jr.）這麼形容：「我認為他（大谷翔平）是被送來地球實驗的外星人，想看看是否有效，而他的確成功了。」還有來台灣打過球的曼尼．拉米瑞茲（Manny Ramirez）說：「這傢伙是火星人，他是從別的星球來的……」連大聯盟官網也認證「大谷不是人類！」

以上這些話並不是我這種凡夫俗子的譽美之詞，而是這些明星級選手還有專家認證，這些詞句都可在這本書的每一章節開頭看到，洋洋灑灑占據一整頁，真可用「族繁不及備載」來形容。

這麼多讚美聲中最讓我驚訝的是這個人，先聽他說這句「他（大谷翔平）很特別，他是頂級的投手和打者，我不認為未來還會再出現像他這樣的球員。」說這話的人叫邦茲（Barry Bonds），大聯盟全壘打的紀錄保持人，這位以不太和人來往孤傲著稱的球星，要在他口中聽到稱許別人的話是多麼困難的事，但大谷翔平辦到了，足見大谷翔平的投打表現有多麼驚人。

說大谷翔平是「外星人」，只是因為我們實在找不到任何話語，或不知如何解釋他能丟時速一百英里的速球，及投出本書作者形容的「惡魔指叉」，然後一下子又能拎球棒上場將球轟到近五百英尺的牆外，太不可思議了！

外星人嗎？但如果你從第一頁開始閱讀此書，你將會清楚知道大谷翔平絕不是外星人，除非你能證明他爸媽本來就是。大谷翔平能有今天這樣成績，是一步一腳印走出來，甚至在當年火腿隊唯一指名大谷翔平時，「二刀流」這個想法都還沒成形呢。

是的，你在書中可以看到投打二刀流從一開始只是一個想法，到後來在火腿球團、監督栗山英樹齊心努力下，怎麼樣一步步地完成這不可思議的目標。這本書當然不只如此，作者張尤金以近似編年體的方式書寫，從大谷成長一路寫到二〇二一年大聯盟史上最不可思議的個人秀，一一完整道來。所以我們見到年幼的大谷是如何地好動，還有與生俱來的運動天分，甚至作者還帶我們坐一下時光機，回述一下谷爸谷媽是怎麼開始交往進而結成連理。

接著是大谷翔平中學時代，尤其進入花卷東高校，佐佐木監督是如何扮演著改變他一生的角色。看完本書後我對此一時期的大谷翔平特別有感。應該有不少人知道大谷翔平曾寫下「曼陀羅計畫表」，但即便如此，作者張尤金仍花了點篇幅來介紹曼陀羅計畫表，我個人認為這是對的，如果沒有設立目標，並且不計代價朝著目標努力，就沒有今天我們看到的大谷翔平，至於該設什麼樣的目標？這也是這本書最大的價值所在，它告訴我們別讓他人來定義你能不能完成某件事，成功與否在於你有沒有決心辦到。誰說高中生不能投到一六〇？誰說加入職棒不能投打兩端都顧到？事實證明大谷翔平不但都做得到，且都是明星等級的表現。

從幼年到大聯盟年度MVP，這是一本滿滿大谷翔平的成長史，甚至還有大谷翔平投打二刀流的二〇二一年全紀錄。我們只能佩服作者張尤金收集資料及寫作的功力，就如同他前一本著作《天才的人間力，鈴木一朗》般，受限於無法親訪當事人（這對任何媒體都是極難之事），我想這是唯一也是最好的寫作方式了。

說到張尤金的前一本書，我也曾在序文寫了點感想，但明明是寫鈴木一朗我卻臉皮頗厚扯到自己。這回是大谷翔平，該不會又可以跟他連在一起吧？沒錯！我自往臉上貼金地說，書裡面提到大谷翔平一生的計畫，最後是「七十歲每天維持運動，健康開朗地生活著。」嘿！我可比大谷翔平早了十年就達成這個目標了喔！呵！是不是比大谷翔平還厲害？

不對！

七十歲？會不會大谷翔平還在大聯盟穿球服上場三振打者，還揮出全壘打啊？

大谷翔平。沒有不可能！

【推薦序三】

# 把「內在原力」發揮到極致的典範人物

愛瑞克──《內在原力》作者、TMBA共同創辦人

我先承認自己不是棒球迷，甚至是棒球「魯蛇」，從小到大從沒有擊出過任何一支安打，當作者張尤金找我為此書撰寫推薦序，而且相當堅持是一定要！我想，作者找上棒球門外漢來推薦一本解析全球頂尖職棒好手大谷翔平的著作，這絕對事有蹊蹺！

當我速覽完此書初稿，也就完全豁然開朗，原來，大谷翔平根本就是把「內在原力」發揮到極致的典範！天啊，要不是張尤金找上我，我根本就會錯過這個難得的機會去了解大谷翔平這個人、他的成功之道，以及值得我們借鏡、運用到不同職場領域的好方法和好習慣！

首先，大谷翔平絕對是符合「無限思維」與「成長型思維」的人物典範。相對於眾所周知的棒球界明星鈴木一朗像是「孤高的天才」，大谷翔平則是享受努力過程的運動家，就算遇到挫敗，他也覺得過程很有趣、好玩，就算撞牆了，也會努力研究出跳過牆的方法。他不會因為偶像包袱而覺得一定要與眾不同，相反的，善於模仿一直是他成長進步的動力，就如我所推崇的自我成長核心理念：「超越自己比戰勝他人更重要」，只要讓自己每天站在比原本的位置更往前一點點，其他人的指指點點（尤其在大谷跳過日本職棒而想直接挑戰大聯盟，引發日本媒體界及輿論的撻伐事件）到人生最後回

頭來看，真的一點也不重要。

其次，大谷翔平也是「以終為始」的最佳案例之一。在他十七歲時，已經立下屬於自己的「人生目標表」，列出十八歲到七十歲，每一年要達成的目標，而根據每個目標再去細分相關的子目標（採用所謂「曼羅陀計畫表」），這就是我在拙作《內在原力》書中強調「Be、Do、Have」的信念系統。一定要先想清楚自己在人生最後要成為怎樣的人，然後從那樣的最終目標回推、拆解開來，才能知道自己在漫漫長路中遇到險阻時，該如何抉擇？該如何取捨？

此外，大谷翔平最受人讚揚的是他的「二刀流」：無論就打者或投手的角色，都是首屈一指的極致表現。然而，成為「二刀流」卻是一場意外的受傷（高二那一年髖關節生長板損傷）而發展出來的結果，驗證了《內在原力》書中所說的「沒有壞事：找出壞事背後隱藏的好事」。此外，他在二〇一二年十月二十一日的日本職棒選秀會前四天，向世界宣布自己挑戰美國職棒大聯盟的決心，這種跳過日本職棒而直接參與大聯盟的做法招致日本媒體以及輿論的嚴厲批評，認為他低估、藐視日本棒球界，抗議信件不斷湧入電子郵件信箱。然而，若以事後大谷翔平最終表現來看，在世界的舞台上成為「日本之光」，其實初期的攻擊、謾罵，終究只是短暫的不解罷了。

最後，希望透過本書，讓我們一起欣賞大谷翔平這位世界級頂尖好手的成長歷程，並透過作者用心的凝鍊、萃取出一些可以跨領域運用的待人處事之道，幫助不同領域的讀者在各自的行業做出最好的選擇，活出最好的人生版本！

願原力與你同在！

【自序】

# 改變大聯盟的「野球少年」

二〇二一年對許多棒球迷來說，是值得回味與珍藏的一年。來自日本岩手縣的二十六歲「野球少年」逆天而行，差點登上大聯盟全壘打王。他在六、七月間打擊大暴走，二十一場比賽狂轟十六支全壘打，王貞治的這句話「**每當我打開電視，就會看到他打出全壘打**」，或許說出了棒球迷的心聲。

不可思議的是，他還是球隊的最佳投手，本季二十三場先發有十八場責失分在兩分以內，還有多達二十場比賽既投又打。雖然一開始是以「日本貝比魯斯」在美國闖出名號，可是如今他有多項紀錄已經超越「棒球之神」貝比魯斯（Babe Ruth）了。

能投擅打，而且投打兩端都有極為突出的表現，「二刀流」無疑是大谷翔平的招牌。美國《運動畫刊》認為他是「**神鱒**」**楚奧特**（**Mike Trout**）與「**天才小史**」**史崔斯伯格**（**Stephen Strasburg**）的綜合體，《看台報告》網站則形容他「**打起球來像小葛雷諾，三振能力像達比修有**」。

至於什麼是我心目中的大谷翔平？對我來說，「**大谷翔平=鈴木一朗+野茂英雄**」。

這麼說吧！如果將二十年視為一個世代，那麼二〇〇一年第一位獲選美聯年度MVP的日籍球員鈴木一朗，與二〇二一年的第二位日籍獲獎者大谷翔平，正是二十年的世代傳承。另一個有趣的巧合：一九九五年挑戰大聯盟的野茂英雄是二十六歲，二十六年後締造「二刀流」百年紀錄的大谷翔平也是二十六歲，兩人的年齡剛好相差二十六歲！

這一切真的純屬巧合嗎？我看到的是「野球道」精神的傳承。鈴木一朗在二〇〇六年率領「侍Japan」稱霸首屆WBC世界棒球經典賽，當時小學六年級的大谷翔平坐在電視機前面看到一朗的熱血表現，更堅定他成為職棒選手的決心；高中三年級時，大谷翔平在日職選秀會前夕宣示要成為第一個挑戰大聯盟的日本高中生，他想繼承野茂英雄的「先驅者」（pioneer）精神。

**「這是我高中入學以來的夢想，我想到一個更艱困的環境去磨練自己。」「要做就做別人做不到的事。」**這是大谷翔平對自己的期許，也成為他不斷精進的原動力。

想像這些畫面：一個小男生，背包裡放了手套和飯糰，就可以到公園或河堤打棒球一整天；回家打開電腦，看著YouTube影片研究偶像達比修有與松井秀喜的投打機制，只要一有靈感閃過就拉開窗簾，從窗戶玻璃的倒影檢查自己的投球或打擊姿勢；其他時間則在家裡隨時握著球棒和球，只怕錯過一絲對棒球的靈感……這就是媒體常稱呼大谷翔平為「野球少年」的原因，美國記者誇張地形容他吃飯、睡覺，甚至呼吸都想著棒球。大谷翔平也告訴自己，**「棒球是值得一輩子努力並且認真對待的一件事」**、**「棒球就是這樣一個只要付諸努力就會得到回報的運動」**。

你一定聽人說過大谷翔平是「天才二刀流」、「不世出的天才」，事實上他的成功，可說是從小到大全心投入棒球的結果。只是相較於一朗是「孤高之天才」，日本作家則形容大谷翔平是「享受努力的天才」，因為只要是有關棒球的問題，他總是回答「我很期待」、「很喜歡」，即便全壘打大賽第一輪遭淘汰，他依然可以滿臉笑意地說「很好玩」。

就如大谷翔平的父親大谷徹所言，「人要做自己有興趣的事才會成功。」蘋果公司創辦人賈伯斯（Steve Jobs）則說，「在成就偉大的事業之前，你必須先熱愛你的工作。」大谷翔平顯然就是享受努力、樂在其中的典型。

當然，只有快樂打球是不夠的。回顧大谷翔平在高中、日職、大聯盟各階段都發生過足以終止球季的重大傷痛，一路以來外界對「高中畢業直攻大聯盟」、「投打二刀流」的質疑更是不勝枚舉。在這段漫長的過程中，如果沒有下面這四位監督在不同階段形塑他的人格，指引正確方向，激發全部潛能，也就不會有現在的成功：

## 大谷徹

大谷翔平的父親，翔平少棒與青少棒時期的監督或教練。曾經效力社會人球隊的徹不僅傳授球技，他與妻子加代子更以身體力行的方式形塑翔平謙遜有禮、人見人愛的個性。

題外話，高中時期的大谷翔平從沒想過自己可以在進入職棒後「投打二刀流」，如果不是母親加代子不經意的一句話，在他心裡萌芽、生根，也許就不會有現在的百年紀錄了。

## 佐佐木洋

大谷翔平就讀花卷東高校時期的棒球隊監督，以同校畢業的職棒投手菊池雄星為教科書來育成翔平。他指導翔平填寫的「曼陀羅計畫表」，已經成為包括奧運柔道銀牌選手楊勇緯在內的運動員、乃至於大型企業員工的「目標設定與自我管理心法」。

此外，佐佐木監督的這句名言「先入為主的觀念，將使可能成為不可能」，後來成為翔平人生的座右銘之一。

**栗山英樹**

大谷翔平效力北海道日本火腿鬥士時期的監督，「二刀流」名詞的用法就是他率先提出來的。栗山監督在翔平剛入團時提出「鬥士大學」的概念，亦即「第一年鍛鍊身體，第二年擔任打者，第三年擔任投手，第四年『二刀流』花開並蒂」，堪稱是擘畫與打造「二刀流」最重要的推手。

栗山監督曾經承諾高中生翔平，**「你的夢想一定會實現，讓我們一起努力，開創一條以前從未有人走過的『大谷之路』。」**最後翔平終於在日職生涯最後一場先發登板以「王牌投手兼第四棒打者」劃下完美句點，成功渡海挑戰大聯盟。

**梅登（Joe Maddon）**

洛杉磯天使隊總教練。梅登決定在二〇二一年取消「大谷規則」，改以「無限制」的投打起用法激發出大谷翔平最大的潛力，才有後來締造百年紀錄、全票當選年度MVP的歷史成就。

延續前一本書《天才的人間力，鈴木一朗：51則超越野球的人生智慧》的呈現方式，本書收錄超過兩百則經典語錄，期待能讓讀者在閱覽其人生故事的同時，也能從語錄金句中找到共鳴。

此外，有鑑於大谷翔平的二〇二一年球季被評選為「全球運動史上最偉大的賽季」，本書翔實記錄每一支全壘打與每一場勝投的「二刀流軌跡」，為不朽的歷史作見證。

當然，絕不可少的是大谷翔平的人生傳記，內容不限於棒球，而是從親子教育、家庭溝通、成長型思維、目標設定、自我管理等不同面向，探究其內心世界與精神力的養成，期待讀者能在一篇篇具有溫度與深度的故事背後，找到實現夢想的勇氣與執行力。

# PART 1

# 源流

## 野球少年的原點

Shohei Ohtani

大谷翔平是從什麼時候萌生「投打二刀流」的念頭？這要從他加入日本職棒前，與母親加代子的一段對話開始說起。

加代子回憶說：

當我們在討論進入職棒可能的發展時，我笑著問翔平「**你為什麼不能既當投手，又當打者？**」

當時我心裡有個畫面，我認為他轉入職棒後將成為達比修桑那樣的投手。雖然翔平高校時期的投球表現不如預期，當投手的成績也不完整，但我相信他只是先在打擊方面展現才華罷了。所以我才會問他，你難道不能同時做這兩件事？

聽到我的問題之後，翔平立刻反駁，「**職業運動是每個人拚死拚活、只想搶得一席之地的世界，如果我認為自己可以既當投手又當打者，這是對所有職棒球員的不尊敬。**」

說實話，當我聽到人們說「這是不可能的」、「太瘋狂了」，我心裡也這麼想。但我更清楚的是：這孩子從小到大有一種冒險的精神，他想做別人做不到的事。

所以就算別人告訴我，他這樣一輩子都達不到「職棒生涯兩百勝或兩千安」（註：

「日本職棒名球會」的入會門檻），但我還是想知道，翔平能不能靠自己的力量達到一百勝和一千安？

從上面這段翔平母子的對話不難發現，就如日本媒體所言，「投打二刀流」一開始確實只是「素人的發想」。但加代子自己或許也沒意料到，當年不經意的一句話，就此在翔平心裡的某個角落萌芽、生根……

# 1 命定的相遇——大谷徹的野球人生

「人要做自己有興趣的事才會成功。」——大谷徹（大谷翔平的父親）

「翔平是一個比我更好的打者。」——鈴木一朗（前歐力士、水手球星，金氏世界紀錄認證的世界職棒安打王）

「他將成為全世界第一的棒球選手。」——鈴木一朗

身高一九三公分、運動天分超乎常人的大谷翔平，許多人會聯想到他同為運動員的父母。沒錯，大谷的父親曾經是三菱社會人球隊的棒球選手，母親則是羽球選手，不過父母對他人生的影響力顯然遠多於遺傳與基因。

先從大谷的父母親開始說起。

## 陰錯陽差的野球人生

父親大谷徹，一九六二年出生於日本東北地方的岩手縣北上市。身高一八二公分的他，一九七〇年代後期就讀岩手縣立黒澤尻工業高等學校期間，正是當地高校棒球的鼎盛時期，他則以左手強打之姿，經常擔任校隊的中心棒次。

徹原本有機會在畢業後進入職棒，但他在高三那年卻一度選擇放棄棒球。在運動作家佐佐木亨（著有《開拓道路 越過海洋 大谷翔平的素顏》一書）專訪中，他娓娓道來這段歷程：

「當時我聽說有職棒球探來看我的比賽，但我們之間從來沒有交談或接觸。對我來說，職棒就像雲端之上的存在。雖然我的願望一直是長大後要加入職棒，這是我從小的夢想，但我感覺那是一個我完全無法企及、也完全無法掌控的世界。」

「高三那年夏天結束後，我心裡萌生『是時候該離開棒球，這樣就夠了』的念頭，我打算在高中畢業後找一份正常上班族的工作。」

「就在秋天來臨之際，我記得大約是十一月吧！我心裡還是放不下棒球，想繼續打球。可是當我找球隊監督深談時，卻只得到『太遲了』這個答案。」

最後大谷徹決定在高中畢業後加入社會人球隊，不過依舊一波三折：

「當時有幾個高中校友效力於關東地區的社會人球隊，例如王子大飯店、川崎製鐵千葉（現在的「JFE東日本」）等。其中一位學長是左投手，他在我高三那年夏天的縣內預賽前，回學校協助我們訓練，當時他對我說：『欸！來我這裡打球吧！』所以有一段時間我曾經想到學長效力的川崎製鐵千葉隊。只是在縣內預賽遭淘汰之後，我決定離開棒球，因而回絕了學長。」

至於岩手縣當地知名的社會人球隊——新日本製鐵釜石，日職生涯二八四勝、綽號「史上最強潛水艇投手」的山田久志就出身該隊。大谷徹透過推介，前往這支位在岩手縣沿海釜石市的棒球隊參加甄選，不料卻已額滿。

最後是一位大他七、八屆的高中學長在三菱重工橫濱製作所（現為「三菱重工East」，球場位於神奈川縣橫濱市金澤區）棒球隊擔任隊長，學長引介他參加甄選。原本球隊內定錄取三名高中畢業生（包括後來在一九八三年選秀會以第三指名加盟阪急的飯塚富司，以及一九八五年選秀會以第二指名加盟阪神的中野佐資），但大谷徹幸運地成為第四人，得以在社會人球隊延續棒球生涯。每天中午前，他在集團企業的另一家公司擔任總務工作，下午則參加棒球隊的練習。

也許你會說這是大谷翔平出生前發生的事，但在父親高中畢業前後這幾個關鍵的十字路口，如果沒有這一連串的陰錯陽差，大谷徹就不會在三菱重工橫濱製作所遇到後來的妻子，包括翔平在內的人生也將因此而大不同。

在加入社會人球隊之後，他們的目標是要打進在後樂園球場舉行的「都市對抗野球大會」，而大谷徹也不再是高中時期的中心打者，轉而成為靠腳程拚上壘的第一、二、九棒。他說：「雖然我的身高超過一八〇公分，但我有能力以觸擊安全上壘，右投左打、擔任外野手的我，最大賣點其實是跑壘速度。」

就這樣，大谷徹在三菱重工橫濱隊打到二十四歲，又再度面臨人生的十字路口。當時同期加入球隊的四名高中生選手中，有兩人加盟日職、一人辭職，唯一留下來的大谷徹已經準備好明年接任隊長，帶領年輕選手打拚。不料就在這個時候，擔任監督的臼井喜久男對他和幾位資深選手發出戰力外通告。

過去依照慣例，每年都市對抗賽球季結束後會有三至四人接到戰力外通告，但這一年很反常地多達七至八名資深選手。由於女友加代子與棒球隊的經理和監督同樣任職人事部門，根據她側面瞭解，高層的真意只是想激勵資深選手，並無逼退之意，但大谷徹卻認真了，「雖然我還想以現役球員的身分再多打幾年，但正值球隊換血，而我又是球隊最年長的選手，現在或許是退出的最佳時機……我總不能開口說『拜託讓我繼續打球吧！』」

從棒球退役的大谷徹轉任公司職員，隨後在同年底與同公司羽球隊、小他一歲的加代子結婚。結婚第二年（一九八八），長男龍太出生。

## 與妻子命定的相遇

說到翔平的母親加代子，其實她的運動天分可能不亞於丈夫。小學五年級時因為住家附近的俱樂部球隊召募新血，在父母的鼓勵之下，加代子開始學習打羽毛球。

初中三年級，也就是學打羽毛球的四年之後，加代子入選神奈川縣代表隊並參加全國大賽，還在女子團體組奪得亞軍，當時在決賽打敗她們的熊本縣代表隊，其中一位成員正是後來一九九二年巴塞隆納奧運的日本羽球國手陣內貴美子。而且由於加代子和貴美子同學年的關係，兩人後來還有多次交手紀錄。

加代子高中就讀神奈川縣立橫濱立野高校，由於跨區就學的關係，每天早上五點多就必須搭乘第一班火車再轉公車，比同學提早一個多小時到校練球，放學後再留校練到七八點，回到家裡通常是九點多以後的事了，而且週末假日幾乎全年無休。如此嚴格的練習，往往只換來校際比賽的一兩場勝利而已。

高中畢業後，加代子進入位在立野高校附近的三菱重工橫濱製作所工作，在人事部門負責勞工安全衛生等業務，同時隸屬公司的羽球隊。當時日本國內成立羽球隊的企業不多，即便是同時擁有羽球隊與棒球隊的三菱重工橫濱製作所，也是將多數資源挹注在棒球隊身上，每當棒球隊有夜間比賽，公司多數員工都會到場應援，就這樣，加代子在進公司的第一年就認識了大谷徹。

大谷徹回憶說，「公司新進員工肩負到場加油的義務，男生加入應援團，女生則組成啦啦隊，我就是在他們的成團儀式上認識她的，後來還陸續舉辦過忘年會、餐敘等。當時是我進入公司的第二年。」

說來巧合，大谷徹第一年效力這支球隊的專屬球場並不在後來的金澤區，而是橫濱市區內一個左右外野全壘打牆只有八十公尺遠的小球場，而這座小球場恰巧就在加代子娘家附近。同屬三菱重工運動員的兩人，就這樣開始相識相戀，進而結為連理。

行文至此，「塞翁失馬」似乎成為大谷徹的人生寫照。如果不是高三那年接連錯過加入職棒、大學升學還有幾支社會人球隊的機會，他就不會在橫濱認識後來的妻子；結婚初期工作與生活艱辛，還要養育一對年幼的兒女，讓徹錯過長子龍太的成長歷程，他在愧疚之餘加倍彌補給么兒翔平，反而打造了一個不世出的棒球奇才。

## 家族身高的遺傳

順帶一提，身高一七〇公分的加代子與丈夫同樣來自身材高大的家庭，兩人的父親——也就是翔平的外祖父和祖父——身高分別是一七四．五公分和一八〇公分，在那個年代算是非常突出的，而且加代子的父親初中時期就是棒球隊的王牌投手兼第四棒，還是短跑紀錄保持人，運動細胞發達。

身為三姊妹中的老二，加代子說：「我和妹妹一樣高，姊姊只比我矮兩公分，所以我們三人的身高都在一七〇公分上下。而我們的丈夫身高都超過一八〇公分，她們的小孩也都很高，我們整個家族都是如此。所以雖然當時翔平還沒出生，但我知道我們不可能生出一個矮小的小孩，將來翔平一定能長到相當的高度。」

繼承了徹和加代子的基因，大谷家的長子龍太身高一八七公分，長女結香一六八公分，而一九三公分高的翔平則成為家族最高大的成員。

# 2 岩手・歸鄉——翔平誕生

「我知道全國各地還有更多更出色的選手，所以我一直告訴自己『我想變得更強』。」——大谷翔平

「在這個未知的領域，你的實力比自己想像中是高？是低？除非你嘗試過，否則永遠不會知道答案。」——大谷翔平

「大谷若擔任投手絕對可以單季二十勝，當然，他更是個單季五十轟等級的打擊怪物。」——鈴木一朗

「拜託，我希望他能再活躍十年。我想讓我的孩子看到大谷翔平。」——日本網友

「落葉歸根」是許多真實人生上演的情節。有人衣錦還鄉，有人告老還鄉，也有人在過世後才得以歸葬故鄉，但這都不是大谷徹想要的。

因為他不是為了自己，而是為了一雙年幼的子女。

## 歸鄉旅人的渴望

就像大台北許多首購族和年輕夫妻移往蛋白區購屋的邏輯一樣，在長子龍太、長女結香相繼出生之後，大谷夫婦也想有一個真正的「家」，有客廳、廚房，兒女長大後都能有自己的房間。若要在神奈川縣買到這麼大的房子，恐怕遠遠超過他們的經濟負擔能力，但回到鄉下可就完全不同了。所以這是大谷徹歸鄉的主要動機，不是為了自己的工作或生活，而是為了子女。

此外，「我在想，如果我要讓自己的小孩打棒球，鄉下的環境會更好。」在鄉下出生長大的徹，基於自己的經驗這麼認為。

況且在大谷徹的生涯規畫中，來橫濱的初衷是為了延續棒球生涯，如今既然退出球隊，那麼留下來的理由也消失了。有了家庭，又是家裡的長子，徹歸鄉的渴望愈來愈強烈，因此在轉職到關東自動車工業（現為「TOYOTA自動車東日本株式會社」）的兩年多後，三十歲的大谷徹毅然決定舉家搬回鄉下，他後來受訪時說：

「我還是想回到自己的家鄉岩手縣。」

「我才三十歲，總是能找到事做，就算是自己從沒做過的工作也沒關係。」

「原本計畫在神奈川屆齡退休後再回家鄉，但我改變了主意，既然最終都是要回來，何不愈早愈好？我想早點回到岩手縣，打下一個堅實的基礎。」

就這樣，在女兒結香只有十個月大時，大谷全家遷回徹的故鄉岩手縣，約莫又過了一年，一九九四年七月五日晚間九點零六分，大谷家的第三個孩子翔平在水澤市（現為奧州市水澤區）的平間婦產科醫院出生了，重量約三千四百克。在這對父母的記憶中，翔平是在「熱浪年夏季最炎熱的一天來到這個家」。

有此一說，翔平出生時白淨俊秀，與一般嬰兒大不相同，連護士都很驚訝地說「真是個漂亮的孩子」（笑）。

## 鄉下生活的挑戰

雖然搬回岩手，住進新家，可是大谷夫婦依然過得辛苦，他們有三個小孩要照顧，分別是上小學的哥哥、兩歲的姊姊，還有剛出生的小翔平。尤其對於在神奈川出生長大的加代子來說，陌生的環境比起養育三個年幼的小孩，對她是更嚴峻的挑戰。回顧這段過程，加代子受訪時用她一貫的語氣笑笑地說：

「我從來沒離開過神奈川，當我剛搬來時，周遭的人都問我『妳怎麼會想來岩手？』這個問題到現在還一直有人問。」

「大兒子出生時，我們還住在神奈川的公司宿舍，我自己也在三菱公司任職，所以我們身邊都是同年齡或同期的朋友，孩子們早上一起玩，中午各自回家吃午飯，睡完午覺後再讓他們到社區繼續玩，這就是在公司宿舍的生活方式。」

「後來雖然搬出宿舍、住到外面的公寓，但由於我姊姊就住在附近，我們的小孩年齡相仿，同公寓其他住戶的小朋友們年紀也差不多大，所以生活環境中總是能遇到認識的人，很少需要單獨去做什麼。可是剛搬到岩手，第一次走到附近的公園時，偌大的公園竟然空無一人，連我騎自行車載孩子出門遊玩，周遭也幾乎沒有人。」

對個性開朗善於交際、處處受歡迎的加代子來說，鄉下生活最難以忍受的不是居住環境或生活水平的落差，而是人際互動的問題，「在養育小孩的過程中，當妳想找人交談、傾訴，卻發現身邊連一個朋友都沒有，孩子也找不到同伴一起玩耍。對我來說，我希望在帶孩子的同時，能和其他母親、其他小朋友，甚至社區其他人緊密互動，可是一開始我找不到這樣的機會。」

所幸機會是創造出來的，婚後一度放下球拍的加代子，最終還是用她最擅長的運動扭轉情勢：她有一位初中就認識的熟人也搬到岩手，雙方重新聯絡上之後，兩個媽媽開始互教對方的小孩打羽球，每週有兩天練習日（當時翔平大約兩歲）；除此之外，當地社區活動中心的育兒廣場，也成為她認識新朋友的好去處。

憑藉著開朗的個性與積極的行動力，加代子重新找回生活節奏，感受到當地人質樸卻實在的人際互動方式，與都市人的冷漠及距離感恰恰形成最強烈的對比，「不管是長輩或附近的鄰居，他們總是把『翔平君，你很努力』、『你表現得很棒』掛在嘴邊。在翔平成為職棒選手之後，他們安裝有線電視只為了看他的比賽，用實際行動表達支持。每次聽到這樣的事情時，我總是滿懷感謝，也感覺到人與人之間的聯繫更深了。」

## 「自信是邁向成功的第一步」

岩手縣位在日本的東北地方，距離東京超過四百公里。鄉下的自在與悠閒，造就大谷翔平自信但不自負、想像力強卻不好高騖遠的個性。這些特質不時從他的談話中流露出來：

「在球隊與岩手縣的小世界裡，我得到一定程度的發揮，也建立起對棒球的自信。但我知道全國各地還有更多更出色的選手，所以我一直告訴自己『我想變得更強』。」

「邁入未知的領域總令我感到興奮，回想剛加入職棒、即將遭遇比我更厲害的選手，就是這樣的心情。在這個未知的領域，你的實力比自己想像中是高？是低？除非你嘗試過，否則永遠不會知道答案。不得不說，我總是把自己的能力想像得更高，這就是為什麼當我去做從沒做過的事情時，我會如此興奮的原因。」

對於在岩手縣土生土長的翔平來說，這裡就是他生命的發源地，守護他的是這塊土地，以及父母的親情。

## 3 次男傳說——進步從模仿開始

「大谷從小就是那種連練習都會拚命的個性。」——大谷徹

「大谷改變了大家長久以來對棒球的認識，他是獨一無二的存在。」——松井秀喜（前讀賣巨人、紐約洋基強打，二〇一八年入選日本野球殿堂）

「我曾經被認為是大聯盟的長打者，但我相信他才是真正的長打者。更棒的是，他還是個了不起的投手，超乎大聯盟水準，沒有人可以像他一樣。他肩負著許多球迷與孩子們的夢想與希望，身為棒球迷，我已經等不及想看他接下來還能做到什麼。」——松井秀喜

與「酷斯拉」松井秀喜同樣出身星稜高校的運動作家松下茂典，在採訪日本職棒球星的家庭時有一個意外的發現：許多球星都是家中的次男。從「ON砲」王貞治、長嶋茂雄，到近代成功挑戰大聯盟的鈴木一朗、松井秀喜，乃至於大谷翔平，他們都是家中的次子。

看到這個結果我倒不意外。因為我小時候崇拜的「籃球之神」麥可．喬丹（Michael Jordan），就是家中的次子，而且這是造就他偉大籃球生涯的關鍵特質。喬丹父親教他的第一個球類運動是棒球，後來受到哥哥拉瑞（Larry Jordan）的影響才開始打籃球，雖然兄弟倆的年紀只差十一個月，但喬丹從小和哥哥一對一單挑幾乎都輸，一直到長高之後才有機會贏球。長大後拉瑞因為身高（一七三公分）而中斷籃球之路，不過喬丹始終認為哥哥比他更厲害，因此他從高中開始就穿二十三號球衣，因為這個數字剛好是拉瑞背號四十五號的一半，代表他期許自己能有哥哥一半的球技。

從小就和厲害無比的哥哥每天在後院鬥牛，讓喬丹視此為日常生活的理所當然。將越級挑戰內化為生活的一部分，這是喬丹成就偉大的起點。

## 模仿是學習的開始

類似的情節也發生在翔平身上。母親加代子回憶說：「翔平兩歲的時候，他將哥哥用過的一個小棒球手套戴在左手，開始模仿哥哥，對著家裡的每一道牆壁丟球和接球。」

哥哥的手套，開啟了翔平的棒球人生。而且不只如此，身為么子的翔平，不管看到哥哥姊姊做什麼都想模仿，生長在運動氣氛濃厚的家庭，無形中也啟發他對運動的熱情。父親徹回憶說：「年幼的孩子通常會鉅細靡遺觀察哥哥姊姊的一舉一動，對吧！翔平的姊姊大他兩歲，當姊姊正在摸索如何騎我們新買給她的獨輪車時，翔平已經搶先掌握到訣竅，一邊騎一邊得意地對我說『看我，看我』。之後只要姊姊不在，他就會偷偷借來練習。」

由於年齡差距，翔平對姊姊和對哥哥的態度迥然不同。徹回憶說：「因為年紀相近的關係，翔平經常和姊姊打架，還會拳打腳踢到姊姊哭為止。可是翔平對哥哥卻連一次都不敢，大概是因為相差六歲，毫無勝算的關係吧（笑）。」

## 「哥吉拉」的次男傳說

在次男傳說中，松井秀喜的故事無疑是最有趣的，這件事發生在他上小學之後沒多久。有一天，父親昌雄發現松井正在來回揮動手上的金屬球棒，原因是松井和小學五年級的哥哥利喜他們打棒球，他打了一支全壘打，卻被哥哥的同學誣賴犯規。

哥哥的同學一邊喊「秀喜生氣了」，一邊爭先恐後地躲進利喜的房間，隨即鎖上房門。松井在門外大喊：「開門！讓我進去！」同時猛力敲門，眼看哥哥的同學不敢出來，他索性徒手砸破窗戶的玻璃，不用說，房間內這群高年級學生全都嚇壞了。目睹這一切的昌雄不禁喃喃自語：「嗯，這孩子以後可能是個不得了的大物啊！」

順帶一提，不會打棒球的昌雄為了培育兒子的棒球技能，他在松井小學五年級時買了一台投球機。就從這一天開始，一直到高中畢業為止，他每天至少練打三十分鐘，據說從來沒有一天錯過。

松井高三那年夏天，昌雄站在星稜高校棒球場的三壘邊線外觀看兒子的練習賽，當時松井高中三年已經累積了五十八支全壘打。昌雄回憶說：

「每次看到秀喜夯出特大號全壘打，我都不敢相信這是我兒子。」

「我看過他最遠的一支全壘打，是一週前遠征七尾工業高校的場外全壘打，這一球遙遙飛越右外野全壘打牆，最後打在一棟民房的牆壁上，還發出砰一聲的巨響。」

「當我忐忑不安地趕過去察看時，房子的主人笑著說：『牆壁被砸出一道裂痕，但這是很好的紀念。我會保持原樣，因為我看好松井君的未來。』」

## 「我想成為像松井秀喜一樣的球員」

對翔平來說，松井一直是他在打擊上的偶像。二〇〇九年，紐約洋基隊在世界大賽以四勝二負擊敗費城費城人隊登上冠軍，松井成為首位獲得世界大賽MVP的亞洲球星。當時在電視機前觀看比賽、年方十五歲的大谷夢想著「我想成為像松井秀喜一樣的球員」；三年後松井宣布退休，同年大谷以選秀會第一指名加盟火腿，他在拜訪家鄉奧州市政廳時透露自己很崇拜松井秀喜，高中時期會模仿松井的打擊姿勢，未來想打職棒，成為和他一樣的球員。

事實上，善於模仿一直是大谷進步的動力。他曾經在電視上見識到職業高爾夫選手石川遼的驚人柔軟度，石川可以將雙手插在腰上，手肘轉到身體正面。大谷認為這可以應用在棒球上，經過不斷嘗試與鍛鍊，一開始做不到的他最後終於模仿成功了。

日本媒體就認為，大谷這項模仿的最大收穫是高一時球速只有一三〇公里，高三卻能進步到一六〇公里，他戮力鍛鍊出堅實而柔韌的肩膀肌肉，功不可沒。

# 4 源義經——翔平名字的由來

「信心是在不斷嘗試之後才會產生的。」——大谷翔平

「大谷翔平完全是個傳奇，沒有人追得上他。」——班・韋蘭德（Ben Verlander，《福斯體育》〔FOX Sports〕分析師）

「大谷輕而易舉成為棒球史上最有天分的球員。」——龐普里亞諾（Anthony Pompliano，加密貨幣專家）

「當大谷剛來美國打大聯盟時，貝比魯斯的女兒告訴我，她父親在天之靈一定會非常開心，因為他喜歡有人追隨，他認為紀錄就是要被打破的。能看到現代還有人能做得到『二刀流』，這是件很棒的事。」——赫恩（Shawn Herne，貝比魯斯博物館執行董事）

同樣出身岩手縣的作家佐佐木亨，在他的著書《開拓道路 越過海洋 大谷翔平的素顏》中形容他

去大谷家的感受：「空氣中彌漫著暖意，彷彿陽光透過樹林照耀著大地。每次去拜訪大谷家，我總感覺有一股和煦的微風吹拂過內心每個縫隙。」

覺得誇大了，對吧？但當大谷翔平離開家鄉，回想起父母在岩手縣奧州市水澤區的老家時，他也有同樣的感受。他還補充說：「我到現在還是覺得，在這裡居住坐臥的感覺是最棒的。」

大谷家是一棟兩層樓的住宅，一樓主要是客廳、餐廳、廚房，而翔平和哥哥龍太則共用二樓的一個房間。加代子這麼形容孩子們童年時的家居生活：

「我們家進門後必須從玄關穿過客廳，才能到達各自的房間，比起關在房間，家人們更喜歡窩在可以看到彼此的客廳。全家人圍著餐桌吃飯，翔平和哥哥姊姊則聚在客廳一起寫功課、坐在沙發看同一台電視，然後上床睡覺。」

「雖然有小孩房，但孩子們很少用它，翔平也是如此。他總是躺在沙發對著天花板丟球、接球，還要避免球砸到天花板。這就是他在家最常做的事。」

翔平自己也這麼說：「我和哥哥共用二樓的房間，但我很少待在房裡。通常都是全家人一起在客廳看電視，我很少一個人關在房間裡做自己的事。因為這樣，我總覺得自己在家幾乎都是在客廳度過的。我不知道其他家庭的狀況，不過我真的以為這就是普通家庭該有的生活方式。」

## 「翔平」命名的深意

「大谷翔」

「大谷翔平」

「大谷翔兵」

「大谷義經」

這些是大谷徹為么兒取名的候選名單，不難看出父親非常偏愛「翔」字，事實上「翔」（漢字發音"sho"）就是後來家人稱呼他的小名。

回到岩手縣奧州市定居一年多生下的小兒子，徹決定以傳奇武將源義經（與奧州平泉具地緣關係）一幅飛翔戰鬥圖像的「翔」字，以及平泉的「平」字，為么兒命名。「翔」有拍打翅膀、展翅飛翔之意，「平」則象徵故鄉，也有祈願孩子未來人生平安順利的深意。

回顧命名過程，徹一開始認為用「翔」一個字就可以了，跟他一樣都是單名。可是考慮到大兒子和女兒的名字都是兩個字，如果三個孩子中只有一個是單名頗為奇怪，故而作罷。

他也曾經想過直接命名為「義經」，但擔心與歷史人物同名，將來孩子長大之後會有壓力與負面效果；此外，徹覺得很帥的藝人柴田恭兵，「兵」字也曾經是候選名單。

「最後我決定『翔平』，現在回想起來，我很高興當初選擇了這個名字。」徹後來在受訪時這麼說。

## 么兒的心性特質

即便是同個家庭、同樣環境長大的孩子，也會因為長幼排序、先天性格、成長背景等而有不同的個性。就如易學以「乾坤六子」闡釋父母子女的倫常關係，乾坤為父母，其餘六卦為所生子女，故所謂「六子」是指三對子女：長男震、中男坎、少男艮、長女巽、中女離、少女兌，各有不同的個性。

「少男良」就是家裡的小兒子，常見的個性包括活潑天真、喜靜又好動、調皮孩子氣，這些特質都相當符合我們所認識的翔平。母親加代子受訪提到的故事就是一例：

「他和姊姊只差兩歲，所以買東西我都會準備兩份，然後在差不多的時間送給他們。有一次，運動神經發達的翔平偷偷騎走我先買給姊姊的腳踏車，然後他一定是在什麼地方撞到東西，因為回來時置物籃已經破了。」

「姊姊沒有生氣，她只是問『翔平，是你弄壞的嗎？』之類的話，結果反而是弄壞車的當事人不當一回事，一副很淡定的樣子。」

加代子又說：「身為最小的孩子，翔平在家裡一直很受寵。哥哥比他大六歲，對他照顧有加，我們也都小心翼翼地呵護他。他個性活潑，在外面十分活躍，但身為家中的么子，有一點是難能可貴的，那就是他很堅強，不輕易在外人面前掉淚。」

「此外，翔平知道姊姊生氣的點，不會去做讓她生氣的事。他善於觀察周遭環境與感知外在事物，我想這就是他不輕易惹惱別人的原因。」

熟識大谷家庭的作家佐佐木亨認為，翔平的成功在於他在不同個性間取得平衡的天賦：他保有么子自由活躍、不受約束的特質，卻又能冷靜觀察周遭人，不以自我為中心；他也從不因為太過在乎他人而壓抑自己，反而喪失小孩該有的天真與孩子氣。

加代子形容兒子彷彿從小就有可以自由開啟和關閉的開關，「當他打開開關，就能集中精力，一次把事情做完；但當他關掉開關時，那就是真的關機了。就像小學和初中打棒球，比賽一開始他就全力以赴，但只要一休息，他比任何人都玩得開心，不管是拿起水管噴水，或是用球棒和球打高爾夫，活脫是個小屁孩。」

可不是嗎？即便是加入職棒之後，翔平依然保有不在乎他人眼光、我行我素的小孩心性，球場外的他不在乎自己的髮型、服裝，卻將心思與靈魂完全傾注在棒球及相關事物。

家庭決定個性，個性決定命運。加代子下面這句話正是翔平個性的寫照，「他有孩子氣的一面，也有幼稚的一面，這就是翔平，對吧！」

## 家庭成員與棒球的奇妙緣分

在翔平成名之後，他哥哥龍太、姊姊結香的生活依舊維持低調，不過卻都與翔平脫不了關係。

比翔平大六歲的哥哥龍太也是棒球選手，二〇一〇至一一年效力四國島聯盟plus（日本的獨立職棒聯盟，前身為四國・九州島聯盟，是由日職歐力士藍浪隊前監督石毛宏典所創立）的高知鬥犬隊。二〇一二年，父親徹任職的「TOYOTA自動車東日本株式會社」成立社會人棒球隊，龍太加入後奮戰六年，終於在二〇一八年帶領球隊取得東北地區優勝，進軍全國大賽「都市對抗野球大會」，當時已經三十歲的他還因而流下喜悅的淚水。和弟弟一樣，龍太也是「二刀流」，只不過他是選手兼任教練。

至於大翔平兩歲的姊姊結香，身高一六八公分，學生時代打排球，從岩手看護大學畢業後擔任看護士，後來與翔平高中母校花卷東高校的棒球部部長流石裕之結婚，也是另一個有趣的緣分。

結香曾經有一段時間成為日本媒體討論的話題。她到球場為翔平主投的比賽加油，因而被現場轉播單位捕捉到特寫鏡頭，媒體稱呼為「非常的美人」。但只要看看翔平的顏值，這個稱呼或許不會讓人意外吧！

除此之外，這個五口之家還有第六位成員——黃金獵犬Ace，這是加代子從好友那裡認養來的。Ace來到這個家時，翔平才剛上小學。由於是大型犬的關係，在家裡非常有存在感，而且是被養在屋內而非院子裡，所以牠總是和家人生活在一起，全家看電視時，牠就坐在沙發上。Ace成為加代子口中「大谷家不可或缺的第六位成員」。

Ace和翔平有很深的緣分。牠的名字是翔平取的，但這不是因為翔平當時擔任球隊「王牌投手」的關係。根據翔平的說法，Ace名字的由來是因為牠在十一月十一日出生，而且是那一窩小狗中最早出生的。

身為家裡的老么，翔平一直渴望當哥哥的感覺。據說大谷夫婦決定飼養Ace的當下，翔平開心地直說「我終於有弟弟了！」而Ace確實成為翔平成長過程中最好的伙伴，牠在翔平加入少棒隊的前一年來到大谷家，最終在翔平前往大聯盟的前一年（二〇一七）去天堂當小天使。

Ace幾乎完整陪伴翔平在日本的棒球生涯，而Ace的生日（十一月十一日）與翔平效力日本火腿鬥士隊時期的背號十一號更是奇妙的巧合。日本媒體就認為，這象徵了翔平對父母的思念與童年溫暖的記憶。

# 5 以身教者從——以身作則的力量

「他的體格與體能條件也許是上天的賜予，但他的禮貌溫和是來自一路守護他的父母。」

——佐佐木亨（日本棒球作家）

「當你在逆境時做了什麼，這才是最重要的。」——大谷翔平

「大谷是純粹主義者，他只想成為有史以來最偉大的棒球選手，這真是令人耳目一新。」

——懷汀（Robert Whiting，棒球作家）

「他看起來是另一個等級的球員，看到他上場打擊時，會有一點害怕。」——布恩（Aaron Boone，洋基總教練）

在「大谷翔平」成為日美棒球界最熱門的名字之後，許多人對於這個雙親都是運動員的家庭感到好奇。但父親大谷徹說：「並沒有特別嚴格的教育方式，很普通，就真的很普通。」

母親加代子補充：「雖然每個孩子有不同的成長方式，而且總有一天他們會離開家裡，但不管如何，家就是家。不管孩子們的年紀多大，父母對他們的愛是永遠不會改變的。」

「我認為孩子的成長是一個家庭最重要的事，如果孩子們知道父母一直在注視他們、照顧他們，那麼他們也會用同樣的方式對待家人。就算將來住得再遠，他們也能有被愛的感受。」

「這很難以言語來表達，但我想用某種方式來傳達這種感覺，直到現在我仍然這麼做。」

大谷夫婦相信，即使他們不多說，但孩子們也能從父母的背影和話語中感受到一些東西。例如：徹每天一定會和孩子道早安、晚安，用餐後，自己用的餐具自己收拾，孩子自然會照著做。

其實這就是「身教重於言教」的道理。《後漢書．第五倫傳》謂「以身教者從，以言教者訟」，意思是用實際行動教育別人，別人就會信從，用說教去教訓別人，反而容易發生爭執。對徹來說，「互道早晚安」、「自己收拾餐具」，這些舉手之勞在生活中確實是非常「普通」的小事，但這正是「以身作則」的力量。

至於加代子所說「以某種方式來傳達愛的感覺」，棒球正是具體的展現。徹從翔平小學二年級開始教他打棒球，還擔任所屬少棒隊的教練，加代子則會帶著女兒結香和自己做的便當去看他們練球；等到翔平上初中及高中之後，全家人經常在週六及週日去看他的練習賽。加代子口中的「注視」與「照顧」完全體現在翔平的棒球之路，他從小就是在父親的指導與家人的關注之下打球。因此即便翔平孤身在地球另一端奮戰，但他一定能感受到家人溫暖的愛與守護。

## 愛與尊重的家庭教育

至於在相處上，大谷夫婦有一個約定：他們不在孩子面前吵架。加代子解釋：「當夫妻爭吵時，家庭的氣氛會變得沉重，孩子們往往也會不自覺變得壓抑。並不是說我們從來沒有爭吵過，但即使有也不會持續太久，一切會隨著一天的結束而結束。第二天我們就回歸正常生活，下班時一如往常互道『我回來了』、『歡迎回家』，努力不去延續前一天陰鬱的氣氛。」

翔平的挑食問題就是一例。你很難想像現在身高一九三公分、體格遠遠超過一般人的翔平，從小學到初中一直是個「鉛筆一樣瘦的孩子」。翔平自己也說：「不知道為什麼，我從小食量不大，每餐就是一碗白飯。我喜歡吃肉，最討厭番茄，也不太吃青菜。」

大谷夫婦當然很清楚翔平挑食的問題（因為徹自己也不吃番茄），但身為父母，他們從來不強迫孩子，因為他們更重視用餐氣氛。加代子說：「我在想，如果全家人一起在快樂的氣氛中用餐，那他們就會多吃一點，所以我們會等到爸爸下班回家再一起吃晚餐，假日則歡樂地享用鐵板料理。」

「我們並沒有準備特別的食材或料理方式，但我們努力營造一種自然的用餐氣氛。（對於翔平挑食的問題，）既然學校的營養師已經調配好午餐的營養成分，那又何必為了區區幾樣不愛吃的食物，去破壞全家用餐的心情？所以我會在有限的預算內，盡可能去準備孩子們愛吃的料理。」

另一個例子則與翔平愛睡覺有關。加代子回憶說：「他上幼稚園之後，傍晚我在準備晚餐的同時，他往往躺在客廳沙發就睡著了。當我說『晚餐準備好了』，一般的孩子會馬上跳起來，但翔平卻是怎麼掐、怎麼打都叫不醒。遇到這種情況，我們就會把他抱進臥房，讓他一覺到天亮。」

也許你會好奇，如此挑食的翔平，如何能長成現在壯碩的體格？除了充足的睡眠之外，另一個原因是喝了大量的牛奶，初中時期的他每天會把一公升裝的鮮奶直接拿起來口對口灌，加代子認為這是他初中三年長高二十公分（從一六六公分長高到一八六公分）的主要原因。事實上，翔平的兒時偶像、前洋基強打松井秀喜也是如此，據說松井一天要喝掉好幾瓶一公升裝的鮮奶。

## 「成長型思維」

近年來，「成長型思維」（Growth Mindset）在教育界與企業界受到愈來愈多的關注。這個名詞源自史丹佛大學心理學教授卡蘿・杜維克（Carol Dweck）的著作《心態致勝：全新成功心理學》（*Mindset: The New Psychology of Success*），強調人可以透過練習而提高才能，只要努力就能做得更好。這種人相信失敗沒關係，過程比結果更重要，只要持續努力就會進步，進而掌握命運。

日本教育心理學作家加藤紀子觀察翔平的家庭環境，並引用他說過的一句話**「當你在逆境時做了什麼，這才是最重要的」**，認為「大谷選手在大舞台上不懼失敗、能屈能伸的能力，正是『成長型思維』的具體體現」。

加藤認為，兒童成長過程中一個重要的心態是「心理安全感」（Psychological Safety），感受到自己被無條件地接受，而大谷家舒適的客廳就提供這樣的環境；此外，當翔平在沙發上睡著而不叫醒他，這也具有教育意義，對照現在的父母處處為孩子設想，提前規畫並布置好一切，翔平的父母則讓孩子自己去體驗，培養他們的獨立意識。當孩子意識到自己在沙發睡著後一覺到天亮，將因此錯過晚餐，缺乏良好的睡眠品質，也影響到隔天上課與練球時，自然就會提供孩子獨立思考並改變行為的機會。

在電視劇「東大特訓班」中，「東大合格必勝法家庭十大守則」就包括「夫妻相處融洽」。因為當夫妻在孩子面前爭吵時，孩子心裡會感到不舒服、進而產生逃避的心態；反之，在一個氣氛和諧的家庭，子女可以向父母暢所欲言，這會讓孩子展現真實的自我，進而建立自尊心。

因此，翔平的「成長型思維」，就是在這個看似普通、但其實洋溢著愛與幸福的家庭中慢慢成形的。

# 6 天才的養成教育——興趣帶來成功

「在成就偉大的事業之前，你必須先熱愛你的工作。」——賈伯斯（Steve Jobs，蘋果公司聯合創辦人之一，曾任董事長、執行長）

「我不會馬上給你答案。雖然你可能因為這樣而繞遠路，卻能訓練你思考。」——西谷浩一（大阪桐蔭高校棒球隊監督）

「對我來說，鈴木一朗是偉大的打者、討厭的對手。想像一個具有驚人爆發力的一朗，那就是大谷翔平了。」——羅梅洛（Ricky Romero，前藍鳥隊左投）

「不管是哪種運動，歷史上從來沒有人在攻守兩端都能產生（大谷翔平）這種程度的影響力。就說棒球好了，我甚至不知道你能拿誰來跟他比較？泰德．威廉斯（Ted Williams）？我不記得泰德的防禦率，但我很確定沒有大谷好。」——某大聯盟球團高層

「他已經超越了貝比魯斯……如果你能用電腦創造出一位完美球員，他就是活生生的例子。」——佩卓．馬丁尼茲（Pedro Martínez，前紅襪王牌投手，二〇一五年入選美國棒球名人堂）

如果家裡有從小打棒球的兒子，家長期待他將來成為職棒選手，這應該是再正常也不過的夢想吧！

但日本曾經做過一項統計：如果將「職棒選手人數」除以「競技人口」（從事該項運動的總人口數），這個比率大約是千分之一。換言之，每一千個打棒球的人，最終可能只有一個能進入職棒。因此許多家長不免好奇，除了運動天賦之外，什麼樣的家庭才能培育出職業運動員？這些家庭的教育方針是否存在共通點？

## 「自我肯定」的重要

讀過許多職棒明星的傳記，我發現「自我肯定」是成功球員最重要的特質之一。舉個例子，在職棒比賽中，一支長年戰績優異或近期處於連勝的球隊，往往連替補選手都打得超乎水準，甚至與主將之間沒有太大的差別，原因在於這些選手即便沒有足夠的「自我肯定感」，但也能以充分的信心上場比賽；反之，在球隊戰績長期落後、或選手表現低迷的情況下，面對橫亙在眼前的高牆，「自我肯定」就成為跨越與否的關鍵。

對於運動員來說，經過反覆訓練，有可能獲得一定的技術水準，但這不保證你能成為一流的選手。在面對困境時，自我肯定的程度決定未來成就的高度；如果沒有自信，自認做不到，那就只有停滯不前或半途而廢了。

一個常被父母、師長責罵的孩子，容易因此喪失自尊心；反之，若能發現孩子的長處與優點，不吝給予肯定與鼓勵，更有機會培養其自信心。相較之下，鈴木一朗與父親宣之屬於前者，宣之對兒子施以近乎凌虐的「巨人之星」訓練，雖然沒有因此而挫敗一朗的自信心，但他成年後父子終究形同陌路；反之，同樣擔任兒子的少棒隊教練，大谷徹在球場上對翔平同樣有嚴格的要求，但他堅持不把棒球事務與情緒帶回家裡。

翔平受訪時回憶，「父親只有在球場上會對我生氣，回家後他幾乎沒有發火過。」若要說有，那大概就是他剛上小學時，曾經為了一本哈利波特的筆記本而哭鬧，筆記本封面在剛買來時就已經剝落了一部分，翔平想自己畫卻愈弄愈糟，最後放聲大哭。這也是父親唯一一次提高音量責罵他：「你要為這種小事生氣嗎？」

除了這件事以外，大谷夫婦在家裡幾乎沒對小兒子發過脾氣。一般家庭最常發生兄弟姊妹為瑣事爭吵，這也經常發生在相差兩歲的結香、翔平姊弟身上，但徹完全不當一回事，「由於年齡相近，兩個人整天都在吵架。但從父母的角度看，這真的不算什麼，有幾次我也壓抑不住情緒，說他們兩個都不乖，但僅此而已，我從來沒有因為翔平做錯事而生氣。」

此外，大谷徹重視言語的力量，用心溝通。在翔平小學時，父子倆每天交換日記，他們稱為「棒球筆記本」。徹會寫下對翔平練球及比賽的看法與建議，翔平則會反思、記錄自己的問題。徹的觀念是「寫成文字更能被頭腦吸收，把讚美寫下來是更好的表達方式」。有教育學者就認為，日記是表達自己思想、傾聽對方心聲的極佳方式，透過多書寫、多閱讀，可以提高孩子的語文能力，進而提升思考與判斷的能力。

相較於鈴木宣之將中年後的人生幾乎全部奉獻給一朗，大谷家的教育方式顯然普通也平凡多了。至必須說，「不責罵孩子、善於溝通及傾聽」看似容易，可是為人父母者都深知此間知易行難之處。

於大谷徹能在嚴厲的教練與和藹的父親這兩個衝突的角色間取得平衡，這種難度其實不亞於那個用生命造就一朗的宣之，可不是嗎？

## 「人要做自己有興趣的事才會成功」

在翔平成名之後，最令日本媒體驚奇的不是球技或體能天賦，反而是他謙遜有禮、人見人愛的個性。畢竟許多運動員從十幾歲開始就因為壓倒性的才能而被同儕或親友捧得高高在上，個性變得愈來愈「山大王」，這更凸顯翔平的純真誠懇是有多麼難能可貴。

這是如何養成的？熟識大谷家庭的作家佐佐木亨道出了答案：「他的體格與體能是與生俱來的，但這不是他成為現在的『大谷選手』的唯一原因。大谷的禮貌與友善，有很大一部分是來自雙親的教育。」

翔平的父親徹曾經是社會人球隊棒球選手，他深諳棒球訓練之道，但漫畫《巨人之星》中斯巴達教育的劇情卻從未發生在他們身上。不同於許多亞洲父母「虎爸虎媽」的高壓教育，徹相信**「人要做自己有興趣的事才會成功」**，所以他從沒想過將來要讓翔平打職棒，只希望愛子在過程中享受到樂趣。而這種想法正與蘋果公司創辦人賈伯斯對於成功的見解不謀而合，**「在成就偉大的事業之前，你必須先熱愛你的工作。」**

徹說：「我根本沒想過翔平會成為職棒選手，在我的想法，他將來就是去參加社會人球隊，然後有個穩定的工作就好。」

至於母親加代子很珍惜、也重視與孩子的互動，如果因為在燒肉店打工而不在家，她會請孩子放學到家後先打電話給媽媽，「我到家了，今天點心吃什麼？」加代子就藉機與孩子多聊幾句。她說：「就算人不在家，我還是很重視與孩子聊聊。」

加代子也不會對愛子施以「望子成龍」的壓力，她甚至對翔平「投打二刀流」感到意外，因為她原本只希望兒子當野手就好。加代子說：「當投手太孤單了，但野手至少還有其他八位夥伴，比賽時心情比較輕鬆。」

## 大谷家庭教育的啟發

如果要說翔平的家庭教育有什麼值得為人父母者學習之處，日本網友歸納這五個特質值得參考：

### 一、對自己的未來有明確的願景

對夢想有清晰的認識，對於自己將來要在什麼時間點，用什麼方式，達到什麼樣的境界，能有非常清楚的想法並加以描述。

### 二、父母的覺悟

家長必須有全力投入的決心。父親徹回憶說：「當時我下定決心，自願成為少棒隊的教練，即便犧牲部分工作也在所不惜，我想和翔平在棒球的路上一起努力。從那時起，我就不在下班後去應酬喝酒，也不和朋友出去玩了。但我不是強迫自己那樣做，我喜歡和兒子一起打棒球。」

## 三、父母不干涉兒子的將來

這是翔平和同世代另一名高校強投藤浪晉太郎兩個家庭的共通點。加代子說：「我和丈夫從不干涉孩子們對未來的抉擇。當然，如果徵求我的意見，我會提出我的看法，但我們留給三個孩子自己做決定。」

大谷家提供孩子們許多發言的機會，包括全家一起圍在餐桌吃晚飯、在客廳看電視，徹與翔平的父子共浴與交換日記，加代子請孩子到家後的電話閒聊，都提供了溝通管道。當然，他們也是善於傾聽的父母。

## 四、固執與堅持

就像日職時期的鈴木一朗從沒改變過「鐘擺打法」，野茂英雄堅持「龍捲風投法」直到退休。這樣的堅持有時是場豪賭，結果可能是好的，也可能是壞的。但若是想成為職業運動選手，你必須相信自己，而且自己掌握自己的技藝。

## 五、自主性的思考

曾經培養出中田翔、中村剛也、西岡剛、淺村榮斗和藤浪晉太郎等日職球星的大阪桐蔭高校棒球隊監督西谷浩一，曾經說過一句名言，「**我不會馬上給你答案。雖然你可能因為這樣而繞遠路，卻能**訓練你思考。」

這些特質後來有落實在大谷翔平的棒球人生中嗎？有：

・比翔平大六歲的哥哥龍太也打棒球，身邊總是有球棒和手套，翔平是在自然而然的情況下對棒球產生興趣，他總是想自己該怎麼努力才不會輸給哥哥，因此這段過程對他是有趣的；長大後對於就讀哪個高校、打日職或大聯盟，父母都讓翔平自己決定。當孩子完全出於自己的意志在打球，而不是為了父母時，他的動機與決心會比其他人更強烈、更堅定。

・年幼的翔平球速快但控球差，往往在四壞與暴投連發之後被迫投正中直球，然後就被對手打成平飛安打造成失分。一開始他會轉過身背對打者，甚至流淚。這時身為教練、也是父親的徹會告訴他，想想自己下一步該怎麼做，甚至思考未來要怎麼練習才能進步。諸如此類的過程，讓他從小就習慣面對挑戰、解決問題，而不是只會發牢騷而已。二〇二一年明星賽後，翔平的投球出現驚人的進步，前水手守護神「大魔神」佐佐木主浩就發現，一般選手通常是透過春訓及熱身賽來調整好自己的狀態，但他卻能在賽季進行中邊投邊調整，況且「二刀流」選手無法專注在投球練習上，這表示以他的靈活度及能力，就是能做到這麼荒謬的事。

# 7 運動的啟蒙——羽球與游泳

「撞上牆，我就會更加努力去嘗試，用盡一切力量去跨越這道牆。」——大谷翔平

「大谷是我看過的最佳選手，他是所有大聯盟選手夢想成為的球員。」——沙巴西亞（CC Sabathia，前洋基王牌左投）

「他是如此獨一無二，如此與眾不同。你很想拿他和任何人比較，但你就是找不到。」——梅登（Joe Maddon，天使總教練）

「他就是個怪物，不是嗎？雖然同為運動員，但他卻能在充斥怪物的大聯盟表現如此突出，這是我完全無法比擬的。」——本田圭佑（日本足球明星）

二〇二一年四月二十六日，大谷翔平成為大聯盟近百年來第一個暫居全壘打王的先發投手，上一次已經要追溯到一九二一年六月十三日的洋基傳奇球星貝比魯斯。而且大谷顯然不以此為滿足，他在

六局上半突襲偷點成內野安打，甚至一度想盜二壘，逼得總教練梅登下暗號阻止。

棒球場上有所謂「三拍子」（攻〔打擊〕、守〔守備〕、走〔跑壘〕）與「五工具人」（Five-Tool Player，包括擊球〔Hitting for Average〕、長打〔Hitting for Power〕、跑壘〔Baserunning Skills and Speed〕、臂力〔Throwing Ability〕、守備〔Fielding Ability〕）的說法，用來形容全能球員，但請注意，這些指標都只限於野手。至於大谷能打能跑，雖然擔任指定打擊（DH）而很少有上場守備的機會，但他卻是球隊的先發投手！換言之，傳統「全能球員」已經不足以定義他了。

尤有甚者，棒球場上的投、打、跑著重不同面向，例如投手的全身協調性、打全壘打的手眼協調性與爆發力、跑壘的衝刺速度，這些性能如何同時「安裝」在大谷身上？從他小時候的運動啟蒙過程或許可以窺知一二。

## 運動的啟蒙之一：羽球

翔平十一個月大開始學會走路，從小活潑好動，加代子回憶說：「我常給他做便當，帶去附近的公園或河堤玩耍，重點是不用花錢就能玩上一整天。」出身運動員家庭，父親和哥哥打棒球，媽媽打羽球，姊姊打排球，難能可貴的是父母並沒有「限定栽培」在某個領域，父親更沒有將自己年輕時在棒球的未竟心願強加在他身上，反而鼓勵他從小自由接觸各種運動，享受自在活動身體的樂趣。

翔平從小最先接觸的是羽球，加代子在他出生後仍繼續打球，也常常帶著兒子練習。她回憶說：

「我以前是打羽球的，一開始會帶著翔平去練習日，讓他一起玩。」

「棒球的投球與打擊動作，和羽球的揮拍有些相似，翔平從一開始就能上手。」

「我沒有特別教他，但他很自然就能做到。」

翔平自己也還記得這一幕，「因為媽媽打羽球，我經常跟著她去練習和玩耍。我不確定打羽球是否對後來的棒球有所幫助，但我本來就喜歡活動身體，童年時能玩各種運動和遊戲是很棒的一件事。」

至於現在的翔平還打羽球嗎？他笑說：「我從小就會打羽球，就算進職棒之後，我還是會打羽球當作訓練的一部分。」「但我到現在還是打不贏媽媽。」

## 運動的啟蒙之二：游泳

上幼稚園大班之後，翔平開始去健身俱樂部的游泳學校學游泳，一直到小學五年級。加代子說：「一開始去游泳學校只是幼稚園課程的一部分。上小學之後，我問他『接下來想做什麼？』他說『我想去游泳』，所以就讓他繼續學下去了。可以感覺到他玩得很開心。」

翔平後來念花卷東高校的學長佐佐木大樹是他游泳及羽球的兒時伙伴，他回憶說：「翔平從小划手壓水的速度很快，他四年級時，就和六年級的我游得一樣快了。」

五年級時，翔平代表學校參加水澤區游泳比賽五十公尺蛙式和蝶式兩個項目，拿下蛙式銅牌，此外他也是兩百公尺短跑項目第三名。

當然，翔平後來選擇的是棒球，「羽球和游泳我都很喜歡，不管將來從事哪項運動可能都不奇怪。不過我第一次看到棒球就覺得好酷，這也是我最有自信的運動。」

## 多元發展的重要

在美國，學生直到高中往往都還從事兩項以上的運動（最常見的是籃球、棒球、美式足球），高中以下運動員多元化發展更是常態。一個例子是二〇一七年大聯盟單季五十九轟的「怪力男」史坦頓（Giancarlo Stanton），高中時期曾經入選「加州高中校際聯盟（CIF）」美式足球、籃球、棒球明星隊，對這個高中三棲球星來說，棒球反而是他當時最弱的運動項目。

近年來，這種風氣也影響包括翔平在內的新一代日本運動明星，曾經打進大滿貫賽事男子單打決賽的網球選手錦織圭，小學時期同時擅長游泳和足球，後來決定專注在網球；足球明星本田圭佑小學時也學過棒球和游泳。

對照國內十多年前的媒體報導，當時王建民在紐約洋基隊大放異采，台灣許多棒球小選手的父母強力要求教練讓自己的兒子改練投手。這種望子成龍的心態固然可以理解，但如何讓孩子從小嘗試投打及不同守備位置，甚至在同時期接觸多種運動，長遠來看，或許這才是發展興趣、發掘潛力、建構身體能力之道，值得國內為人父母、師長及教練參考。

# 8 野球少年——人間力的原點

「如果你覺得自己做不到，就不會有起點。」——大谷翔平

「我本來要告訴你們，在這種高等級賽事打『二刀流』是不可能的，然後大谷翔平就出現了。他從日本來到這裡，贏得美國球迷的心。他給予孩子們希望，他讓孩子們知道這很不容易，但這是可能做到的。我們親眼見證了大聯盟史上最偉大的球季。」——班・韋蘭德

「當人們在討論世代等級的天才時，他就是那個人，地表上沒有任何人能像他那樣在投、打兩端都有如此高水準，他非常特別，甚至獨一無二，所以我珍惜可以看他打球、與他競爭的機會。」——安托列提（Chris Antonetti，印地安人隊總裁）

什麼是「人間力」？指的是身而為「人」的綜合能力，而且不以學歷、技能等顯而易見的資料或數據來衡量，著重在為人處事的修養與智慧。

## 「人間力」的原點

要探究一個二十七歲年輕人的「修養與智慧」，這年紀是不是太早了點？但對大谷翔平來說，他的超齡思維與心理素質，與年齡正好是強烈的反差。與大谷家熟識、翔平母校花卷東高校棒球隊監督佐佐木洋，認為翔平的父母正是他「人間力」的原點：「毫無疑問，他們是出色的父母！」

「每當他們來觀看練習賽時，總是安靜地站著，默默地看著比賽。但回家時如果遇到我，他們會很客氣地和我打招呼，大谷夫婦就是這樣的人。大谷一年級出賽時，場邊還有二、三年級選手的父母，這時他們就會刻意退後一兩步，默默地觀戰，有時也會融入周遭的家長。」

「雖然他父親打過社會人球隊，但他從不以任何形式干涉我們的指導與調度，就只是默默地看著他。難怪他們有個這麼厲害的兒子，卻從來沒有得意忘形地成為『天狗』（日本傳說中的生物，比喻傲慢自負的人），因為你知道，孩子們會觀察他們父母的態度。」

「大谷在上高中之前的十五年是看著父母的態度、聽著父母的話語、接受他們指導長大的。如果你看到大谷的為人處事，你就會清楚知道他父母有多麼了不起。當我看到他們時，我總會想，身為父母，我必須向他們學習。」

佐佐木監督觀察到翔平的父母有一種「時而夫妻，時而二人組」的微妙關係，彼此間存在非常完美的角色分工：

「大谷在父母的教育與照顧之下長大，他們不會過度保護自己的孩子，有時就是靜靜地守護。但這絕不是放任，而是保持適度的距離。站在教育者的立場，我認為只靠孩子自主練習是絕對不可能的，當然，強迫練習也不可能。」

「簡而言之，平衡是非常重要的，如何在兩個相互衝突的元素之間取得平衡，彷彿它們從不存在矛盾。我認為大谷的父母就有這種很棒的平衡感。」

## 「自己要為自己的生活負責」

誠如佐佐木監督所言，徹與加代子在翔平初中之前的人生扮演稱職父母的角色，即便翔平進入職棒、甚至挑戰大聯盟，父母仍然繼續作孩子的榜樣。

二〇一四年，翔平的年薪由三千萬日圓調升到一億日圓，高中畢業第三年年薪破億，這是松坂大輔（西武）之後日職史上第二人。但你能想像嗎？他的母親加代子仍然繼續在餐廳打工。

加代子從翔平還在就學時，每週有四至六天都在水澤市區的餐廳打工，同時要操持家務，然後工作日和週末還得擠出空檔去球場為愛子加油。這樣操勞的人生總該在翔平年薪破億後劃下句點吧？並沒有。加代子堅持「自己要為自己的生活負責」，她說：「翔平不是我們唯一的孩子。他的哥哥、姊姊都靠自己賺錢過生活，到現在也還是如此。如果我們依賴翔平維生，那他的哥哥姊姊會怎麼看我們？因為這樣，我們要為自己的生活負責。」

至於翔平的父親徹則從公司退休了，原因是幾年前他和幾位志同道合的朋友在當地成立金崎少棒及青少棒隊，繼續培育年輕棒球選手。有此一說，徹告訴公司高層，他無法在工作與球隊之間「二刀流」，所以決定退休。

對照許多美日職棒選手功成名就後買名車、住豪宅，過豪奢生活，翔平則是將薪資和鉅額的廣告代言費都匯到母親的戶頭。既然父母沒有因此而改變生活方式，這無疑是為翔平做了最好的示範。

## 極簡的生活與金錢觀

說到翔平的金錢觀，不管在美國、日本，都是經常被討論的話題。據媒體報導，到美國之後，他在二〇二一年的年薪為三百萬美元，但加代子每月僅匯款一千美元給他。

很難想像對吧！更令人咋舌的是，日職時期的翔平每個月消費竟然少於兩萬日圓。原因很簡單，因為他除了球場之外（往返交通費由球團支付），幾乎什麼地方都不去，也不喜歡在賽後和隊友去喝酒；至於生活開銷上，由於球隊位在農畜產豐饒的北海道，翔平常收到球團贈送的米、起司、肉類、鮭魚，他就自己下廚，了不起偶爾買個甜點罷了。因此對翔平來說，生活上最大的開銷恐怕就是一套十萬日圓的西裝，或是在客場比賽時，與在當地念書或在東京等地工作的高中同學一起去吃燒烤，不過最常去的還是便利商店（笑）。

曾經有運動媒體報導翔平「月1万円生活」，這倒不是說他阮囊羞澀，事實上加代子每個月都匯款到他的帳戶，再加上職棒賽後拿到的監督賞等獎金，所以他手頭相當寬裕。只是翔平不浪費，有需要才用錢，反而成為隊友中的異類。

回顧翔平的童年生活，這種金錢觀就反映在他從小對零用金的支配方式上。水澤南中學三年級的修學旅行，目的地是東京淺草與迪士尼樂園，家裡給他的零用錢大約是一萬三千日圓，但翔平沒把錢花完，他回家時把帶給家人的名產和紀念品放在桌上，剩下的錢全部繳回給母親。

「這樣好嗎？翔？」加代子問。

「可以呀！因為還有剩。」翔平回答。

初中時期的翔平幾乎沒有零用錢，因為除了棒球用具之外沒有特別想要的東西，況且每週有兩個平日外加週末都要練球及比賽，他幾乎沒有時間和同學朋友玩樂。如果拿到壓歲錢，翔平都交給母親保管，以便將來買更好的棒球手套。

上高中之後由於一開始就住校，連喝個果汁都要另外花錢，因此加代子週末去觀看練習賽時都會私下塞給他一些零用錢。當翔平還在念高一時，有一次加代子交代他「錢不夠要講唷！」翔平只回答「安啦！我還有一千日圓。」

## 生活只有棒球的「野球少年」

由於翔平的物質欲望不高，剛到美國時還被隊友楚奧特虧「穿著老土」，但翔平顯然不以為意。在被問到他是否有真正想要的東西時，他回答：「如果有真正想要的東西，那大概就是向隊友楚奧特請教打擊技巧吧，畢竟水原常說他是世界上最好的棒球選手之一。」

生活只有棒球，三句不離棒球，這就是我們所認識的大谷翔平。

剛到大聯盟沒多久的翔平還鬧出一個笑話：當時他住在天使球場（Angel Stadium）附近大約車程十分鐘的地方，通常是由翻譯水原一平接送他往返球場。某一天他對天使球團說有事想商量，本來以為是什麼大事，一問之下才知道原來他想要一輛腳踏車，用來往返宿舍與球場。球團後來當然勸翔平打消念頭，一來避免引起騷動，二來又怎能讓球團最重要的資產騎腳踏車在街上穿梭呢？

後來翔平考上加州汽車駕照，也買了車，但由這件事不難看出他生活上的單純率真之處。

一個來自日本岩手縣鄉下的大男孩，擁有百年一遇的棒球天賦，卻又率真有禮貌、人見人愛，大谷翔平正在太平洋兩岸掀起前所未有的「大谷風暴」。

## PART 2

# 啟蒙

水澤少棒

Shohei Ohtani

二〇〇二年秋初，一個父親牽著八歲的兒子站在水澤少棒聯盟球場外，男孩時不時會捏一下父親厚實的大手，眼神卻始終沒離開過場上那群身穿綠橘相間球衣、與自己年紀相仿的小選手身上。

這對父子是大谷徹和小學二年級的翔平，他們來參加當地少棒隊的試訓。

在此前不久，日本足球國家隊才打進日韓聯合主辦的世界盃足球賽前十六強，全國正沉浸在足球的狂熱中，翔平也不例外，但他將棒球看做是人生更重要的一件事：

「足球的色彩在我周遭其實沒這麼強烈。因為足球只需要一顆球就能玩，我常常在午休及放學後和同學、鄰居一起踢球。」

**「對我來說，踢足球只是好玩，棒球卻是嚴肅的。當然，棒球也是一種遊戲，可是在我的心中有種感覺，棒球是值得我一輩子努力並且認真對待的一件事。」**

二〇〇二年是鈴木一朗在大聯盟的第二年，雖然季中一度打得掙扎，但依舊連續第二年達成單季兩百安；至於松井秀喜當時還在日職量產全壘打，生涯首度達到單季五十轟大關。

對八歲的翔平來說，他的棒球生涯正要揭開序幕。

# 9 水澤山賊——棒球生涯的發端

「棒球是一種遊戲，可是在我的心中有種感覺，棒球是值得我一輩子努力並且認真對待的一件事。」——大谷翔平

「大谷簡直是把大聯盟當少棒打！我知道他能打，但沒想到他這麼會打。」——沙巴西亞

「大谷現在做的是史上沒有人辦到過的事，絕對沒有，連貝比魯斯也沒有。」——傑夫．帕森（Jeff Passan，ESPN棒球專家）

「他沒有告訴我要去打棒球，這一切自然而然地發生了。」大谷翔平的父親徹回憶說。

翔平的棒球啟蒙來自哥哥龍太。大他六歲的龍太從小打棒球，家裡隨處可見球棒、手套和球，因此翔平兩歲就開始模仿哥哥，將哥哥用過的小手套戴在左手，對著家裡的牆壁丟球。「對我來說，打棒球是一個很自然的過程。第一次在團體中打棒球，雖然只是玩遊戲，而且從零開始，但我必須想著

如何努力才不會輸給哥哥，這段過程很有趣。」翔平說。

身為父親，徹常常陪翔平傳接球，後來還成為水澤少棒隊的監督，只是兒時的翔平或許從沒發現父親的「補償心理」。

原來長子龍太從小加入當地運動少年團的棒球隊，可是任職汽車製造廠的徹忙於日夜兩班制工作，家裡又有結香、翔平兩個更年幼的子女要照顧，無暇指導龍太打球，甚至連一起傳接球的時間都沒有。後來看到龍太在高中地區預賽被淘汰後不甘心的樣子，徹忍不住想，「如果當時我能再多幫他一點就好了……」他懊悔地說：「這件事在我腦海裡揮之不去，直到現在我還覺得遺憾。」

「正因為如此，我決定盡我一生最大的努力教翔平如何打棒球，我希望他一開始就打硬式棒球，一直到高中為止。舉例來說，如果當週值夜班，我在週六一早下班後就不補眠，直接帶翔平去練球。當時其實沒多想，只想著全力以赴，就算犧牲睡眠也沒關係。」

「我私心希望翔平在棒球的道路上不會後悔，而我也是。」

## 棒球的啟蒙：水澤少棒

徹為翔平做了一個明智的決定。相較於附近想打棒球的小朋友都參加學校的軟式少棒隊，翔平則是從小學二年級開始加入水澤少棒的山賊隊，直接從硬式棒球開始打起。

膽澤川流經岩手縣奧州市，水澤少棒聯盟的球場位在河岸的空地上，一邊是高年級的海賊隊，另一邊則是低年級的山賊隊。

水澤少棒聯盟創始人、擔任祕書長的淺利昭治憶及翔平剛報到時的模樣，「翔平是個身材瘦削的孩子，比別人高一些。儘管他就讀的小學有軟式棒球隊，卻選擇孤身來參加硬式少棒聯盟，以他當時的年紀算有勇氣了。球場上的他腳程快，臂力強，有自己的節奏，沉默寡言，但個性有點頑皮。」

說到頑皮，淺利笑著聊到一件趣事，「有一年春天，我們前往福島縣相馬市舉辦合宿訓練營，有人回報說一個隊員掉進海裡，我直覺問是不是翔平，果真被我料中（苦笑）……即使我事先告訴他很危險、不要去，但他硬是要去，這孩子真是……」

不過在加入職棒後，翔平的念舊與禮貌卻讓淺利格外窩心及感動，「每年元旦我都會收到他的LINE訊息：『新年快樂，今年會繼續努力。』雖然只是短短兩句話，但我真的很開心，比收到日本首相的訊息更令我開心（笑）。」「翔平真的很有禮貌，在他高中畢業、加入日本火腿鬥士隊之後，他曾經對人說：『我的棒球原點是水澤少棒聯盟。』輾轉聽到這句話，我和妻子哭了好久。」

## 有一種奇蹟，叫父愛

徹帶翔平加入水澤少棒聯盟沒多久，自己也接下球隊教練一職，後來擔任監督。父子同隊是好是壞？徹這麼解釋，「身為教練，自己的孩子反而是最難處理的問題。畢竟在場上我是監督的身分，必須徹底使用監督和教練的語言。因為這樣，我一回家就揪他一起泡澡，切換成父親身分跟他聊棒球，換我聽他講。現在回想起來，這可是一段非常重要的相處時光，一直持續到翔平初中二年級為止。」

徹對翔平棒球人生的起步發揮了關鍵的影響，因為他「盡最大努力，不想後悔」的決心，遠超過一般人的想像。有日本網友考據當時汽車製造廠的輪班制，早班從上午八點到下午五點，晚班則是從晚上九點到次日上午六點，加班一到兩小時都是常態，再以大谷家到工廠的距離計算，他每天往返的通勤時間合計就有三小時之久。試想徹若是在週五晚間七至八點出門值夜班，熬夜工作一整晚，隔天（週六）上午八至九點一回到家，馬上就得投入一整天（上午九點至下午五點）的球隊訓練，如果不是基於對棒球與兒子之愛，恐怕無法支撐下去。

尤有甚者，在翔平突飛猛進後，徹知道翔平需要更多指導，但他擔心如果在正規訓練時間多教兒子，可能引起其他家長和小選手吃味。為了避嫌，每次週末假日練球時，父子倆必須比其他人至少早一小時到球場；回家路上就成為兩人的檢討大會，大谷家距離水澤少棒聯盟球場的車程約十五分鐘，距一關青少棒隊球場則約四十分鐘，徹常常講得口沫橫飛，可是一轉頭才發現翔平睡著了（笑）。

電影《王牌天神》（*Bruce Almighty*）中，飾演上帝的摩根・費里曼（Morgan Freeman）對男主角金・凱瑞（Jim Carrey）的這段台詞：**「把湯分為兩半並不是神蹟，那是魔術。單親媽媽兼好幾份工作，還撥出時間陪小孩練球，那才是神蹟。」**這種父母之愛的神蹟，其實也發生在徹與翔平身上。

## 改練左打的由來

小學三年級的翔平已經展現了棒球天賦。至於右手投球的翔平為什麼是左打？其實有兩種不同的說法。其一，日本雜誌在二〇一二年日職選秀會前專訪翔平，在被問到為什麼用左手打擊時，他回答「因為父親是左打，所以我自然也站上左打區。」

但這似乎和擔任監督的父親以及淺利昭治祕書長的記憶不同。淺利祕書長形容翔平「剛開始打棒球時，真的什麼都不會」，可是「後來卻出現令人意想不到的發展」，淺利口中的「意想不到」指的就是翔平改練左打，「在加入球隊的三個月後，他從右打改練左打。正常情況下，無論孩子的運動能力有多強，一旦改變左右打的擊球方式，一定會有一段期間連球都打不到。」

可是八歲的翔平在此時就已經展現過人的打擊天分，「改練左打的他很快就能掌握擊球點，把球打得又高又遠。一年之後，他打出飛越圍欄的特大號全壘打。」「我參與少棒聯賽將近三十年，翔平是第一個將球打出圍欄的小學三年級生。」

另外在父親監督的記憶中，是他指導翔平改練左打的。徹自己直到高中才開始練左打，而且花了很長時間才完全適應。由於他評估兒子「投到高中或大學之後就會受挫，然後專任野手」，因此決定在小學時提早改造，希望利用速度的優勢跑出更多內野安打。

很顯然，徹是出於自身的棒球經驗，才會做出這樣的決定：

一、徹就讀高二是一九七九年，當時右投左打的讀賣巨人二壘手篠塚和典正在嶄露頭角；此外，打擊左右開弓的廣島鯉魚快腿高橋慶彥連續兩年打擊率超過三成，還以五十五次盜壘成功拿下央聯盜壘王。這些日職球星從左打區展現的速度與上壘能力，讓年方高二的他留下深刻印象。

二、初中時期的徹是球隊的王牌投手及中心打者，上高中後發現這樣的選手在隊上比比皆是，於是他放棄投球改守內野，之後再改練外野。這段過程中他深知腳程才是自己最大的優勢，所以他希望兒子也能將這項優勢發揮到極致。

徹後來受訪時也證實上述說法，「我年輕時就有過同樣經歷，要從先天右打者改練左打，包括球感在內，至少要三年才能完全適應。所以我希望翔平一開始就練左打，這樣之後教他就更容易了。」

只是徹最後還是承認自己失算了，因為改成左打的翔平，反而讓投球的右手暴露在觸身球受傷的風險之中，他笑說：「現在回想起來，這是我失敗的地方。」

# 10 翔平網──膽澤川的怪力傳說

「一開始就建立起自信，將隨著過程而不斷積累，進而成為自己進步的動力。這就是為什麼我認為一開始的自信心是非常重要的。」──大谷翔平

「大谷翔平創造了將大聯盟變成高中棒球的奇蹟。」──日本網友

「我很喜歡看大谷的比賽精華，但我討厭與他面對面交手。」──伍德沃德（Chris Woodward，遊騎兵總教練）

「我從來沒見過比松井更好的強打者，但他的擊球飛行距離卻遠在松井之上。我有點搞不懂，這不是漫畫才有的人物嗎？」──清原和博（前西武、巨人強打）

水澤少棒球場位於膽澤川河岸空地上，在球迷眼中，這可是少年大谷翔平練球超過五年的「聖地」，想朝聖的讀者可以用「水沢リトルのグラウンド」或「水沢リトル練習場」等關鍵字在網路搜

尋相關圖片及影片，這就是翔平棒球人生的原點。

## 「翔平網」與「拉打禁令」

這座球場的右外野全壘打牆距離本壘板大約六十公尺，所謂的「全壘打牆」其實只是一條黃色封鎖線。若從右外野向外遠眺，則是一排稀疏的樹木、雜草，再過去就是膽澤川。

在翔平打球期間，右外野全壘打牆外第一排樹木的樹枝上，綁了一張張手工製作的網子，它們有一個獨特的稱號，叫做「翔平網」。淺利祕書長這麼解釋：

「這是選手們的父親賣力製作的網子，但後來發現起不了作用。」

「翔平是左打，每次進行打擊練習時，他會將球一顆顆轟進右外野全壘打牆外的膽澤川裡。所以練打時我會將球投在外角，要求他只能往左外野方向推打，換言之，我們是禁止他向右拉打的。」

「畢竟一顆球要價七百五十日圓，如果翔平狀況好，砰砰砰把球都打進河裡，再多的球也不夠用。」

根據世界少棒聯盟規定，全壘打牆的距離必須有兩百英尺（六十點九六公尺）以上。一開始這些家長盤算，水澤少棒球場右外野全壘打牆距離約六十公尺，若在牆外的樹枝覆蓋網子，應該能攔截絕大多數全壘打球。結果家長們失算了，因為翔平的怪力完全是規格外的。

根據淺利祕書長的說法，翔平打過飛行距離將近一百公尺的全壘打。一百公尺是什麼概念？以翔平後來效力的日本火腿鬥士隊主場札幌巨蛋為例，左右外野全壘打牆距離三二八英尺，換算後正是一百公尺。換句話說，小學生翔平已經有能力把球打到札幌巨蛋全壘打牆上了！

正因為如此，淺利祕書長和翔平父母多了一項任務：他們必須涉水去把翔平打到河裡的球撿回來。可是球一旦浸濕後就無法繼續使用，因此才會有後來的「拉打禁令」。

## 父親「廣角打法」的真傳

在翔平被禁止拉打之後，他只沉寂了一段期間，接下來他開始往反方向夯出全壘打。這種新技能不只來自他本身的打擊能力與努力，更是父親「廣角打法」的真傳。

徹要求翔平在進行球座打擊練習時不旋轉腰部，只用手臂的力量揮擊，如果因為腰部旋轉導致身體提前開掉就必須重來。就是這樣的指導，讓翔平培養出反方向強力擊球的能力。

徹指導翔平要以擊出中、左外野的二壘安打為目標，在翔平長高又變壯之後，這些平飛球自然就延伸成反方向全壘打了。他後來也這麼說：**「我不是以全壘打為目標，但仍希望多打幾支，因為一棒就能得分的打擊真的很有魅力。」**

淺利祕書長對於翔平的學習力印象深刻，「翔平能立即做到我教他的東西，他學習之快讓我印象深刻。我教他的許多東西，若換作是別人，可能在練習之後還是學不會。所以當我教翔平要這樣打或那樣投，他都能馬上做到的話，那我只能說，這就是天生的球感了吧！」

## 無論如何都不想輸的心情

除了棒球天賦與天生球感之外，翔平的求勝意志更是驅使他不斷進步的原動力。「有一天，我和大我一歲的鄰居加入同一支球隊，當我們傳接球時，他的球技明顯勝過我，這讓我頗為沮喪。雖說在任何情況下我都不想輸別人，但在與年齡更大的小朋友一起打球時，你才會發現世界上竟然有像鄰居哥哥這樣的人存在……如果你只和父親傳接球，你永遠不會知道。」翔平說。

對於小學生來說，差一兩歲在體力或投打力道上，可能就會有明顯的差異。在水澤少棒隊裡，高年級生與低年級生之間並不存在上對下的階級關係，這對於團隊氣氛或許是好事，但當所有球員不分年齡、公平競爭之下，結果可能一面倒。

翔平在練習賽擔任投手，一旦被高年級學長用力擊中，他會非常懊惱。翔平說：「被擊中球時，我會感到沮喪，但這種沮喪的心情遠遠比不上我對下週末練球的渴望。雖然週末假日還要跑步與練球，但我從來沒覺得有什麼不好；雖然游泳也很有趣，但我始終認為自己將來會打棒球。」

至於翔平強大的求勝意志則來自於他從小對打棒球的自信，「打從一開始我就相信自己投球和打擊都能有一定水準，也有自信會比其他人做得更好。雖然這種自信可能是因為水澤少棒隊人數不多，也可能是因為從小和父親、母親、哥哥傳接球，比其他小朋友更早、有更多時間接觸棒球。然而，一開始就建立起自信，將隨著過程而不斷積累，進而成為自己進步的動力。這就是為什麼我認為一開始的自信心是非常重要的。」

# 11 逆境力——全國大賽初登場

「瞄準天上的星星，或許你永遠也射不到，但比你瞄準樹梢射得高遠。」——外國諺語

「求其上，得其中；求其中，得其下；求其下，必敗。」——《孫子兵法》

「如果沒有挫折的經驗，就不會有成功的喜悅。」——大谷翔平

「『壓力』這個詞經常被誤用。當你開始想到壓力，其實是你已經在害怕失敗了。」——湯米．拉索達（Tommy Lasorda，前道奇傳奇教頭，一九九七年入選美國棒球名人堂）

「大谷翔平讓每天的比賽看起來都像全壘打大賽。」——大聯盟官網

「大谷翔平=鈴木一朗+松井秀喜。」——日本網友

二〇二一年七月十二日，大谷翔平成為大聯盟全壘打大賽史上第一位參賽的日本人選手，當然也是第一位投手。

水澤少棒聯盟創始人及祕書長、日本媒體尊稱為翔平的「恩師」，七十二歲的淺利昭治也看了這場比賽。他告訴媒體：「我早就知道翔平必將成為職棒選手！」

讓他如此確信的原因，正是翔平在小學六年級參加的全壘打大賽。

## 少棒全壘打大賽冠軍

淺利回憶說：「翔平升上六年級之後，全岩手縣幾乎沒有選手打得到他的球；另外，身為打者，他在少棒時期總共打了三十五支全壘打。」

「那一年在全縣大賽期間舉辦的全壘打比賽，各隊都推出當家第四棒，其中不乏初中一年級的選手，但即便他們用上全身的力氣，大多也只能打成平飛球，很少飛出牆外，成績最好的是十五次揮棒打出三支全壘打。」

「但翔平打了十一支！」

「他彷彿只是輕輕晃動球棒，可是揮棒速度奇快，球被掃到的一瞬間感覺變輕了，只要仰角好，就直接飛出去。」

進入全縣大賽之後，翔平的打擊怪力更讓對手望而生畏。淺利說：

「比賽中只要翔平走進打擊區，對方教練就會叫外野手『退後』、『再退後』。」

「幾次之後，連內野手也跟著往後退了！」

對於生涯指導過大約二百八十名少棒選手的淺利昭治來說，翔平絕對是最特別的存在。二〇二〇年一月，淺利有幸與「世界全壘打王」王貞治出席同一場活動並坐在一起，王貞治還好奇問他：「你是怎麼教他打反方向長打的啊？你知道，我只會拉打。」

## 沒有挫折，就不是人生

在日本，少棒聯盟比賽的參賽年齡資格是以選手十二歲生日為基準，不以小學畢業為限。翔平有幸在初中一年級仍繼續參加少棒比賽，他就是在這最後一年以水澤少棒隊長的身分，率領球隊在縣內預賽拿下全勝，接著贏得東北大會，最後打進全國大賽。

打進全國大賽對翔平有多重要？他後來回憶說：

「我每天訓練的目標就是為了打進全國大賽。當我實現目標時，這是我有生以來最快樂的一天。小學五年級我們在地區預賽拿下亞軍，六年級則在四強止步，我到現在還記得那些失敗。」

「我非常沮喪，下定決心隔年一定要拿下優勝。從那個時候我才開始體悟到，如果沒有挫折的經驗，就不會有成功的喜悅。」

「最後一年我真的是抱著必勝的決心在練習，就算在家裡也隨時握著球棒和球。我在想，如果我腦袋裡閃過一絲對棒球的靈感，也許會讓最後的結果完全不同也說不定。這就是為什麼我總是拿著球往上拋，或是握著球棒，因為我一直在尋找任何可能與棒球產生聯想的事物。」

可惜棒球漫畫的熱血劇情並沒有發生在少年翔平身上，少棒最後一年雖然如願進軍全國，卻在全國大賽的第一場比賽就遭到淘汰。你會發現，即便從小就是許多人眼中的棒球天才，但翔平在少棒最後三年絕大多數的時間其實是在壓力下度過的。只是反過來想，如果沒有這段挫折的經歷，也許就不會有現在的大谷翔平了。

## 逆運是人生的試金石

有一句勵志短語是這麼說的，「瞄準天上的星星，或許你永遠也射不到，但比你瞄準樹梢射得高遠。」《孫子兵法》亦有云：「求其上，得其中；求其中，得其下；求其下，必敗。」上述中外名言都說明了志向遠大的重要。少棒時期的翔平不因稱霸縣內預賽而自滿，他瞄準的是全國大賽以及成為職棒選手，也因此從小學五年級開始，長達三年間的壓力如影隨形。

許多小朋友可能在輸掉一場比賽或遭遇一連串不如預期的結果就失去動力，甚至放棄棒球、改變興趣。然而翔平對於逆境卻展現極高的容忍度，以失敗為跳板，激勵自己更加努力。

日本有一個名詞叫做「逆境耐性」，指的就是對逆境與壓力的容忍度。有壓力不一定是壞事，已故道奇傳奇教頭湯米．拉索達（Tommy Lasorda）有一句名言：「『壓力』這個詞經常被誤用。當**你開始想到壓力，其實是你已經在害怕失敗了。**」有壓力才能激發潛力，就像我們遠古時代的祖先在遭遇天敵的攻擊時，因為害怕恐懼而刺激腎上腺素，進而激發求生本能，才能在弱肉強食的惡劣環境中生存下來。

就如前一章所述，翔平的家庭環境養成他以正面積極的態度面對逆境，基於對棒球的熱愛與自信，他堅信自己持續努力就會進步，進而戰勝命運。所以在某次受訪被問到自己克服逆境的心態時，翔平第一個想到的就是童年騎腳踏車的經驗，「這就好比騎腳踏車，當我第一次能夠自己騎車，我知道從今以後都做得到了。至於我打棒球的心態並沒有不同，對我來說，我恰巧在棒球找到這種快樂，這一點從來沒有改變過。」

曾經在水澤少棒隊擔任翔平監督的佐佐木一夫則回憶說，翔平從小就是「二刀流」，身兼投手及先發第三棒，他印象最深刻的是翔平「對於訓練總是全力以赴，對於比賽表現永遠不滿意」的高標準自我要求，「他總是努力追求更高的目標，從不自傲或自滿。我想，就是這種心態讓他成為活躍於世界舞台的選手，那種『不想被任何人打敗』的想法，到現在應該都沒變過。」

# 12 交換日記——父親的野球三原則

「期待不是用來被滿足，而是要加以超越。」——大谷翔平

「這是貝比魯斯以來，棒球界發生最美妙的事……大谷翔平和野茂英雄是大聯盟的救世主。」——布蘭德爾（John Blundell，大聯盟宣傳部副總裁）

「這是一個很神奇的故事，電視機前面的你們應該要知道的是，能夠擁有大聯盟程度的打擊能力，同時又能主宰大聯盟投手丘是非常困難的，這是我從來沒見過的，必須要有人提醒大谷，他不是在打高中聯賽，他的表現讓整個大聯盟變得像在打高中聯賽。」——「A-Rod」羅德里奎茲（Alex Rodriguez，前洋基球星）

大谷翔平的父親徹在他小學與初中都擔任球隊的監督或教練。作家佐佐木亨就認為大谷徹與花卷東高校棒球隊監督佐佐木洋，是對翔平棒球人生影響最大的兩個人，若沒有這兩人的存在，也就沒有

現在活躍於大聯盟的翔平。

不過翔平從小就很清楚，自己絕對不會因為父親是監督而有任何優惠待遇，反而要比別人表現得更好，「如果我是球隊的監督，隊上有一個和我兒子實力相當的選手，那我一定得讓別人的兒子上場。」「所以如果我想出賽，就必須以壓倒性的實力去說服球隊裡的每一個人，當時年紀還小的我已經清楚地看到這一點。這就是為什麼我一直堅持自己『一定要好好打球才行』的原因。」

## 父子的交換日記

如果說，身為監督的兒子有任何得天獨厚之處，那大概就是父子之間的交換日記了。這是一本小本的校園筆記本，封面手寫「野球ノート」（棒球筆記）字樣。「我們大概持續到他小學五年級的時候，所以應該寫了兩到三本吧！」徹說，現在他家裡也還保留了其中一本。

每次練球或比賽結束回到家，翔平就會寫下他對當天的感想與反思，例如「今天前三局投得不錯」、「今天連偏高的球也打了」、「揮打壞球結果打成飛球被接殺」，父親則會在閱讀之後寫下評語和建議。

在筆記本上，幾乎每一頁徹都會寫上這幾句話，而這也是他期許翔平在未來每個棒球階段都能謹記的基本原則：

一、「放聲吶喊，有元氣地打球」

與隊友之間保持密切的聯繫與溝通，建立互相信賴的關係。

選手們並不是在烏雲罩頂的氣氛之下大聲喊叫，而是在守備時，用響亮的聲音確認比賽當下的好壞球數與出局數。選手們會相互提醒對方打者的打擊傾向，例如「小心對方觸擊上壘」，這樣做的目的是鼓勵隊友有元氣地進行比賽，用喊聲持續交流。

二、「練習傳接球就要盡全力」

從傳接球就開始感受球的旋轉，磨礪精準投球的技能。

練習傳接球並不只是要為肩膀與手臂暖身，還要將球扔到你想扔的位置，或你瞄準的目標。為了訓練兒子用手指的縱向旋轉來投球，徹要求翔平從練習傳接球的階段就要全神貫注，傾盡全力。

三、「全力奔跑」

棒球的原點是從跑步開始，必須認知到盡全力跑步的重要性。

對於棒球筆記本的初衷，徹說：

「我要他記下比賽中做得好和做不好的地方，最重要的是在打不好的時候，讓自己思考下一步該怎麼做才能克服問題，並且採取行動。」

「不管是三振還是失誤，你都要反思自己該怎麼做。透過書寫的方式，我希望他對自己該做什麼能有清晰的想法。換句話說，這是在練習中建立自己意識的做法，也是我開始交換日記的主要動機。」

時至今日，人在大聯盟奮戰的翔平依然記得父親的教誨，「這三個原則雖然基本，但我到現在仍然牢記在腦中，因為這也是在不同階段人們持續告訴我的事，特別是『全力奔跑』，這種態度是很有意義的。」

## 傾聽是一種藝術

前面提到徹堅持不把棒球事務與情緒帶回家裡，練球回家之後他們會一起泡澡、回顧當天的狀況，接下來就恢復正常家庭生活，只聊聊生活或學校的瑣事。徹解釋他這麼做的原因：

「回家之後我從不要求一對一的特訓，在球場上已經練得夠多夠深入了，回家就讓他自主訓練，我只會從旁觀察。畢竟他還處在發育期，回家之後如果訓練過度，反而容易受傷，這就是我堅持在家不做特訓的原因。」

「事實上在翔平初中一二年級有一段時間，他的腳踝曾經因為生長痛而受傷。發育階段骨骼快速生長的過程中如果練習過度，確實可能導致身體出現異常。因為擔心這種風險，我決定回家後盡可能不給他『熱血指導』。」

事後回想起來，父子共浴確實強化了親子溝通的管道，孩子能主動找父母談論他們的問題，將有助於自尊心的建立。徹後來在受訪時就說：「我們一回到家就一起洗澡，在這裡，我會以父親的身分和翔平聊棒球。當時我只是單純想聽他說些什麼，但現在想想，這可是一段非常重要的時間。」

# 13 覺醒之年——棒球選手的自覺

「棒球就是這樣一個你只要付諸努力就會得到回報的運動。」——大谷翔平

「如果你把每個球員的獨特天賦融合在一起，你就會創造出大谷翔平。他有哈波（Bryce Harper）的力量、薛澤（Max Scherzer）的宰制力，以及透納（Trea Turner）的速度。」——「A-Rod」羅德里奎茲

「有時候我還以為自己回到了少棒時代，看著一個選手主投八局、打全壘打、盜壘成功，接著再去守右外野，這太不可思議了。」——楚奥特（Mike Trout，大聯盟最佳打者、天使隊友）

「我從沒見過任何人能把球打這麼遠，他的力道，前所未有。」——普侯斯（Albert Pujols，前天使隊友）

棒球電影或漫畫形容投手的火球，經常會用捕手接球時向後摔倒或接球後紅腫的手掌，來誇示球有多難接。

不過這個劇情真實發生在小學五年級的大谷翔平身上。

## 「他球速太快，我當時害怕極了」

「我到現在還清楚記得第一次接捕翔平投球的感覺，說實話，我當時害怕極了。他的球速實在太快，我根本接不住。」水澤少棒隊捕手佐佐木遼輔回憶說。

當時翔平正準備升上小學六年級，從山賊隊晉升到以初中一年級和小學六年級為主力的海賊隊，就在那年冬天，遼輔成為翔平的捕手搭檔。

在父親監督的指導下，小學五年級的翔平投出時速一一〇公里的速球，這已經比一般成年男性的球速還快了。當時少棒投手的球速平均約九十公里，能投出一一〇公里球速的投手有實力成為初中球隊的王牌。

再想像這個畫面：少棒球場投手板到本壘板的距離大約只有十四公尺，因此，少棒場上時速一一〇公里的速球，對接球的捕手來說，體感球速可能超過一三〇公里，也難怪遼輔一開始大受驚嚇。

你也許會猜想，是不是遼輔個人球技不夠好？其實不是。遼輔的父親也是少棒隊教練，在正規練習結束後，父親會從五公尺的近距離投球給他接捕，讓他的眼睛習慣速球並訓練反應。即便如此，在遼輔的記憶裡，他一直到最後的最後才能精準接住翔平的火球。

網路上可以找到一段翔平投球、遼輔蹲捕的影片。翔平輕鬆、不費力地抬起左腳，接著修長的右臂彷彿鞭子般將球甩了出去，沉甸甸地重擊遼輔的手套。雖然當時的翔平身材很瘦，但柔軟度過人，投球機制與現在差異不大。

## 「那天翔平跟神沒兩樣」

二〇一八年四月八日，大谷翔平對運動家先發七局只被打出一支安打無失分，狂飆十二次三振，而這僅僅是他在大聯盟的第二場先發。

賽後被問到這場比賽是不是他生涯最佳投球表現時，翔平回答：「不，小學才是。」語畢，記者會現場哄堂大笑，所有人都以為翔平在開玩笑。

不過身為翔平少棒時期的「女房」（日文漢字中「妻子」的意思，棒球場上指的是捕手，亦即投手的助手、輔佐者之意），遼輔確信「這是翔平的真心話」。

他們想的應該是同一場比賽，二〇〇七年六月三日，初中一年級的翔平在東北大會準決賽先發對上強敵福島少棒隊，這場比賽也是水澤少棒隊能否打進全國大賽的關鍵一役，因為只要贏球打進決賽，就能以東北大會前兩名之姿晉級全國大賽。

「那天翔平從比賽開始前就特別沉默，我可以感覺到空氣中彌漫的肅殺之氣。過去從沒看過翔平氣勢這麼強，後來也沒有。」遼輔說，「那天翔平的投球特別有動能，從練投開始球速就頻頻飆破一二〇公里，滑球的進壘角度也非常犀利。我心裡想，『啊，今天應該沒人打得到他的球吧！』」

果不其然，開賽後翔平將對方第一至九棒「全員三振」！

這場比賽是在福島縣郡山市的開成山棒球場舉行，觀眾席擠滿了為福島少棒隊加油的家屬及啦啦隊。但隨著翔平上演三振秀之後，現場化為一片死寂，所有人屏氣凝神地看他一球又一球宰制地主隊打者。

最後翔平在少棒規定的六局、十八個出局數中拿下十七次三振、無四壞，只被打出一支安打，水澤少棒隊以七比一勝出。遼輔回憶起他與對方先發第四棒的對話，「對方第四棒是左打者，他在賽後告訴我：『有一球我以為是外角速球，揮棒後才發現是滑球，而且這顆滑球位移之大，最後竟然橫掃進內角，還打在我的腳上。』確實是這樣，那天翔平跟神沒兩樣。」

初中一年級的夏天，翔平和遼輔離開水澤少棒聯盟後加入不同的初中球隊。有一天，兩人在一場練習賽上演投打對決，熟知翔平球路的遼輔一棒將他的速球打成全壘打！

遼輔在繞壘時，一轉頭發現翔平正咧著嘴對他笑。不過從下個打席開始，翔平就改用變化球壓制遼輔了。

比賽結束後，遼輔走過去告訴翔平：「我打出去了耶！」翔平還是咧嘴一笑，「碰巧而已啦，碰巧啦！」

「真是個可愛的傢伙！」遼輔心裡想。

而這個笑容正是遼輔對翔平最深刻的記憶，「幾年後翔平在大聯盟打出第一支全壘打，我看到他回休息區坐在板凳上的笑容，和小時候完全沒變，好懷念啊！即使是在世界最高的舞台，但翔平還是當年的那個野球少年。」

## 怪物・翔平的「覺醒之年」

翔平小學五年級的身高已超過一六〇公分，棒球才能是同儕無法比擬的。但在捕手搭檔遼輔眼中，翔平的心智年齡還是小（屁）孩無誤，「五年級的翔平在場上總是情緒亢奮，只想打全壘打，容易被偏高壞球吊中，控球也常出現亂流。就算是他父親很少發脾氣的個性，也忍不住高聲斥責。」

當然你會說，這很符合翔平當時年紀會做的事。但在二〇〇六年七月，大約十二歲生日前後，小男孩翔平開始有了明顯的轉變。遼輔說：

「他在投手丘上的行為舉止變沉穩了。例如他在賽前會告訴我，『今天的目標是完投，我想節省體力，而這樣的力量就足以壓制對手了。』或是『那個打者很難纏，我們要盡全力三振他。』」

「他開始有職棒選手的架勢了，因為他懂得理性判斷自己該做什麼、不該做什麼，不是只有情緒而已。」

打擊區的翔平又是另外一個例子，遼輔說：

「六年級的一場比賽，翔平打完全壘打回到休息區，當我問他打的那一球時，他說『是曲球。因為前一次對手用曲球讓我出局，所以這一次我就等著對方再投曲球。』」

「以我們當時的年紀，我們能做的是看到球就全力揮棒，然而翔平的打席卻有自己設定的策略。從那時候開始我就感覺到，翔平在每一次投球和每一個打席所投入的分量，肯定與我們其他人有很大的不同。」

日本媒體對此下了一個結論：「在體能與球技超越其他人好幾倍之後，他的精神層面終於追上來了。小學六年級這一年，正是怪物・大谷翔平的『覺醒之年』。」

## 學習的「黃金時期」

說到「覺醒之年」，大谷翔平在接受雜誌專訪被問到「你認為什麼是你人生中最重要的時期，才能造就現在的你？」翔平的回答正是「小學時期」，特別是小學六年級，因為這是他非常努力練習的一年，就連在家都握著球和球棒，隨時探索與棒球有關的任何事物。

就如日本專家所言，十至十二歲被稱為人的「黃金時期」，特別能在短時間學習到大量技能。申言之，這是大腦與神經系統可塑性最高的年紀，學習運動的能力也達到顛峰，是身心完美和諧的寶貴時期。

在這段時期，身體能透過圖像和影像學習運動的技巧，而不是靠大腦理解後傳達給肢體。如果能在八至九歲的「前黃金時期」培養基礎運動能力，並找到自己願意全心投入的運動項目，對於「黃金時期」的學習能力更有加分效果。

翔平之所以能成就現在的職棒生涯，「黃金時期」投打技術的顯著進步扮演關鍵角色，而「黃金時期」不局限於運動，舉凡圍棋或藝術都能產生豐碩的學習效果。建議父母親可以在八至九歲找到孩子的興趣所在，培養基礎能力，十至十二歲全力投入，將更有機會學習到特殊的技能。

題外話，翔平的少棒隊友爆料，「即使他和我們一起去打保齡球，他也從不將手指插入球孔持球。」「我覺得他從那時就已經意識到保護手指對於投球的重要性。」

成功絕非偶然，背後有許多堅持與努力是我們看不到的。

# 14 松井秀喜——強打怪物的火炬傳承

「輸掉比賽讓人感到遺憾，如果以後不想再有這種遺憾的心情，練習就變得很重要，就是這種遺憾的心情督促我更努力練習。」——羽生結弦（日本男子花式滑冰選手，首位締造世青、冬奧、世錦、大獎賽總決賽和四大洲賽冠軍的「超級大滿貫」〔Super Slam〕男子選手）

「因為喜歡，學習才會進步。」——松井秀喜

「如果我不改變，怎麼超越王貞治單季五十五支全壘打的日本紀錄？」——松井秀喜

「我絕對不用同樣的打法打三年、甚至打十年，這是不可能的。」——大谷翔平

「大谷驚人的全壘打飛行距離讓我印象深刻，他對打擊有探究心，加上訓練、天賦，讓他成為大聯盟最好的長程打者之一。」——松井秀喜

「大谷翔平本季『二刀流』的優異表現，堪稱日本棒球迷的夢想世界。他正在實現這個夢想，我認為這對日本棒球歷史的影響非常重大。」——松井秀喜

前一個打席是三壘方向滾地球，他是強拉型打者，因此這個打席應該會打到三游方向。」

這是翔平的聲音。

整場比賽下來，太田監督非常驚訝地發現，翔平從來沒見過對方選手，比賽當時也沒用筆做任何紀錄，但他對所有細節記得清清楚楚，還能根據兩隊選手的特性來預測打席的結果。「連我都做不到！」太田監督笑著說。

類似的情形也發生在松井秀喜身上。松井在日職十年累計三百三十二支全壘打，據說他清楚記得每一支全壘打的對方投手、好壞球數與比賽狀況（兩隊比數、壘上跑者、來球球種、進壘位置……）等細節。松井在他的著作《不動心》寫過這樣一段話：「**我喜歡棒球，總是想贏得比賽。『因為喜歡，學習才會進步』這句話雖然是老生常談，卻是問題的核心所在。**」

因為發自內心喜歡，想讓自己變得更好，因此積極學習，無時無刻不在思考同一件事，自然無須背誦也能記住所有細節，這就是松井與翔平的寫照。

至於太田監督對翔平印象深刻的還有一件事。在一關青少棒隊打球的翔平當時已經頗有名氣，但在他身上完全看不到任何驕氣。翔平在社團練習時不會盡全力，還會在同學練打時幫忙撿球。「現在回想起來，這真是一件奢侈的事。」太田監督笑著說。

此外，太田監督也發現，許多棒球部成員總愛和同學高談闊論有關棒球的事，翔平卻不是如此。「他平常在學校根本不聊棒球，更不會表現出『我很厲害』的態度。對同學來說，他就是一個普通人。」太田監督說。

## 只有改變自己，才能超越自己

初中時期的翔平更確立以達比修有及松井秀喜為投打偶像的想法。尤其是同為右投左打的松井，兩人同樣是家中的次子，學生時期都有令人咋舌的場外全壘打傳說。就如前述，松井的父親目睹兒子在高三那年夯出直擊民房的特大號全壘打，翔平的父親徹也有同樣的經驗，而且當時翔平才念初中。那是在福島縣相馬市沿海地區的一座棒球場，翔平一棒將球掃出場外，粗估飛行距離至少一二〇公尺，還把馬路邊的行人專用號誌燈給打壞了。

有日本棒球專家比較翔平與松井，他認為翔平是天生的長距離打者，松井則是苦練而成的全壘打好手。兩人在大聯盟都曾經為了投手的球路變化所苦，尤其是外角下沉的二縫線速球，但他們後來都展現不錯的適應能力，在揮棒時盡可能跟球到最後，就如松井所言「有更長的看球時間」；此外，兩人在打出全壘打之後，從一壘側看過去的身形都類似一個「入」字。

差異較大的是兩人揮棒之後的「延伸動作」（Follow-through），松井相對較快地交疊前臂，翔平則有類似高爾夫選手將球棒高舉過肩的動作，因為揮棒的軌道更大，怪物級的飛行距離由此產生。

但兩人也有同樣的傷病問題，那就是左膝都動過手術。日本專家就認為，如果不是東京巨蛋的人工草皮增加松井膝蓋的負擔，他的職棒生涯應該能打出更多全壘打；至於膝蓋狀況則可能成為翔平未來生涯的重要變數。

回顧一九九九年，松井以單季四十二支全壘打，成為一九八九年落合博滿以來首位單季四十轟的日本本土打者，更是巨人隊史自從一九七七年王貞治之後相隔二十二年再度有打者單季四十轟以上。隔年自主訓練時松井改變打擊姿勢，友人見狀驚訝地問他，「你去年都創下個人新高了，為什麼不想辦法維持，反而還要改變？」

松井回答：「如果我不改變，怎麼超越王貞治單季五十五支全壘打的日本紀錄呢？」

而翔平也有相同的打擊哲學：「我絕對不用同樣的打法打三年、甚至打十年，這是不可能的。」

只有改變自己，才能超越自己，不論是棒球或人生，這都是不變的真理，可不是嗎？

## 強打火炬的傳承

二〇二一年七月七日，大谷翔平在對紅襪的比賽夯出當季第三十二轟，只用了半個球季的時間就超越大前輩松井二〇〇四年單季三十一轟的亞洲球員紀錄。這場比賽結束後，退休九年、時年四十七歲的松井隨即發表聲明，祝賀翔平完成創舉，盛讚他是真正的重砲型打者，絕對是獨一無二的球員。

松井形容他眼中的翔平「對打擊有探究心，加上訓練、天賦，讓他成為大聯盟最好的長程打者之一」，他也以球迷的身分表示，「大谷肩負著許多球迷與孩子們的夢想與希望，身為棒球迷，我已經等不及想看他接下來還能做到什麼。」

十二年前模仿的偶像，十二年後不但被自己超越，還轉而成為支持自己的粉絲，松井秀喜與大谷翔平強打火炬的傳承，必將成為當代棒球迷難忘的回憶。

# PART 3

# 決斷

## 花卷東高校

Shohei Ohtani

初中時期的大谷翔平曾經做過一件「欺上瞞下」的趣事。

大谷初中三年級時，他所屬的一關青少棒隊前往大阪參加全國大賽，與此同時，代表岩手縣的花卷東高校也在附近的甲子園球場奮戰，高三王牌投手菊池雄星正在全國舞台掀起風暴。

輸球被淘汰的一關青少棒隊隔天仍待在大阪，同一天花卷東高校在甲子園沒有比賽，於是擔任監督的千葉博美就請隊長大谷蒐集全隊的意見，看大家想去甲子園觀看沒有花卷東高校的比賽，還是去花卷東高校的練習場地見習。後來依照翔平回報的結果，隔天全隊去觀看花卷東高校練球而不是去甲子園看比賽。

結果呢？千葉監督後來私下打探得知，全隊都想去甲子園，只有翔平一個人想看花卷東高校練習。「看來這完全是翔平自己的決定」，千葉說。

從這個小故事不難看出少年大谷對於花卷東高校是如何心嚮往之，該校棒球隊球衣是少見的「淺灰底色、紫色字樣」，也被大谷認為「太酷了」。有此一說，直到加入大聯盟洛杉磯天使隊之後，大谷有時仍會在紅白配色的天使球衣裡面穿著花卷東高校的上衣。

# 15 花卷東接力——超越是對偶像的致敬

「百分之九十八的高中生選手在這裡被打敗，然後變得更強。」——甲子園球場入口處的標語

「除了追隨成功者的腳步，沒有確保成功的方法。」——佐佐木洋（花卷東高校棒球隊監督）

「許多人都被稱為怪物，包括我在內，但大谷才是真正的怪物。」——菊池雄星（西武、水手左投）

「在累積大約兩百一十場打擊與十場投球數據後，在統計上，你可以說他是『神鱒』楚奧特（Mike Trout）與『天才小史』史崔斯伯格（Stephen Strasburg）的綜合體。」——《運動畫刊》

在二〇一七年菊池雄星拿下太平洋聯盟勝投及防禦率雙冠王、二〇一八年開季大谷翔平在大聯盟掀起風暴之後，日本球界與媒體不免討論到一個現象：為什麼最近幾年代表日本的兩名棒球選手，都來自一向被視為農業縣或鄉下的岩手縣？至於兩人畢業的花卷東高校，更不是日本高校野球的傳統強權，他們如何在短期內培育出兩名世界級的棒球選手？

## 岩手野球的崛起

棒球專家西尾典文研究後找出了答案。西尾分析發現，大聯盟的日本人選手多數出身自高中球風鼎盛的地區，以大阪為例，野茂英雄、松井稼頭央、黑田博樹、上原浩治、前田健太都出身大阪，而且松井稼頭央、福留孝介、前田健太同樣畢業自大阪的ＰＬ學園；東北地區雖然有佐佐木主浩、齋藤隆、達比修有先後畢業於宮城縣的東北高校，但在菊池與大谷之前，岩手縣從來沒有出產過大聯盟選手。岩手縣的花卷東高校在短短三年內產出兩名引領風騷的職棒選手，在日本棒球史上確實很罕見。

西尾認為主要有兩個原因。一是岩手縣當地高中棒球水準的提升，截至二〇一八年四月止，岩手縣在春季和夏季甲子園累計贏了五十三場比賽，在四十七個都道府縣只能排到第四十名，勝率三成五六（五十三勝九十六敗）則排名第四十一；然而值得注意的是，在過去十年（二〇〇八年春至二〇一七年夏）的二十次甲子園大賽，岩手縣的高中拿下二十三勝十八敗，勝場數及勝率大幅躍進至第十一名。

也許你會說，近幾年岩手縣有菊池和大谷，戰績突飛猛進是必然的結果，但這句話只說對了一半。菊池高中三年帶領花卷東高校在甲子園拿下八勝，大谷卻是掛零；況且不只花卷東，同樣出身岩手縣的盛岡大學附屬高校（簡稱盛岡大附）在二〇一七年春季及夏季甲子園連續打進前八強，也證明岩手縣高中棒球水準的大幅提升。

再以二〇一八年四月調查日職現役選手的統計發現，岩手縣雖然只有八名選手，在四十七個都道府縣並列第三十三名，而且相較於岩手縣人口總數排名第二十七名並不突出，但這八名選手除了畠山和洋（養樂多）和銀次（樂天）之外，其餘六名選手都是最近十年才加入日職，反而更凸顯岩手縣近年來高中棒球水準的長足進步。

第二個原因則是與岩手縣當地高中棒球強權的球風以及選手間的良性競爭，有直接的關係。縣內兩強——花卷東高校與盛岡大附最大的差異，在於前者基本上是由本地出身的選手組成，後者則積極招攬外地的優秀球員。因此，以本地選手為號召，再加上菊池的魅力，就構成了大谷初中畢業後選擇花卷東高校的主要背景。

此外，兩所學校棒球隊也呈現截然不同的風格，花卷東高校是以投手為核心的防守野球，盛岡大附則是強勢打線的攻擊型球風，大谷在高三那年夏天的岩手大會決賽就是被盛岡大附擊潰，單場狂丟五分，無緣晉級甲子園的全國大賽。

反觀花卷東高校則是以投手強盛聞名，選拔賽初期通常會起用多名投手，即便是菊池與大谷領軍的時代，也不會讓投球負擔過度集中在單一王牌投手身上。以菊池為例，雖然他是球隊在甲子園的主戰投手，但與他同年、後來在大學及社會人球隊非常活躍的猿川拓朗，在岩手大會之前也分擔不少投球局數；至於大谷世代則有小原大樹、山根大幸擔任第二、三號先發投手。過去不少高中王牌投手在地方大會及甲子園場場完投、導致職棒生涯受到影響的遺憾，所幸沒有發生在菊池與大谷身上。

## 菊池與大谷的「花卷東接力」

另一個巨大的效應，來自菊池與大谷的良性競爭。身為花卷東高校前後輩的兩人相差三屆，實際上沒有同隊過，但兩人從高中、日職到大聯盟的棒球人生是相互牽引的。

大谷在受訪時自承初中就開始追蹤菊池在甲子園的比賽，「春季甲子園對清峰高校及夏季甲子園對長崎日大的比賽都看了……雄星賢拜非常活躍，我想要成為像他那樣颳起旋風的人。」「雄星賢拜在花卷東高校時期的活躍，我都親眼見證了，一樣帶著想要拿下『日本一』的心情打球，成為我高中的目標。」

但如果你以為大谷是抱持追隨的心情，想成為下一個花卷東王牌、下一個菊池雄星，那可就錯了。

大谷跟隨菊池的腳步加入花卷東高校，目的是希望在同一個環境、同一個舞台超越菊池。據說大谷在甲子園球場看到菊池的投球之後，他低聲對旁邊的同學說：「你等著看，我將在高一超越他。」

花卷東高校棒球隊監督佐佐木洋曾經給菊池填過一張「曼陀羅計畫表」，菊池的高中目標之一是「投球極速一五五公里」，不過三年後當大谷填同一張表時，他將目標設定在難度更高、近乎不可能的一六〇公里；菊池在日職選秀會獲得六支球團第一指名，大谷便將目標進一步設定在「八支球團第一指名」。

高中時代的大谷以菊池為目標，如果沒有菊池，大谷可能無法將球速催到夢幻的一六〇公里大關，要說菊池是大谷高中三年的催化劑並不為過；但在大谷早一步到大聯盟、並以「投打二刀流」掀起風暴之後，反而變成菊池在追趕大谷。

對偶像最好的致敬是「超越」，而這就是大谷致敬的方式；良性競爭，共同進步，則是大谷與菊池能在大聯盟發光發熱的重要元素。

## 成功，是不斷的超越

大谷翔平選擇就讀花卷東高校的決定性因素，是該校棒球隊在二〇〇九年甲子園大賽的精采表現。高三王牌投手菊池雄星領軍，花卷東高校在當年度春季甲子園獲得準優勝（亞軍），夏季甲子園則打進四強，大谷當時就讀初中三年級。

「當時花卷東因為在甲子園的表現而聞名，我還去參觀他們練球，氣氛很好。我心裡想，『我應該可以在這裡發揮自己吧！』」大谷說。

當然，大谷還有其他選項，來自岩手縣內、乃至於其他地區的高中棒球名校都對他青睞有加，但就如同前面提到的「欺上瞞下」事件，大谷意志很堅定。父親徹回憶說：「每一所高校都有『授業參觀日』。翔平從花卷東參觀回來之後有提到『他們的練球方式很好』，他還說，花卷東有一種別校沒有的練習風格。當他說想去花卷東時，我們當然不反對，如果可以，我們希望他就讀縣內的高校。」

不難想像，當大谷去看花卷東練球時，絕大多數時候他都將熱切的眼神投射在閃閃發光的菊池身上，他說：

「當我初中三年級時，菊池雄星是岩手縣內口耳相傳、一位了不起的選手。我真的很驚訝，岩手縣內竟然出現這麼厲害的選手，而這樣的選手竟然來自岩手縣。」

「我一直以為像雄星桑這樣的選手應該來自大阪或神奈川這種競爭激烈的地區，但他就在岩手縣，還是個如此受到注目的選手。」

「我從來沒看過岩手縣出現這麼怪物的選手，我想我對他懷有一種憧憬。」

想像一下，站在甲子園投手丘上、放出耀眼光芒的菊池，在初中生大谷心裡到底是什麼樣的存在？揣摩大谷的心理，我猜想，雖然從小學就立志要成為全國最佳棒球選手，但大谷並不知道、也無從評估自己的能力在哪裡。所以當他近距離看到菊池這個同樣出身岩手的全國頂級投手時，他開始有了想法，有了目標。

「想成為全國最佳投手，眼前的雄星桑就是榜樣。」於是乎大谷為自己設定「高一一年內超越菊池」的超高目標，他知道，除了本身要更努力之外，還寄希望於花卷東高校與佐佐木洋監督，希望這個培育出全國最佳投手菊池的學校，能帶給他同樣的力量。

包含日本媒體在內，許多人都認為大谷是基於崇拜菊池才就讀花卷東高校，其實不然。從大谷的思考模式、談話內容、目標設定，你會發現，他要的不只是追隨，更是超越。理由很簡單：不超越菊池雄星，怎麼成為全國最佳投手？

命運的安排是有趣的。如果菊池與大谷入學的順序顛倒過來，大谷還會有今天的發展嗎？可以確定的是，當年光芒萬丈的菊池引領大谷進入花卷東高校，倘若沒有菊池，大谷的棒球人生肯定會有很大的不同。

花卷東棒球隊監督佐佐木洋也有同感，「我認為對大谷來說，能在他初中三年級看到雄星和那一代的選手，對他是非常重要的。他感受到岩手對棒球的狂熱，隊友間是如此團結，如果不是那一年的熱潮，也許大谷早就到其他縣的高校打球了。這完全是機會的問題。」

## 「得英才而教之」的喜悅

當然，這段過程中最開心的或許不是大谷，而是佐佐木監督，能連續六年指導全日本最頂級的高中選手，夫復何求？他形容自己第一次看到大谷投球的心情：

「在我遇到大谷之前，我真的以為自己再也遇不到雄星這種資質的選手了，我以為這是最後一次看到岩手縣出產這麼有天賦的選手。」

「可是有一天，我們棒球部部長流石裕之回到球場，帶來一段影片，他呼吸急促地說：『岩手縣有一個跟達比修有一樣的投手！』我回說『怎麼可能？』」

「但當我第一次看到初中生大谷的投球影片，我完全震撼到了。」

「他的天分也太高！」

「這麼高大的身材，手腕卻又這麼靈活。」

「看到這段影片時興奮的心情，彷彿就發生在昨天。他擁有極高的天賦，這在我心裡是沒有任何疑問的。」

「除了追隨成功者的腳步，沒有確保成功的方法。」佐佐木監督勉勵大谷的這句話，後來也成為他的名言。但他的真意不只要大谷追隨菊池，更是要超越。

## 16 動之菊池，靜之大谷

「自己並不只受到隊友的恩惠，從教練那也得到許多幫助，只有不斷努力來回報這一切。」

——大谷翔平

「大谷對游泳訓練沒有任何怨言，即便訓練本身非常辛苦，但他從不示弱，反而表現出『我可以做更多』的態度。原因很簡單，他把游泳當作棒球訓練的一部分，所以態度非常積極。」——佐藤順（花卷東高校游泳隊教練）

「他可以投出一百英里火球，把球打到四百英尺遠，又能跑！把他帶去好萊塢，他還可以成為電影明星。」——佩卓・馬丁尼茲

「就算他在今年（二〇二一）球季結束後高掛球鞋，從此再也不打球，我們仍將持續討論他——直到永遠。」——某大聯盟球團高層

「動之菊池，靜之大谷」，這是佐佐木洋監督形容兩名愛徒的一句話。等一下，這不是和球迷的

認知顛倒嗎？大聯盟場上的菊池雄星有東方人傳統的內斂與拘謹，反而是大谷翔平活潑搞笑、表情包特多。

但其實佐佐木監督是想點出兩人在投手丘上的特質：菊池投球剛猛而華麗，大谷則善於控制情緒。以教育者自居的佐佐木，他重視每個選手不同的人格特質，強調因材施教的重要性，就如作家佐佐木亨所言，「他（佐佐木監督）會持續評估每個選手的能力，再照亮每一個個人。身為團隊的負責人，他非常清楚組織能力的重要性，他認為，要發揮團隊真正的戰力，就必須充分利用每個人的特質。」

當然，在團隊均衡發展與大谷的未來規畫上，勢必存在矛盾與衝突，「這一切都關乎中庸，我必須考量兩者之間的最佳平衡點。」佐佐木監督說。

但有一點是一開始就確定的：佐佐木監督是以菊池為教科書來育成大谷。

## 高中一天吃十碗飯的真相

「基本上，育成大谷的方法很簡單。什麼是他所需要的肥料？以打擊為例，那就是打席數、經驗值。我們不必將他放在溫室裡辛勤地澆水，也不必刻意讓他接受日照，只需放在室外，自然接收雨水並儲存水分，有時感受到陽光並蓄積能量，這樣他就會變得更強大。培養他適應環境、感知萬物，他將累積自己的力量，這就是我對大谷的想法。」佐佐木監督說。

大谷在高三那年的岩手大會準決賽對一關學院高校投出時速一六〇公里速球，打破日本高校野球、乃至於業餘球界的最高紀錄，這就是佐佐木監督要求他訂的目標。

佐佐木監督最常說的一句話是「目標必須有具體的數字，沒有計畫就不能稱為目標」，於是他將球速一六〇公里訂為投手大谷的重要目標，用這個目標拉動大谷繼續前進。

佐佐木監督對於大谷能投到一六〇公里並不意外，「我們是用雄星當教科書來育成大谷，根據他能增加多少肌力，提升多少球速，去做一個粗略的計算。但大致說來，我知道大谷在高中階段的球速能達到一六〇公里。」

菊池高三時曾經投過一五四公里、甲子園大賽史上左投最高球速紀錄（一說是羅德球探在場邊用測速槍測到的一五五公里），但佐佐木監督卻給大谷訂了更高的目標，「這就是為什麼我告訴大谷『不要有想成為雄星那樣的想法』，因為你如果只想和別人一樣，那你永遠不會比他們好。你要想的是如何超越他們。」

大谷高中入學時的身高是一八六公分，佐佐木監督一眼就看出他投球的潛質，「手腳的長度，特別是臂長，這是他投速球的先決條件與絕對優勢。此外，大谷的關節活動度大，特別是髖關節與肩關節的柔軟度高，這些都是父母賦予他的天分。這就是為什麼如果他剛入學就在比賽中登板投球，也能馬上取得一定成績的原因。」

但你還記得大谷母親加代子提到的鉛筆人與挑食問題嗎？高中入學時的大谷體重只有六十三公斤，初中時期每餐只吃一碗飯，對於一個正在發育期、身高如此之高、運動量又特別大的男生，顯然是不夠的。

對照菊池參加日職選秀會時的身高一八四公分、體重八十二公斤，佐佐木監督就以菊池為樣板，要求大谷補充睡眠、增加食量及強化重量訓練。

佐佐木監督嚴格要求大谷要有足夠的睡眠。由於開學後面臨全新的環境，加上不習慣住宿生活、長期睡眠不足，導致大谷幾乎每個月都發燒，甚至必須送醫院、打點滴，可是在提早結束練習、盡可能增加睡眠時間之後，狀況即有改善。尤其是高二那年的髖關節生長板受傷後，他由主力選手住的第一宿舍搬到更安靜的第二宿舍，可以更早就寢，大谷認為這對他達成「球速一六〇公里」的目標影響重大，「現在回想起來，這反而是一個契機。我想我之所以最終能投到一六〇公里，就在於當時有足夠的休息，有強健的身體，這種體格上的重大改變與後來的一六〇公里一定脫不了關係。」

順帶一提，佐佐木監督對大谷睡眠的嚴格要求，對他影響深遠。大谷在大聯盟的專屬翻譯水原一平爆料，他平均一天「至少」要睡足八個半到九個小時，對睡眠的「數據管理」成為他進入職棒後恢復體力的重要因素。

至於食量問題則是最讓母親加代子擔心的，她回憶說：「佐佐木洋監督指出翔平體力不足的問題，他被要求一天吃十碗飯（早餐三碗，午晚餐七碗），常常吃了又吐，吐了又吃，就這樣一直重複。」

有一天加代子實在按捺不下內心的焦慮，她去大谷的宿舍一趟，偷偷打開兒子的書桌抽屜後，映入眼簾的竟然是一個三菜一飯、已經發霉的便當！

加代子猜想，這應該是球隊為他設定體重目標並強迫進食的後果，翔平吃不完又怕丟到垃圾桶被罵，只好默默帶回宿舍藏在抽屜。加代子難過到眼淚差點奪眶而出，但也只能默默地將便當收回家。

不過從這段故事可以看出大谷對於增重的毅力，大谷自己也說：「我早餐都吃很多，而且我還在宿舍自己做飯糰帶去學校吃。雖然學校有供應午餐，但我在下午訓練開始前還必須再吃一餐，這對我真的很難啊！」

有此一說，大谷最高曾經一天吃十三碗飯，這種吃法顯然不正常。所以進入職棒後在賢拜達比修有的建議下，大谷每天吃六至七餐，除了正常的三餐，每餐之間或訓練結束後還會增加水果或蛋白質的攝取。相較於剛進日職時的體重八十六公斤，大谷後來在大聯盟登錄的體重增加到九十五公斤左右，但過於魁梧的體型（台灣網友暱稱「谷巨肌」），反而讓人懷疑這體重低報了。

## 「游泳也能進奧運」一說的由來

支撐大谷投出一六〇公里球速的基礎工程，除了補充睡眠、增加食量及高強度重量訓練之外，還有許多不為人知的努力，游泳就是其中之一。

花卷東高校棒球部的專屬游泳訓練始於菊池雄星就讀高中一年級的時候，當時一位游泳部的三年級學生代表學校參加全國運動會，在游泳項目大放異采。佐佐木監督看到這名游泳選手的開肩伸展運動及其他訓練方法之後，便詢問游泳隊教練佐藤順能不能納入棒球部的訓練項目。

佐佐木監督的另一個考量則是天候問題。花卷東高校所在的花卷市位於岩手縣內陸，每年十二月至隔年三月是看不到黑土的，室外一片銀白世界，即便是白天氣溫也在攝氏零度以下。早期高校野球的主流觀念是與惡劣的氣候正面對決，選手們必須穿上長靴跑步，或是在雪地裡打橄欖球或踢足球，藉以強化下半身；當然，如果學校有室內練習場，就能在室內做投打練習或重量訓練，有時也借用體育館來練球，但室內的訓練空間與項目畢竟相當受限。

二〇〇七年起，棒球部決定將游泳納入訓練項目，期間是每年十一月至隔年三月，每週二、四晚間七點至八點半，一開始先讓全隊學會游泳，接下來才是正式的團隊訓練。

佐藤教練這麼描述他記憶中的大谷，「他的手腳都很長，游泳方面完全沒問題。剛入學就能游四種泳式，尤其擅長自由式。因為手長腳長的關係，他游泳時手臂向前延展的划水距離更長，因此從開始到結束都維持極快的速度。」

對大谷來說，從小就學游泳，加上天生運動員的體格，游得好或許不意外，但下面這件事可就讓佐藤教練非常驚奇了。這是發生在大谷剛開始學跳水時，初學乍練的大谷一開始是以腹部入水，完全是外行人。由於同年級生中有一個游泳比賽經驗豐富的選手，佐藤教練就請他示範給大谷看，結果大谷只看了一次，就能做出完全一樣的跳水動作！佐藤看到時心想「哇！他真的很與眾不同！」

至於佐藤教練對大谷印象最深刻的是他的態度，「大谷對游泳訓練沒有任何怨言，即便訓練本身非常辛苦，但他從不示弱，反而表現出『我可以做更多』的態度。原因很簡單，他把游泳當作棒球訓練的一部分，所以態度非常積極。」

二〇二一年四月下旬，長期追蹤大谷的棒球記者赫南德茲（Dylan Hernandez）在《洛杉磯時報》報導，大谷的游泳是可以參加奧運的水準。赫南德茲曾經飛到日本花卷東高校進行專訪，他表示，「佐佐木洋監督熱情地告訴我，游泳是棒球隊訓練的一部分，而大谷真的游得超快，『游泳隊教練說他可以游進奧運。』」

赫南德茲說他當時對佐佐木監督只抱以禮貌性的微笑，後來在專題報導也沒寫到這句話，「現在回想起來我當初應該要寫的，佐佐木或許不是在開玩笑。大谷真的無所不能。」

## 鄉民口中的「魚翔全」

在進入職棒後，大谷的身體柔軟度受到高度關注。他曾經在日本綜藝節目上露了一手，只見他雙手插腰，再將手肘向前擺動，直到兩臂平行、雙手手肘完全朝向正前方為止，旁邊的女主持人完全做不到，現場驚呼連連。這個動作源自日本職業高爾夫選手石川遼，大谷在高中時期看到石川做出類似動作之後，他認為能提升身體柔軟度，使擺臂幅度更廣、動作更流暢，進而增快球速，為此他還特別練習這個動作。

必須說，游泳訓練為大谷的肩膀及手肘柔軟度打下基礎，父親大谷徹也有同樣的看法，「無論自由式或蛙式，游泳都是一項使用到整個身體的運動，我認為這對他的關節柔軟度與肩膀的可活動範圍都有正面影響。此外，我從來不覺得翔平身體僵硬，不管是持球或握棒，他的動作一直都很柔軟。」

從羽球、游泳再到棒球，大谷從小就能自由接觸各種運動，享受自在活動身體的樂趣；一開始不被局限在棒球領域，反而造就出棒球場上出色的運動能力，無怪乎PTT鄉民要戲稱他是「魚翔全」（飛魚＋大谷翔平＋全能運動員）了（笑）。

# 17 球速一六〇公里的挑戰

「如果你只想成為某人，這樣是不夠的，我一直告訴大谷，你要思考的是如何超越他。」
——佐佐木洋（花卷東高校棒球隊監督）

「大谷翔平不僅體能好、手臂長，加上高壓式投法，就算以前也沒有出現過條件如此優異的投手……，如果身體再練壯一點，絕對不只一六二公里，依個人身體素質來看，以後有機會投到一六七、一六八公里。」——長嶋茂雄（前讀賣巨人明星打者，日本「棒球先生」，一九八八年入選日本野球殿堂）

「只要他能控好速球，打者幾乎沒有機會打到他的快速指叉球。因為他的投球軌跡相同，看似直朝好球帶正中央，卻在最後一刻急速下墜，下墜幅度非常大。打者想要跟上他的球速，同時判斷是速球或快速指叉球，這幾乎是不可能的。」——史莫茲（John Smoltz，前勇士王牌投手，二〇一五年入選美國棒球名人堂）

剛入學的大谷翔平有兩個關於體能的小故事，在他成名後陸續被媒體揭露。首先是棒球隊的投手練習，有一個項目是將沒充飽氣的排球往地上扣殺，結果教練整個傻眼，因為大谷往地面扣殺的排球竟然反彈打到體育館挑高的天花板，而其他隊友用盡全力，也只有一半高度而已。

另一個項目同樣在體育館，教練將兩塊墊子拼接在一起，總長約五至六公尺，而且還有相當的厚度，結果大谷助跑後一躍而過，想當然耳，全隊只有他跳得過去。

## 沒有完成不了的目標，只有不切實際的夢想

從高一那年春天的花卷地區預賽開始，大谷就擔任球隊的先發第四棒及右外野手，不過佐佐木洋監督心裡很清楚，他對大谷的育成計畫絕對是投手而非野手。一來大谷本身就有往投手長期發展的強烈意識；二來打從棒球部部長流石裕之第一次帶回大谷初中時期的投球影片後，佐佐木監督就將他定位在「下一個達比修有」（身材高大、手腕靈活、投球天分高）、「菊池雄星的接班人」。

佐佐木監督在作家佐佐木亨《開拓道路 越過海洋 大谷翔平的素顏》一書受訪時詳細回顧這段過程，以及他為什麼讓大谷從野手而非投手出發：

「他的身高還在成長階段，我不能過度訓練或過度使用他。」

「身為投手，他在入學後的球速就有一三〇公里中段，已經接近球隊第一號先發投手的水準了。我發自內心吶喊『立刻讓他上場投球吧！』，因為我好想贏得比賽，可是這句話到了喉頭卻硬生生嚥了回來。」

「我沒有讓他在入學後的春季比賽登板，反而從外野手開始，因為我想先鍛鍊他的下半身，然後再開始投球。我想帶著他一步一步往上爬，就像走樓梯一樣，如果像搭電梯一下子衝上去，那就有可

能一下子掉下來，所以不管是體格的成長、投球的成長，乃至於人格的成長，我都希望他是以曲線方式緩慢上升。因為這樣，我從一開始就下定決心，要先從他的『心』與『體』開始養成。」

至於為什麼是右外野手？佐佐木監督解釋：

「防守右外野需要覆蓋大範圍的守備面積，必然增加跑動量（註：這也就是前面提到先鍛鍊下半身的做法）。此外，就以回傳三壘為例，右外野手的傳球距離更遠，我要求他必須用全身的力量傳球。」

「其實我一開始是計畫將他放在內野、擔任游擊手，而且他在游擊守備的動作非常棒！可是考慮到他的未來性，若擔任外野手、特別是右外野，將提供更多跑動與長傳的機會，這就成為我最主要的考量。」

不過這僅僅是佐佐木監督對大谷長達兩年半計畫的一部分，他在大谷剛入學時就對他說了這句話：「你的球速終將達到一六〇公里！」

球速一六〇公里是什麼概念？這不僅在日本高中棒球史上從沒出現過，就算是日職也極為罕見。過去寺原隼人曾經在甲子園被測到一五八公里的球速，但這已經是二〇〇一年的事了。

可是佐佐木監督有他自己的估算方式。同樣是在佐佐木亨的著作中，他這麼剖析：

「剛入學時大谷的體重大約只有六十三公斤，身材瘦削，重量訓練就連二十公斤都有些吃力。但反過來說，他在不夠強壯的情況下就能投得這麼好，這讓我更加期待，也感受到他巨大的潛力。」

「菊池雄星的存在，給了我們培育大谷的期待，我們正是以雄星為參考書來育成大谷。雄星的體重多了二十公斤，球速也快了二十公里，雖然這只是粗略的換算方式，但如果正面思考，我認為大谷的球速終將達到一六〇公里。」

「我不是給他一個空泛的夢想，這也不是草率馬虎的目標，因為我確信球速一六〇公里的計算方式是可以達成的。基於這個理由，我告訴大谷，不要把『我想成為雄星桑這樣的投手』當作他的思維方式。如果你只想成為某人，這樣是不夠的，我一直告訴大谷，你要思考的是如何超越他。」

## 「夢之一六〇公里」達成一瞬間

二〇一二年，七月。

大谷翔平高三夏天的岩手大會，這是他第一次在夏季大會背負王牌投手的使命，卻也是最後一次了。

準決賽的對手是一關學院高校，地點是盛岡市的岩手縣營野球場。大谷一局上半就丟掉一分，但超過一五〇公里的速球連發，最快達到一五六公里。隨著比賽的進行，大谷彷彿不斷地換檔與加速，六局上半面對失分危機，他本能地將油門踩到底。

一關學院高校在這個半局首名上場打者擊出中外野安打上壘，兩出局後二、三壘有跑者，中心打者兼王牌投手鈴木匡哉站上左打區。

大谷第一球投向外角低，一五七公里，這一球已經締造當時個人球速新高，不過這只是「歷史瞬間」的開始。第四球，一五九公里，比賽氣氛隨著盛夏的暑氣與看台觀眾的吶喊聲而不斷升溫。

歷史性的一刻終於到來，投打對決的第六球投在打者膝蓋高度，進壘點極其精準，直接鑽進捕手佐佐木隆貴的手套。

打者沒揮棒，主審拉弓，三振出局。

佐佐木隆貴回憶說：

「看到大谷的第一球（一五七公里速球），我心裡想，與其投變化球被擊中而失分，寧可直球對決。我猜翔平也是同樣的想法吧！」

「最後一球出手的瞬間感覺低了。通常我在一開始覺得偏低的球，最後的進壘點也會偏低，可是這一球卻完全不是這麼一回事。說不上來什麼原因，彷彿是球自己找到出路，鑽進好球帶，最後啪地一聲打在我的手套上。」

「從捕手視角，這一球的體感球速可能落在一五九公里或更快，但不論最後測速槍顯示什麼數字，對我來說，這一球的球質是完全不同的境界。」

一六〇公里！這是日本高中棒球、乃至於業餘棒球界的新紀錄，竟然出自一名剛滿十八歲的高中生之手。只是大谷渾然未覺，「投球一瞬間我沒看到測速槍的數字，完全不知道怎麼回事。這是我高中最後一次地區大會，面對壘上有跑者的失分壓力，我很慶幸能壓制對手。」

這就是大谷對比賽的態度。球速一六〇公里是大谷高中三年努力的目標，但面對球隊勝敗和晉級與否的關鍵時刻，自己的目標反而無關緊要了。有記者統計大谷這場比賽的用球數九十九球當中，有多達四十球的球速都超過一五〇公里，總計先發七局只被打出三支安打，狂飆十三次三振，率領球隊以九比一大勝，順利挺進決賽。

## 設定目標，夢想就在不遠處

大谷擅於將夢想單純化，設定明確目標，進一步制訂達成目標的具體措施，「球速一六〇公里」就是一個最好的例子。有時候，設定目標不是為了實現目標，而是要激發最大的潛力，所以當人們都認為這個夢想不可能時，或許這夢想恰到好處。大谷如願投出一六〇公里的夢幻球速，正因為他在剛入學就設定如此遠大的目標，「一開始我認為一六〇公里是不可能的數字，但周遭的人一直告訴我『你做得到』，就連負責體能訓練的教練也這麼說，所以慢慢地我也開始告訴自己『我做得到』。」

此外，實現目標的可能性不僅取決於目標的大小，更取決於檢視目標的頻率，日本運動心理學家兒玉光雄建議要讓孩子透過書寫、默念、朗讀、傾聽等各種方式來持續檢視自己設定的目標，而日記就是一個最好的工具。

至於在目標的實踐上，遠大的夢想絕非一蹴可幾，就像大谷不可能一覺醒來就突然能投出時速一六〇公里的速球，必須將更多中型、小型的目標納入日常訓練中。

成功，沒有捷徑，唯有透過不斷練習、持續進步，才有可能實現夢想。

## 18 十七歲的人生目標表

「當你離夢想愈來愈近，夢想就會成為目標。」——鈴木一朗

「成功的關鍵不在於你從哪裡開始，而在於你的目標有多高。」——曼德拉（前南非總統，反種族隔離革命家）

「世界上最快樂的事，莫過於為理想而奮鬥。」——蘇格拉底

「大谷翔平可能是現實世界的超級英雄，大谷就是他自己，不是下一個貝比魯斯，更不是下一個誰誰誰。」——大聯盟官網

「大谷的特別，全世界都在看。站上打擊區，他就是邦茲（Barry Bonds），每一次揮棒都讓人忍不住深吸一口氣，而且他還是賽揚獎候選人，沒有人可以和他相提並論。也許我們會拿他和貝比魯斯相比，但我不認為這樣對他是公平的。」——加勒戈（Mike Gallego，天使首席教練）

說到「夢想」與「目標」，我常會想到鈴木一朗的名言：「當你離夢想愈近，夢想就會變成目標。」

夢想可以激勵你，目標則會改變人生；夢想是免費的，目標則必須付出代價；想像力能讓夢想更遠大，但實現目標的過程往往伴隨技術與能力的提升；夢想愈大，目標就愈大，即便夢想最後無法成真，目標依舊可以逐一實現。

真正的夢想，必須有清晰的願景，當願景轉化成具體的目標，夢想才有可能實現，已故前南非總統、一九九三年獲頒諾貝爾和平獎的曼德拉（Nelson Mandela），就是一個最好的例子。

## 「成功的關鍵，在於目標有多高」

曼德拉年輕時積極投身於反種族隔離運動，此時對他來說，爭取自由、推翻種族隔離制度是他的「夢想」；入獄二十七年的曼德拉，在關押期間對種族隔離當局、官員、同胞、家人寫了成千上百封信，夢想開始成為人生的「願景」，進而成為反種族隔離運動的指導原則與具體「目標」；而在曼德拉獲釋並當選南非首任非裔總統的過程中，他將「目標」轉化為「現實」。

曼德拉說過許多名言，但要論「夢想」與「目標」，下面這句話發人深省：「**成功的關鍵不在於你從哪裡開始，而在於你的目標有多高。**」

別誤會，設定目標可不是愈高愈好，不妨考量下面這三個原則：

**一、目標必須與願景相連結**

老師規定學生「一天做十題數學習題」，學生往往只是被動交作業，不求甚解。但如果老師能說明「一天做十題數學習題，你就能在段考取得好成績」，並解釋箇中原因，學生便能有更明確的願景。當段考成績因此而進步，學生累積足夠的經驗與信心之後，他們會更願意自動自發地做題目，不再需要師長規定每一項作業。

### 二、適度的目標最具激勵效果

日本運動心理學家兒玉光雄以小學生立定跳遠進行實驗，他讓學生完成一次立定跳遠並記錄成績之後，隨即分為五組：A組沒有設定目標；B組的目標與第一次相同；C組的目標是提高百分之十；D組的目標是提高百分之二十；E組的目標則提高百分之三十。結果呢？

第二次立定跳遠，A組的成績退步百分之二；B組進步百分之二點三；C組進步百分之五點五；D組進步百分之四點五；E組則進步百分之三點四。換言之，C組設定的目標是進步百分之十，而該組實際進步的幅度最大，亦即設定「最適目標」就有機會激勵學生展現最高水準。

### 三、目標應該區分不同階段或層次

兒玉光雄引用美國史丹佛大學班度拉（Albert Bandera）博士的研究，將四十名七至十歲的學童分為A、B兩組，每組二十人。A組被指示「努力做完一本二百五十八頁的數學題本」，B組則被指示「每天做六頁，努力完成一本數學題本」，結果A組有百分之五十五做完題本，B組則有百分之七十四完成。這個研究成果說明「設定小目標並每天實現」的重要性，每天完成目標，會在大腦形成一種「上癮模式」，進而激發「自我肯定感」。

## 十七歲的「人生目標表」

十七歲那年，正值高三的大谷翔平寫下一張「人生目標表」，後來在日本電視節目播放。雖然內容超狂，但就如同大谷在表格周遭寫的「人生要不留遺憾」、「人生逐夢，夢想創造人生」、「我不做，誰做？」，在在顯示大谷的凌雲壯志，如下表所示。

「人生目標表」是高中生大谷對未來人生的想像，重點在於如何設定具體目標並付諸實現，而這個設定目標的工具，就是高中時代的大谷最常為人討論的「曼陀羅計畫表」。

| | | | |
|---|---|---|---|
| 18歲 | 和大聯盟球團簽約 | 35歲 | 入選WBC經典賽日本代表隊 |
| 19歲 | 升上三A；精通英文 | 36歲 | 締造最多三振紀錄 |
| 20歲 | 升上大聯盟，年薪15億日圓 | 37歲 | 長子開始學打棒球 |
| 21歲 | 進入先發輪值；單季16勝 | 38歲 | 職棒成績衰退，開始考慮引退 |
| 22歲 | 獲頒賽揚獎 | 39歲 | 決意明年引退 |
| 23歲 | 入選WBC經典賽日本代表隊 | 40歲 | 引退賽投出「無安打比賽」 |
| 24歲 | 投出「無安打比賽」；單季25勝 | 41歲 | 回日本定居 |
| 25歲 | 投出球速175公里的世界紀錄 | 42歲 | 將大聯盟棒球系統引進日本 |
| 26歲 | 拿下世界大賽冠軍；結婚 | 57歲 | 從職棒界引退 |
| 27歲 | 入選WBC經典賽日本代表隊；獲頒年度MVP | 58歲 | 回岩手定居 |
| 28歲 | 長子出生 | 59歲 | 擔任少棒聯盟監督 |
| 29歲 | 第二度投出「無安打比賽」 | 60歲 | 夏威夷旅行 |
| 30歲 | 成為大聯盟史上最多勝的日本人投手 | 61歲 | 少棒聯盟球隊登上「日本一」 |
| 31歲 | 長女出生 | 62歲 | 以三年的時間在故鄉執教，提升岩手棒球水準 |
| 32歲 | 第二度拿下世界大賽冠軍 | 65歲 | 領取大聯盟退休金三千萬日圓 |
| 33歲 | 次子出生 | 66歲 | 環遊世界 |
| 34歲 | 第三度拿下世界大賽冠軍 | 70歲後 | 每天維持運動，健康開朗地生活 |

## 「曼陀羅計畫表」的起源

「曼陀羅計畫表」是一張由九（3×3）大區塊、每區塊有九（3×3）個表格所構成的圖表，「曼陀羅」（Mandala）一詞源自梵文，或音譯為「曼荼羅」，是佛教常用字，意指圓圈、中心，或壇場、壇城、道場，主要用於印度教密宗與佛教密宗在舉行宗教儀式和修行禪定時的象徵性圖形。

曼陀羅的一般構成是將主要的尊神置放在正中央，其餘諸天諸尊環繞在周遭，並以一定的規律排列。換言之，曼陀羅是以繪畫形式代表佛教的世界，意謂所有尊神相互影響，形成一個單一的世界。

曼陀羅圖的結構具有高度邏輯性，而且是以簡單的形式來傳達下面的概念：一項事物被創造與產生，有其必要的構成元素，而這些元素彼此間又具有密切的關聯性。因此，這個概念常應用在各種不同領域，如目標設定、問題解決、商業計畫、產品開發、會議議案討論等。如果將「我想成就什麼」放在表格的中心，這就是一張「目標設定表」；如果將「我想評估什麼」放在正中央，這就成了「評估檢查表」。

「曼陀羅計畫表」的創始人是今泉浩晃，至於大谷高中時填寫的「Open Window 64」則是原田隆史的改良版，稱為「原田方法」。原田曾任職於大阪市立松虫中學等多所學校，擁有二十年中學教師資歷，一九九四年前往歐洲進行教育參訪的過程中，受到芬蘭等國的教育理念所啟發，激勵他深化與活用「曼陀羅計畫表」，後來成功重建多所資源貧瘠或校風不振的學校，打造出七年內榮獲十三次日本第一的冠軍田徑隊，被譽為「天才體育教師」、「生活指導之神」。二〇〇一年成立自己的諮詢顧問機構「原田教育研究所」。

在日本已經有超過四萬家企業、至少八萬名員工接受過原田及其機構的指導，包括花卷東高校棒球隊監督佐佐木洋。二〇一八年原田接受《華爾街日報》專訪時曾表示：「我相信這（指『曼陀羅計畫表』）對大谷現在的成就是巨大的支柱。」

確實是如此。「曼陀羅計畫表」不僅協助大谷在高中達成球速一六〇公里以及畢業後加入職棒的目標，根據原田的說法，大谷在高中第一張「曼陀羅計畫表」之後，隨著棒球生涯目標的不斷更新，後續還填過至少十五張表，這件事也得到日本火腿球團與天使球團管理階層的證實。而火腿球團選手教育總監本村幸雄不僅協助大谷製作「曼陀羅計畫表」，還推廣到每一位選手。

近十年來，「原田方法」已被公認是「促進員工發展」最有系統的方法之一，並為麒麟啤酒、優衣庫、野村證券、三菱日聯銀行等企業所採用。隨著大谷成功挑戰大聯盟，「原田方法」也逐漸在美國打開知名度，原田的學生之一，「生產力出版社」（Productivity Press）總裁博迪克（Norman Bodek），就致力於透過手機app以英文及日文傳授「原田方法」，他說：「大谷是我們的超級球星，雖然不是每個人都能成為世界最強的棒球選手，但每個人都有機會成為自己領域中的佼佼者。」

## 「目標必須從數字開始，沒有計畫就不能稱為目標」

曾經有日本媒體詢問佐佐木洋監督「如何將大谷培育成如此偉大的選手」，佐佐木這麼回答：

「我本身不是偉大的選手，也不知道投出球速一六〇公里的方法。但我可以告訴你，大谷為了實現目標，是如何思考及建立計畫的。」

「目標必須從數字開始，而且除非你有一套完整的計畫，否則不能稱之為目標。學生時代的我完全無法體會這一點，但成為教育者以來我學到許多東西，逐漸理解該如何培育人才。我一直告訴選手們要有具體的目標，例如數字、競爭對手，然後制訂計畫來達成這些目標，這就是將計畫書寫下來的重要性。透過書寫的方式，也能幫助你持續檢視，我相信這是達成目標不可或缺的步驟。」

而這正是「曼陀羅計畫表」最神奇、也最實用之處。

題外話，大谷的「人生目標表」確實超狂，但他不也在二十七歲實現了嗎？那就是拿下二〇二一年美聯年度MVP！

# 19 曼陀羅計畫表——目標設定與自我管理心法

「目標必須有具體的數字，沒有計畫就不能稱為目標。」——佐佐木洋

「我一直告訴選手們要有具體的目標，例如數字、競爭對手，然後制訂計畫來達成這些目標，這就是將計畫書寫下來的重要性。透過書寫的方式，也能幫助你持續檢視，我相信這是達成目標一個不可或缺的步驟。」——佐佐木洋

「運氣只降臨在那些控制自己去獲得幸運的人身上。」——佐佐木洋

「感覺有許多人在討論大谷翔平，但我認為還遠遠不夠，因為他在棒球這個領域的所作所為實在太瘋狂了。」——瓦特（J.J. Watt，NFL亞歷桑那紅雀隊防守邊鋒）

「認真問，除了大谷翔平之外，你認為還有其他選手可以拿MVP嗎？這傢伙簡直主宰打擊區和投手丘，沒有任何一個其他選手嘗試這麼做，更別說是成功了。他本身就是『最有價值』這四個字的定義。」——瓦特

在花卷東高校棒球部，選手一入學就必須填寫一張「曼陀羅計畫表」，這是佐佐木洋監督參考人才培育及企業管理書籍所設計的表格，也被許多企業所採用。佐佐木監督這麼解釋：

「這就好比一個大型的人生計畫。你將來想做什麼？為了實現這個目標，你現在必須做什麼？」

「我們讓每位選手剛入學就填寫這張表，它可以是三年間的目標，也可以是整個人生的目標。填寫完成後，選手們可以在休季期間重新檢視，進而修改文字或新增目標。」

## 「曼陀羅計畫表」的設計邏輯

至於「曼陀羅計畫表」如何設計？又該如何填寫？

「曼陀羅計畫表」是一張9×9的正方形表格，填寫原則如下：

一、先在整張表格的正中央填寫核心目標。

二、在核心目標周圍的八個方格，填上「實現核心目標」的八項要素。

三、整張表外圍共有八個3×3的正方形表格，將第二點所列八項要素分別填寫在周圍八個3×3小表的正中央。

四、在這八個3×3小表，將達成各項要素的具體行動，填入各小表周圍的八個方格。

因此，「曼陀羅計畫表」在設計邏輯上，是從單一的「核心目標」，衍生出八項「基礎思考」，再從每項「基礎思考」，分別發想出八個「實踐思考」；在組成上，則是由一項「核心目標」、八項「次要目標」、六十四項「具體做法」所構成，目的是要讓使用者在依序填表的過程中，對於達成核心目標的「想法」與「做法」更加清晰。

至於執行順序則與填寫順序相反，使用者透過日常任務的達成來滿足「次要目標」，當所有「次要目標」都得到實現時，最終的「核心目標」也就完成了。

看似簡單的「曼陀羅計畫表」其實蘊含下列幾項優點：

一、全球知名企管顧問公司麥肯錫（McKinsey & Company）最常用的結構化圖表之一就是「邏輯樹狀圖」，將每個問題的子問題分層列示，從最高層開始逐步往下擴展，協助釐清思路，找出關聯項目，不做重複或無謂的思考。「曼陀羅計畫表」則是由中心往外延伸，優點相似且同樣具有高度邏輯性。

二、從抽象到具體，從目標到做法，提高目標實現的可能性。

三、利用使用者想填滿空格的心理，激發更多想法。

四、在整理思路、評估可行性時，可在同一張表綜觀全局。

五、將達成核心目標的次要目標與具體做法集中在同一頁面，便於每日檢視。

至於「曼陀羅計畫表」在填寫與執行上，最需要注意什麼？毫無疑問是目標與做法的「明確性」（Specific）與「可衡量性」（Measurable），而這正是「SMART目標設定法」的前兩項原則。以「明確性」為例，與其將目標訂為「發大財」，倒不如改成「五年內賺到一千萬元」；同理，「學好英文」稱不上明確的目標，改成「多益考試八百分以上」會更具體。

至於目標的「可衡量性」，最理想的狀況是要讓「今天的自己能與昨天的自己客觀比較」。要記得，「曼陀羅計畫表」的真諦不在設計一張完美的表格，也不必然要在短期內達成所有目標，重點是你每天做了什麼。

曾經有人問大谷，在他「曼陀羅計畫表」的八個次要目標中，哪一項對他最難？大谷回答：

「沒有哪一個目標是最難的，最重要的是在紙上具體訂下數字與期限，然後加以實踐。」

「手不舒服就改練腿啊！」

對於多數運動員來說，日常訓練是最枯燥的一環，但能讓大谷如此積極投入，毫無疑問，量化目標是一大關鍵。「初中時期我從來沒有測過自己的球速，直到念高中之後學校才有測速槍。第一次看到上面顯示一四〇公里、一五〇公里的數字時，這種球速緩步增加的過程真的很有趣。」大谷回憶說。

## 翔平的「曼陀羅計畫表」

日本火腿球團曾經在主場札幌巨蛋推出一項極受歡迎的周邊商品——「大谷翔平曼陀羅便當」，定價一千一百日圓。正方形餐盒裡呈現計畫表的擺盤方式，正中央是印上「OHTANI」及「11」字樣的正方形海苔，覆蓋在白飯上；配菜則以大谷或棒球的意象來設計，包括故鄉岩手縣的特產海膽飯、炸醬麵，大谷最愛吃的巧克力甜點，以及排列成「11」形狀的可樂餅。

這個便當造型的設計，正是為了呼應這位年輕球星高中時期目標設定與自我管理的心法，他也成為「曼陀羅思考法」、「曼陀羅計畫表」的最佳代言人。

下表是大谷高一那年冬天填寫的第一張「曼陀羅計畫表」：

| | | | | | | | | |
|---|---|---|---|---|---|---|---|---|
| 身體保養 | 補充營養品 | 前蹲舉90公斤 | 改善跨步 | 強化體幹 | 穩定軸心 | 投球角度 | 高壓式投球 | 強化手腕 |
| 柔軟度 | 體格 | 深蹲舉130公斤 | 穩定放球點 | 控球 | 消除不安 | 不過度施力 | 鋭利度 | 下半身主導 |
| 體力 | 關節可活動範圍 | 午晚餐7碗早餐3碗 | 強化下半身 | 身體不能開掉 | 控制心理狀態 | 放球點往前 | 提高投球回轉數 | 關節可活動範圍 |
| 目標明確 | 不要忽喜忽憂 | 頭腦冷靜內心熱情 | 體格 | 控球 | 鋭利度 | 以身體為軸心旋轉 | 強化下半身 | 增加體重 |
| 危機應變能力 | 心理 | 不受外界氛圍影響 | 心理 | 八支球團第一指名 | 球速160公里 | 強化體幹 | 球速160公里 | 強化肩膀肌肉 |
| 不造成紛爭 | 對勝利的執著 | 為隊友著想 | 人性 | 運氣 | 變化球 | 關節可活動範圍 | 練習傳接球 | 增加投球 |
| 感性 | 值得被喜愛 | 計畫性 | 打招呼 | 撿垃圾 | 打掃房間 | 增加投球數 | 完成指叉球 | 滑球的鋭利度 |
| 為人著想 | 人性 | 感謝 | 愛惜球具 | 運氣 | 對裁判的態度 | 落差大的慢速曲球 | 變化球 | 對左打的決勝球 |
| 禮貌 | 值得被信任 | 持續力 | 正向思考 | 值得被支持 | 讀書 | 與速球相同的投球姿勢 | 投出很好的壞球 | 增加投球的位移 |

計畫表正中央是大谷的核心目標，也是高中畢業前的終極目標：在日職選秀會同時獲得八支球團的第一指名。

當時大谷在花卷東高校的學長菊池雄星，才剛在二〇〇九年日職選秀會一舉獲得六支球團的第一指名。大谷的雄心正是要超越雄星，而且他所設定的目標不是七隊，而是八隊，這意謂著他不只想超越偶像，更要追平日職選秀史上的最高紀錄（紀錄保持人為一九八九年新日鐵堺投手野茂英雄及一九九〇年亞細亞大學投手小池秀郎，同為八隊第一指名）。

這個目標並沒有實現，大谷因為在選秀會前夕宣布將渡海挑戰大聯盟，導致最後只有日本火腿一隊強行第一指名。但倘若大谷沒有做出這項宣示呢？「八支球團第一指名」絕對不只是夢想而已。

為了達到這項核心目標，大谷設計了八個次級目標，分別是與投球技術有關的「球速一六〇公里」、「控球」、「變化球」、「銳利度」，以及與身體、心理有關的「體格」、「心理」、「人性」、「運氣」。

## 「正確設定目標」心法

對於「球速一六〇公里」的目標，一開始大谷認為根本不可能實現，因為不管在高中棒球也好，社會人球隊也好，這都是一項史無前例的紀錄。但在下定決心以此為目標之後，大谷在另一張紙寫下「一六三公里」，他說：

「如果我的目標是一六〇公里，那我最終可能只投到一五八公里左右，所以我設定了一個更高的目標。」

「假如我改成以一六三公里為目標，那我就有可能投到一六〇公里。倘若最後我真的投到一六三公里，那就真的太棒了！」

其實這就是一般人在設定目標時的盲點。舉例來說，如果你在練短跑，目標是「全力衝刺到那根電線桿」，那麼一般人跑到電線桿前兩三步就會自然地放慢速度；但如果你的目標是「全力衝刺超過那根電線桿前幾步」，那你在超過那根電線桿的剎那，仍然是最快的衝刺速度。

如果你真心想達到一項目標，那你得把標準訂得再高一點，當時年僅十五歲的大谷就已經懂得這個道理，而他的高度自我激勵就是這樣培養出來的。佐佐木監督對於大谷成熟的思維也感到非常驚奇：

「本來我以為大谷不可能引導自己投出一六〇公里的球速。為了使一六〇公里變成可能，首先，我想讓他意識到他必須訂一個更高一點的標準，才有可能真的實現。」

「根據我的經驗，如果你將目標設定在一六〇公里，那你可能只會達到一五八公里左右，雖然我沒有證據可以證明這種說法，但許多實際狀況都是如此。當然也有人能達成目標，甚至高於目標，可是多數人最終結果都是低於所設定的目標，這就跟『滿分十分，最終只拿八分』是一樣的道理。」

「我發自內心認為大谷可以投到一六〇公里，也對他說了這個數字，但我事後在想，我應該告訴他的是一六三公里，而不是一六〇公里。」

「當時我心想『糟了』，於是我趕快打電話告訴他，『你如果想投到一六〇公里，那你就該將目標設定在一六三公里。』大谷點了點頭表示同意，也沒說什麼。後來我才知道早在我打這通電話之前，他已經將目標訂在一六三公里了，顯然這件事不需要我教他。」

「過沒多久，我看到重訓室裡大谷張貼的一張紙，上面寫著『一六三公里』，我感到非常驚訝。」

## 教練團也有「曼陀羅計畫表」

有趣的是，佐佐木監督自己也寫了一張身為指導者的「曼陀羅計畫表」，在上面他用自己的話語，分析他需要什麼來培育大谷，實現一六〇公里存在什麼重要意義，身為指導者應該如何思考、怎麼落實。例如，為了提升選手的速度，他應該加強短跑與體幹核心訓練；為了增加選手的肌力，他要在飲食中增加鈣和鐵的攝取量；此外他還寫到，「放鬆」對於達到一六〇公里也很重要。

仔細觀察這張計畫表的六十四個行動步驟，你可以深刻體會到十五歲大谷翔平的嚴謹自律與縝密思維。嚴謹自律的一面主要展現在「體格」的行動步驟上，包括前蹲舉九十公斤、深蹲舉一百三十公斤，對照佐佐木監督提到「大谷剛入學的體重只有六十三公斤、重訓時就連二十公斤都顯吃力」的說法，不難想見大谷給自己設定了多麼高規格的目標。

花卷東高校棒球隊體能教練小菅智美也從訓練員的觀點，為大谷量身定做一張「曼陀羅計畫表」，他說：

「一六〇公里是教練團全體的共識，我們從各自的角度設定目標，共同培育大谷。」

「我一直認為大谷有投出速球並將力量轉移到球上的能力，而訓練員的首要工作就是增加他的肌力與體重，這也是我在一開始指導他時就意識到的。」

「大谷入學時的體重大約只有六十五公斤，我設定的目標是高三達到八十六公斤，而他在高三那年夏天的實際體重是八十三公斤，大概就是我所設想的目標。」

至於「一天吃十碗飯」看似誇張，但從營養師的觀點，一個體重六十公斤的成年男性在重訓後大約需要一碗白飯的碳水化合物分量，才能達到單次基本攝取量。尤其是密集的高強度訓練，以及消耗大量體力與強調瞬間爆發力的運動項目，碳水化合物更是主要的能量來源，另外蛋白質則是組成肌肉的重要成分，有助於肌肉的重建與生成。美國奧運游泳金牌選手「飛魚」菲爾普斯（Michael Phelps）自述在他念高中時，正值訓練高峰期與成長期，每天攝取熱量高達八千至一萬大卡，比正常成年人多出至少四到五倍。

再說到大谷的縝密思維，以「控球」為例，他擬定的具體做法包括技術層面的「穩定軸心」、「身體不能開掉」、「穩定放球點」、「改善跨步」，體格層面的「強化體幹」、「強化下半身」（同樣有助於達成「球速一六〇公里」的目標），甚至還得顧及心理層面該如何「消除不安」並且「控制心理狀態」。

## 「運氣只降臨在那些控制自己去獲得幸運的人身上」

在大谷「曼陀羅計畫表」的次要目標中，「運氣」、「人性」非常引人側目，你一定會想，難道努力就能增加運氣、受人喜愛？但我們必須這麼說：現代人訂定目標往往太過功利，例如，初出社會的年輕人可能以「三年內存到一百萬元」為目標，這種想法固然沒有錯，但問題是達成目標又如何？存到一百萬元要怎麼用？七位數的存款真能讓你變得更快樂？

因此，在制定核心目標之前，一定要不斷反問自己「我想成為什麼樣的人？」「如何才能實現我的人生理想？」

什麼是目標？目標不是功利主義的產物，它應該是人生願景的縮影。對大谷來說，「八支球團第一指名」是他高中的目標，但他的人生願景絕不止於此。

大谷想在高中畢業前成為超越菊池雄星的全日本最佳高校棒球選手，而他對「最佳選手」的定義不局限於技術或數據，更要得到隊友的信任、球迷的支持、眾人的喜愛。與其成為只擅長棒球的選手，大谷磨礪自己具有別人所需要的「人間力」，增加身為棒球選手的「價值」，這才是他想要的人生。

至於要求自己「打招呼」、「撿垃圾」、「對裁判的態度」來增加運氣，難道不會予人「精於算計」之感？我猜想佐佐木監督灌輸的是類似「吸引力法則」的觀念：正向思考帶來正面結果，當你專注於正向思考，你也不知不覺導正了自己的行為。

佐佐木監督教導學生，只要不斷做好事，不論多微小，終究會得到幸運。但得到「運氣」並不是最終目的，而是要將「做好事」內化為生活的常態。

佐佐木監督從二〇〇二年開始執教花卷東高校棒球隊，在此之後的二十年間帶領球隊十一次打進甲子園。他們想打造一支由岩手縣當地選手組成的球隊，不積極爭搶其他地區的有力選手，就算有少數選手出身外地，通常也是透過ＯＢ（校友）的推介。因此佐佐木監督以「教育者」自居，他不僅要提升選手的棒球技能，還要讓他們在棒球以外的未來人生獲致成功。

誠然，成功的人生不僅僅是能力，也需要運氣。佐佐木監督常告訴選手們，與其感嘆自己運氣不好，不如努力去爭取好運，**「運氣只降臨在那些控制自己去獲得幸運的人身上。」**

對於撿垃圾，佐佐木監督也這樣教育選手們，「你該這樣想，垃圾是別人丟棄的運氣，撿到垃圾，你就撿到運氣，會給自己帶來幸運。」比大谷大三歲的菊池，過去就以撿拾垃圾、維持置物櫃的整潔而聞名，當年花卷東高校「曼陀羅計畫表」養成的好習慣，十多年來仍適用在他身上；二〇二一年六月十七日，大谷在對老虎比賽的一局下半被四壞保送，他在跑上一壘途中彎腰撿起垃圾，順手放進球褲的後口袋，被媒體與球迷大讚「一流的行為」、「孩子們的榜樣」。

前道奇球探小島圭市對大谷「內心的力量」感到驚奇，此外天使隊友、「地表最強打者」楚奧特則盛讚大谷「從來不會在失敗時生氣，臉上總是掛著笑容」。看完佐佐木監督的人格養成教育之後，對於大谷的「人間力」，你一定不會感到訝異了。

## 20 生長板受傷——二刀流的意外發端

「棒球隊監督永遠不會成為主角，因為這樣是不可能贏球的。監督就像是電影裡的導演，他們的工作是指導選手成為主角。」——佐佐木洋

「當我們其他人走進打擊區時，場邊球迷可能一邊拿起啤酒要喝，或一邊做其他的事；但如果是他站上去，所有人都屏氣凝神，甚至撥電話跟親友分享。對球迷來說，他是非看不可的。」——瓦許（Jared Walsh，天使一壘手、外野手）

「他比貝比魯斯更強。貝比魯斯比賽的對手是農夫……在貝比打球時，沒有黑人球員，沒有亞洲球員，沒有拉丁美洲球員，只需要面對單一族群的球員……我沒有討厭貝比魯斯的意思，只是對大谷翔平有更多的關愛。」——賈斯提斯（David Justice，前勇士強打）

計畫趕不上變化，佐佐木洋監督對大谷翔平極盡保護的育成計畫，終究敵不過意外的受傷。這次

受傷重創大谷的高中投球生涯，卻意外成為他「投打二刀流」的開端。

也許你會說，大谷不是從小學就開始「二刀流」了嗎？沒錯，雖然小學及初中是球隊的王牌投手兼最佳打者，但剛進高中的大谷很明確以投手為目標，這從他的「曼陀羅計畫表」就看得出來。扣除與身體及心理有關的「體格」、「心理」、「人性」、「運氣」等次要目標，其他如「球速一六〇公里」、「控球」、「變化球」、「銳利度」全部都是投球技術，與打擊無關；就如大谷所言，「職業運動是每個人拚死拚活、只想搶得一席之地的世界，如果我認為自己可以既當投手又當打者，這是對所有職棒球員的不尊敬。」因為有這樣的想法，他早就鎖定要成為投手，即便高一從外野手出發，但目的也只是鍛鍊下半身，為將來的投球生涯鋪路。

只是高二那年夏天的一場練習賽，完全打亂佐佐木監督與大谷的投手育成計畫。

## 「生長板受傷」的重大危機

意外發生在二〇一一年六月下旬，當時花卷東高校正在為即將來臨的岩手大會積極備戰，他們週末兩天都安排練習賽，旨在模擬岩手大會的準決賽與決賽。佐佐木監督刻意安排大谷連兩天上場投球，培養他連續出賽的球感，結果就在第二天的比賽，站在投手丘上的大谷突然抱怨左腿疼痛而退場，當時他痛到連走路都有困難。

醫生初步診斷是肌肉拉傷。在夏季甲子園比賽結束後，佐佐木監督帶大谷到埼玉縣的醫院詳細檢查，確認是左髖關節的生長板損傷。所謂生長板是指兒童或青少年長骨兩端發育組織的區域，在青春期生長完成後就會被固體骨所取代，而生長板是骨骼成長發育中最脆弱的部位，可能因為突發事件

（如跌倒）或使用過度（如運動）而受傷。事實上大谷剛進高中就有生長板損傷的症狀，只是沒有持續疼痛而未加重視，「這是我第一次嚴重受傷，尤其是發生在夏季大會開始前，更讓我感到沮喪。」大谷說。

母親加代子回憶說：「醫生告知大約需要四個月才能痊癒，這段期間必須依照訓練員的指示運動，例如打擊練習是被允許的。至於休息與營養格外重要，我特別幫他準備富含鈣質的牛奶、優酪乳、鰻魚骨等食品。」

佐佐木監督則難掩懊悔，「我們對他非常謹慎，除了拍X光片之外，更避免過度訓練。說實話，我從不認為高中就是他的顛峰，在按部就班的育成過程中遭受如此嚴重的受傷，對我是很大的衝擊。」「因為他是投手，我非常注意他的肩膀與手肘，卻沒想到是髖關節受傷，完全在意料之外。對於我的思慮不周，事後也感到懊惱與擔心。」

受傷後的大谷一開始連行走都有困難，更別說全力奔跑和投球了。在體能教練兼訓練員小菅智美的指導之下，大谷仔細評估受傷狀況，並逐步導入髖關節的訓練以強化下半身；同一時間，佐佐木監督則與醫師、訓練員共同商討大谷的訓練菜單及正式比賽的起用方式，他們決定讓大谷在之後的秋季東北大會擔任代打，一場比賽至多一個打席，而且為了避免被敬遠四壞，他只會在一、二壘有跑者或滿壘時上場代打。

接下來問題來了，秋季大會的比賽結果攸關次年進軍春季甲子園的席次，東北地區（青森縣、岩手縣、秋田縣、宮城縣、山形縣、福島縣）有兩個名額，換言之，秋季東北大會打進決賽的兩校（優勝與準優勝）將有機會參加隔年度的春季甲子園大賽。因此準決賽對上青森縣的光星學院高校，就成為花卷東高校隔年能否參加春季甲子園的關鍵戰役。

佐佐木監督與醫師、訓練員討論後，確認大谷得以野手身分出賽，於是他決定讓大谷先發上場。佐佐木回憶說：「這是我第一次和大谷的父親說話。雖然我們從來沒有交談過，但考量他是隊上重要的選手，又有光明的前途，於是我聯絡大谷的父母，讓他們知道他將在這場比賽先發上場。」「大谷的父親說：『既然我把兒子託付給監督，就請您做您該做的事，用您的方式起用他。』對於這些話，我發自內心地感激。」

光星學院高校擁有北條史也（二〇一二年選秀會第二指名加盟阪神虎）、田村龍弘（二〇一二年選秀會第三指名加盟羅德海洋）兩名強打，大谷在這場比賽則擔任先發第三棒及左外野手。一局下半，大谷打出左中外野二壘安打，靠第六棒田中大樹的滿貫砲回本壘得分；二局下半再打出飛越右外野手的二壘安打；九局下半球隊以八比九落後一分，率先上場的大谷擊出飛越右外野界外標竿的深遠飛球，他忍不住高舉右臂，可惜被判定界外，最後這個打席被四壞保送，球隊攻勢後繼無力，就以一分落敗。

當然，對於渴望贏球的佐佐木監督來說，調度上更是掙扎。畢竟這場比賽在進入八局上半之前，花卷東高校還以兩分領先，倘若派上大谷登板後援，是不是就能封印住這場勝利？面對周遭人質疑「你為什麼不讓大谷上場投球」，佐佐木監督的意志依舊沒有動搖，他說：「大谷在秋季大賽不擔任投手，這是全隊共同的決定，我不認為前途大好的他必須甘冒風險上場投球。」「說實話，當我們有機會贏球的那個片刻，我好想派他登板，後來聽周遭人說大谷其實也想上場投球，但我還是忍了下來，畢竟大谷的目標不在這裡。為了球隊明年夏天的勝利，我不能讓大谷在這裡倒下，當時我心裡是這麼想的。」

## 受傷危機，成為「二刀流」的轉機

正所謂「塞翁失馬，焉知非福」，大谷在高中二年級的冬天大量練打，打擊技術獲得極大的提升，他回憶說：「我一直認為自己應該是投手，可是受傷後有很長一段時間不能投球，於是成為我高中時代打擊練習分量最多的一段期間。隨著在比賽中擔任第三、四棒，我知道自己愈打愈好，甚至比想像中還要好，於是我開始喜歡打擊了。」

因為逆境激發了大谷成為打者的潛力，反而開創「二刀流」的契機。佐佐木監督說：「受傷本身從來不是一件好事，但我們可以這麼說，這次受傷改變了大谷的棒球人生。當時我還存有『投手・大谷翔平』的意識，所以看到他在二〇一二年春季甲子園賽前的打擊練習，我忍不住想『他怎麼能把球打這麼遠？好像沒有盡頭一樣。』我相信這段期間的苦練，為『打者・大谷翔平』奠定重要的基礎。」

另一項意外的收穫是，養傷期間的大谷運動量減少，他開始將焦點轉移到球團的「膳食訓練」上，專注於每天的進食目標，而且對健康和訓練相關知識更感興趣。花卷東高校小他一屆、二〇一三年選秀會以第七指名同樣加入日本火腿的學弟岸里亮佑，在大谷高二時兩人是同寢室的室友，住在進宿舍大門上二樓最右邊的十一號寢室。「那段期間翔平桑都待在寢室看一些有關棒球、對他有益的書，例如身體保健、伸展運動等。」岸里說。

再加上大谷受傷後搬到非主力球員居住、環境更清幽的第二宿舍，得以在提早結束練球後補充大量睡眠。在吃好睡好、運動量變少的情況下，他比剛入學時增加了將近二十公斤，也就是在這個時期從原本的尖臉，變成現在球迷熟悉的圓臉。

二〇一一年底傷癒復出之後，大谷有計畫地增加跑步訓練量，將秋冬累積的脂肪轉化為肌肉，等到恢復投球練習之後，捕手搭檔佐佐木隆貴發現大谷的球質明顯產生變化，「他的投球開始有一種重量感。以前雖然球速夠快，但只要抓準揮棒時機，一樣可以將球打得又高又遠。可是在增重之後，即便打者抓準時機、猛力揮擊，也只能打成本壘後方護網的擦棒球。」

這段養傷期間，意外成為他開發打擊潛能、同時挑戰球速一六〇公里的「二刀流」轉折點。

## 21 地元主義——花卷東棒球隊的堅持

「選手本身的能力不是問題，真正的問題在於指導者的能力。雄星與大谷並不是突然冒出來的，也許過去早就存在『二刀流』實力的球員，只是沒有適當的環境去養成；也許有些球員可以培育成職業選手，只是欠缺好的指導者。我深刻地體會到這一點。」——佐佐木洋

「說實話，我不想再和這麼好的投手對戰了。」——奧圖維（Jose Altuve，太空人強打者）

「一定有更好的方法可以提醒人們，他到底有多瘋狂。不然為什麼每次看大聯盟比賽的全國電視轉播，我並沒有在每四十五秒就看到一個大谷的廣告？」——某大聯盟球團高層

近年來在大聯盟掀起風暴的兩大日本球星：鈴木一朗與大谷翔平，高中生涯其實有若干相似之處。一朗在高二那年春天的一場車禍導致投球姿勢走樣，被迫放棄投球、專任外野手，也覺悟到自己要進入職棒就必須以打擊決勝負；大谷亦復如此，如果不是高二那年夏天的髖關節生長板損傷，他會

以投手身分進入日職，那也就沒有後來的「投打二刀流」了。

除此之外，一朗在愛知工業大學名電高等學校棒球隊的監督中村豪，以及大谷在花卷東高校棒球隊的監督佐佐木洋，都是兩人學生時代形塑其球技與人格的關鍵人物。

茲如前述，花卷東高校棒球隊的最大特色，在於貫徹「地元主義」。相較於日本各地高校，尤其是所謂的「強豪校」，都聘有球探到處偵察及招攬外地的優秀初中選手，花卷東高校棒球隊基本上是由縣內選手所組成，這也是佐佐木監督對當地的承諾。

## 「地元主義」的承諾

二〇〇九年，佐佐木監督執教花卷東高校棒球隊的第八年，在王牌投手菊池雄星的帶領之下，球隊在春季甲子園拿下準優勝（亞軍），這是岩手縣史上第一次有球隊打進甲子園決賽；接下來夏季甲子園則打進前四強，而且如果不是菊池在八強賽背部受傷，氣勢達到頂峰的花卷東高校甚至被看好能拿下優勝。

菊池在全國舞台大放光芒，不只吸引同樣出身岩手縣的大谷，更讓許多外地初中棒球選手心嚮往之。雖然收到來自全國各地的申請，但佐佐木監督仍然堅持「地元主義」，「每年的『授業參觀日』陸續有北海道或九州的學生前來參訪，可是我們當下就回絕了。所以有些小選手的祖父母或親戚住在岩手縣，他們便從初中開始轉到本地的學校就讀，目的就是為了加入花卷東高校棒球隊。」

至於「地元主義」的想法不僅是為了培育在地選手，更可說是佐佐木監督的傲骨。因為長期以來岩手縣流傳一個觀念，人們總認為「縣內高校無法在甲子園贏球，是因為本地缺乏優秀初中選手的關係」，同樣出身岩手縣的佐佐木對這種說法嗤之以鼻，他認為欠缺的不是優秀的選手，而是一個好的指導者，他說：「我在二〇〇一年就任監督，理事長告訴我可以從縣外引進優秀的選手，但我對本地選手很有信心。當我去觀看縣內初中棒球比賽時，發現許多天賦優異的選手。在日本這樣一個小國，南方與北方不可能有這麼大的差距，或許過去也有一些可以成為菊池或大谷的選手吧！」

## 棒球版「麻辣教師」

說到佐佐木監督對當地學子的使命感，就要從他的成長過程開始說起。佐佐木初中就讀岩手縣北上市的江釣子中學，他曾經是當地頗有名氣的「番長」（日語，原意是日本律令官制的官職之一，近年來則常用於日本不良少年組織對其首領的稱呼），總是穿繡著龍的制服與垮褲，在學校連老師都怕他，唯一一個敢接近他的老師，是擔任班導的理科教師齊藤康。

佐佐木初中二年級那年，齊藤老師花了一整週的時間每天去佐佐木家懇談。齊藤看好他的領導能力，最後成功說服他競選學生會長，就此改變了他的人生。

「既然接下學生會長的職務，我換上標準制服，一開始有人叫我脫掉，我會回他們『閉嘴啦』。上任後我要求所有騎自行車上下學的學生，從明天開始必須戴安全帽，所有人都做到了。」佐佐木回憶說，「齊藤老師教導我，一把刀如果被錯的人使用，他可以拿來殺人；但如果被醫生使用，卻可以用來救人。老師就用我這把刀做了對的事！」

齊藤老師一再告訴佐佐木「像你這樣的人最適合當老師」。因為這句話，才有今天的佐佐木監督，「一開始我想當老師，其次才是打棒球。我想這就是為什麼擔任棒球隊監督的我，會自詡為教育工作者的原因吧！」

## 岩手縣最驕傲的一天

過去岩手縣被日本棒球專家評為「野球後進縣」，然而縣內一所高校竟能在三年之間接連培育出兩名日職選秀會第一指名的頂尖選手，繼而登上大聯盟，這段過程堪稱奇蹟，而佐佐木監督就是奇蹟的幕後推手。

自從一九九五年野茂英雄成為第一位在大聯盟明星賽登場的日本人選手以來，截至二〇二一年止，總共有十四名日本人選手入選過明星賽，其中以東北高校培育出三名大聯盟明星球員（佐佐木主浩、齋藤隆、達比修有）的人數最多。但要說到同一年入選明星賽，大谷翔平與菊池雄星則是日本高校棒球史上第一次。

以下是日本高校產出大聯盟選手人數的排行榜：

（1）PL學園：四人（桑田真澄、松井稼頭央、福留孝介、前田健太）
（2）橫濱：三人（松坂大輔、高橋建、筒香嘉智）
（2）東北：三人（佐佐木主浩、齋藤隆、達比修有）
（4）上宮：二人（黒田博樹、藪田安彥）
（4）東海大仰星：二人（上原浩治、建山義紀）
（4）花卷東：二人（菊池、大谷）

在大谷與菊池入選二〇二一年明星賽之後，花卷東高校的官方臉書專頁刊出祝賀貼文，內容如下：「大谷翔平選手將以明星賽史上第一個『二刀流』選手身分出場！菊池雄星投手初登場！花卷東高校雙雄將在大聯盟明星賽同時上場嗎？這是夢想成真的一刻！」

明星賽開打前夕，天使隊官方推特發布兩張照片，大谷與菊池共同拿著花卷東高校灰底紫字的球衣合影，球衣上有兩人的簽名，還寫著「從花卷到世界」。二〇二一年正是「三一一大地震」十週年，來自日本東北與岩手縣的網友紛紛留言：

「這是十週年紀念的最佳方式。」

「身為岩手縣人的我哭了。」

「太神奇了，找不到言語可以形容。」

「高中棒球選手的夢想成真。」

大谷與菊池成為岩手縣人的驕傲，而這正是佐佐木監督「地元主義」最豐碩的果實。

# 22 與全日本為敵——菊池雄星的淚水

「試煉只會降臨在那些能克服的人身上。」——菊池雄星

「夢想不會逃跑，逃跑的永遠是自己。」——菊池雄星的座右銘

「現在的大谷翔平，簡直來自另一個星球。」——美國DEADSPIN網站

「如果我能夠像他投、打、跑都那麼出色的話，那一定會覺得打棒球是很快樂的事。我只能投球，只能享受一種樂趣，但我猜想能享受三種樂趣應該很不錯。」——高橋尚成（前讀賣巨人、天使投手）

佐佐木洋監督的得力助手、棒球部部長流石裕之（後來成為翔平的姊夫）這麼形容他心目中的監督：「如果要用歷史人物來形容監督，他就像勝海舟（編按：日本幕府末期的開明政治家、江戶幕府海軍創始人），思慮深遠，連周遭的人都跟不上。但畢竟一般人都抗拒改變，因為這樣，他有許多為

學生設想的事情都被曲解，反而因此讓他受傷。」

「此外，一般人只想聽成功的故事，不在意之前的失敗。為了不讓學生忘記失敗的經驗與教訓，或是被媒體過度吹捧，他對媒體的態度一直謹慎而小心。」

順帶提一個有趣的事實：佐佐木監督的長子叫做麟太郎，正是勝海舟的乳名。

## 「夢想不會逃跑，逃跑的永遠是自己」

佐佐木監督對媒體的高度謹慎，有日本棒球作家形容他已經到了「膽怯」的地步。孰令致之？愛徒菊池雄星的眼淚是一個催化的因素。

佐佐木回憶起他在學校第一次看到菊池投球的感覺，「當我第一次見到雄星，我就認定他將成為日職選秀會第一指名的選手，絕對是如此。但當我們距離目標愈來愈近時，往往會放慢腳步，對吧？所以我想我應該設定一個更高的目標。就在這個時候，『大聯盟』這個念頭浮現在我腦中。」

至於前面提到大谷的「曼陀羅計畫表」，菊池也填寫過，他的終極目標是「高中畢業加入道奇隊」，旁邊八格包括「不想輸給外國人的鬥志」、「甲子園優勝」、「成為實戰型投手」、「MAX一五五公里」等。

菊池在高中一年級夏天的球速就投到一四五公里，也站上過甲子園的投手丘，雖然在此之後受困於投球姿勢跑掉而投得掙扎，但他從未放棄自己設定的目標。高中時的菊池曾說**「試煉只會降臨在那些能克服的人身上」**，而他的座右銘則是**「夢想不會逃跑，逃跑的永遠是自己」**。

秉持這種高昂的鬥志，菊池在高三那年春天率領花卷東高校成為岩手縣史上第一支打進甲子園決賽的球隊，雖然決勝戰以〇比一輸給清峰高校，但菊池依舊豪氣干雲，「速球是我練習最多的球種，被他們狙擊而輸球，我沒有任何遺憾。」「我認為這是棒球之神的試煉，他在提醒我們『還沒做好準備拿下日本一』。」接下來的夏季甲子園，花卷東高校目標直指優勝，卻在四強賽敗下陣來。身為王牌投手的菊池從縣內預賽以來就感到手肘與肩膀不適，再加上「連呼吸都痛」的背傷，即便如此他還是忍痛上場，後來才發現是肋骨骨折。

有媒體形容菊池輸球後「流完了一生的淚水」，因為終究沒完成「日本一」的心願，不過至少他在第三輪對戰東北高校的比賽投出時速一五四公里的速球，這是甲子園史上左投手的最快球速紀錄。

## 日本棒球界的「全民公敵」

當菊池公開表達挑戰大聯盟的志向之後，佐佐木監督發現大聯盟球探相繼出現在場邊觀察。他回憶說：「我開始感覺到有大聯盟相關人員在球場周遭現身，比起日職，大聯盟的存在感顯然強烈多了，我相信雄星也已經做好挑戰大聯盟的準備。」

然而在菊池想挑戰大聯盟的報導出現之後，整個事件的發展開始失控，因為在此之前從來沒有發生過這種狀況：一個幾乎確定在日職選秀會獲得第一指名的高中選手，卻選擇跳過日本職業棒球，直接渡海挑戰美職。有專家形容當時「整個日本都敵視菊池與佐佐木」，這句話一點都不誇張，佐佐木監督回憶說：「我每天都會接到許多電話和電子郵件，內容多半是質疑我看不起日本的棒球，而且會連帶影響本校其他畢業生的棒球前途，說實話，當時我很害怕……還有人威脅我，如果雄星真的到美國打球，那我在棒球界也不用混了。」

當時讓佐佐木苦惱的不只這些保守派人士的攻訐，還包括球具廠商、運動經紀公司、電視台製作單位。有經紀人塞給佐佐木一張信用卡，讓他可以無限制地刷卡消費，被他拒絕之後還憤而投訴。

## 菊池不甘心的淚水

故事的結尾：面對排山倒海的輿論壓力，菊池在日職選秀會前四天召開記者會宣布續留日本打球，就在記者會進行當下，兩行淚水順著菊池的臉頰流了下來。當時坐在旁邊的佐佐木監督懊悔不已，「我從來沒叫他不要去，但我可能有用迂迴的方式說了一些聽起來像那樣的話。我知道雄星被媒體批判，他也很擔心這個問題，我當時應該告訴他不要擔心。」

菊池的前車之鑒，對於後來大谷的棒球人生產生關鍵性的影響。大谷和菊池一樣，也想在高中畢業後直接挑戰大聯盟，但這次佐佐木監督心裡不再有任何疑問，「我不在乎別人怎麼說，如果你想去（美國）就去。對我來說，這一切的改變都是因為雄星的淚水。」

即便後來日本火腿強行指名大谷，佐佐木監督也已經做好被批判的心理準備。他說：「當他在選秀會被指名時，我認為他根本不想去。但在日本火腿球團多次來到學校，詳細說明他們的育成計畫之後，我知道大谷的想法開始動搖了，無論最後他的決定為何，我都做好再次被批判的心理準備。」

「如果他拒絕加入日本火腿，人們會說我們很失禮，因為球團已經向我們說明了這麼多；但如果他決定加入，他們又會說『你不是說你想去美國嗎？』」

另外一個影響是，在菊池事件之後，佐佐木監督變得不相信人性，這是他後來學習盆景，並發展出「盆景理論」的開始。

# 23 盆景理論——努力成為學生的鐵絲

「我努力成為學生的『鐵絲』，在這個『自主性』與『放任』被過度美化的年代，我想永遠和選手們一起努力。」——佐佐木洋

「球隊的打線就像一座花園，只有當每個人都以自己的方式存在時，才能組成一個打線。」——佐佐木洋

「看數據，大谷翔平就像是柯瑞亞（Carlos Correa）、貝茲（Mookie Betts）、佛里曼（Freddie Freeman）的綜合體。」——傑森・史塔克（Jayson Stark，ESPN棒球專家）

「如果你把科學怪人（Frankenstein）每項獨特才能集結在同一名球員身上，就能得出大谷翔平。」——「A-Rod」羅德里奎茲

二〇〇九年十月二十九日的日職選秀會前，菊池雄星意欲越級挑戰大聯盟的傳聞鬧得滿城風雨。有一天，佐佐木洋監督搭新幹線到東京處理私事，車站內書報亭一份八卦體育報斗大的標題吸引他的目光，因為他的名字赫然出現在報紙上。

「上面寫著，我從大聯盟球團的關係人那裡拿到一大筆錢，買了豪華進口房車、蓋豪宅。我想知道為什麼這種事會發生在我身上。」雖然事隔多年，但佐佐木說到這裡，淚水依舊忍不住在眼眶裡打轉。

當然這些都是一派胡言，可是岩手縣農村的居民對這種八卦是沒有免疫力的，許多人輕易相信這些沒有根據的流言。「他就是從那個時候開始做盆景的，因為他無法再相信別人，想遠離世俗。」流石裕之說。

## 在不同階段調整「容器」的大小

一開始對植物不感興趣的佐佐木，在尋求心靈平靜的同時不自覺被盆景所吸引。他喜歡秋天會變黃的銀杏樹，父親便將一棵小銀杏樹種在小花盆裡送給他。「但我想要一棵大銀杏樹呀！」當佐佐木告訴父親，他想另外買一棵大的銀杏樹種在院子時，父親卻告訴他，把小花盆的銀杏樹種到庭院，就會長成大樹。

這對當時初學園藝的佐佐木是很震撼的啟示。在此之前，他認為小東西就是小東西，所以小樹苗才會需要小花盆。對於不懂園藝的人來說，這應該是非常自然的想法，可是事實不然。佐佐木說：

「從那時開始，我才第一次知道原來植物的大小會隨著容器而變化，這種觀念在教育上也能一體適用。當你的容器做得足夠大，植物也會生長成相對應的尺寸。」

「反之，如果你在教育過程中認為『這就是我所能教的一切』，那麼學生們最多也只能成長到這個水準。所以我認為有必要循序漸進，在不同階段為學生調整容器的大小。」

說到這裡，你想到了什麼嗎？沒錯，「一六〇公里」正是大谷翔平該有的容器！「身為領導者，你必須適時地帶動選手向前邁進，大谷也是如此。首先，我讓他意識到球速一六〇公里是有可能達到的目標，換句話說，我試著給他一個更大的容器。」佐佐木監督說。

## 努力成為學生的「鐵絲」

在瞭解容器的重要性之後，佐佐木監督到書店買了本盆景教學的書，書中一張圖片吸引了他的目光。這是一棵漂亮而簡潔的樹，原因是樹的枝條以鐵絲定型攀扎後，產生特殊的造型，進而提高觀賞性、具備商業價值。看到這裡，他有了新的體悟，「現在的世界很講求自主性，人們經常在談論獨立與自由。當然啦，孩子們根據自己的信念主動行事，這一點固然重要，但透過盆景，我意識到在童年時期給予適度的矯正是必要的。」

前面這句「根據自己的信念主動行事」，指的是孩子們本身的想法與性格，有時「做自己」固然重要，但如果父母與師長適時引導與修正，將使孩子在正確的方向發揮更多天分與才華，因此「給予適度矯正」就有其必要性。

後來有一天，佐佐木的盆景老師指著他精心栽培的盆景說，這棵樹被鐵絲阻礙，因為鐵絲的存在，這些被攀著的樹枝已經停止生長。對此他又有新的體悟，「以大谷為例，我一開始為他準備了最大的容器，而且他是在沒有任何鐵絲的情況下自己長大。對他來說，最重要的是我們沒有阻礙他的成長，我們沒有強加套上鐵絲。但或許更精確的說法是，大谷的天賦巨大到我已經無法加以糾正了。」

如果把孩子的成長比喻為一棵樹，那麼容器就是他的夢想與目標，鐵絲則是在教育過程中的導正手段。有些事物若不加修飾或矯正，會有其獨特的韻味與美感，這是孩子的天分與個性所致。至於父母師長如何適時為他更換更大的容器，給予適度的激勵與糾正，最後在適當的時機放手？這就有賴我們在孩子成長過程中持續的關愛與守護。這是佐佐木監督從盆景學到最重要的一課。

當大谷在高中三年級夏天投出一六〇公里的球速之後，許多人都驚詫於佐佐木監督的預言成真，事實上他只是貫徹自己的「盆景理論」罷了：

「基本上，育成大谷的方法很簡單……我們不必將他放在溫室裡辛勤地澆水，也不必刻意讓他接受日照，只需放在室外，自然接收雨水並儲存水分，有時感受到陽光並蓄積能量，這樣他就會變得更強大。培養他適應環境、感知萬物，他將累積自己的力量，這就是我對大谷的想法。」

「盆栽很小，對吧！你知道為什麼嗎？這是因為容器太小的關係。如果你把它換到更大的容器，它就能長得更大，培育棒球選手也是同樣的道理。」

「我努力成為學生的『鐵絲』，在這個『自主性』與『放任』被過度美化的年代，我想永遠和選手們一起努力。」

## 打線就該像一座「花園」

國士館大學畢業後，佐佐木洋曾經在神奈川縣內一所學校擔任棒球隊教練，一九九九年四月回到家鄉岩手縣的花卷東高校，在擔任羽球社顧問及女子壘球隊首任監督之後，他從二〇〇一年接任棒球隊監督至今。

在一次專訪提到自己早期的執教風格，佐佐木監督難掩懊悔之情，他說：

「剛開始擔任監督時，我想我過度壓抑選手的個性，沒有意識到每個選手可能有不同的發展。」

「我嘗試培養以相同模式投球的投手，以及打擊機制相同的打者。簡單來說，就是一種『標準化的棒球』。我們的訓練就是如此，例如冬天休季期間，每名選手都必須遵循系統化的訓練菜單，執行標準化訓練流程，但我完全沒有意識到，我們正在破壞他們每個人天生的良善與個性。經過一次次失敗與反省之後，我終於理解到必須充分發揮每個人的作用。」

這個領悟正好與園藝不謀而合。佐佐木監督回想自己一開始只是在庭院中隨性修剪花木，後來與朋友商量之後，他買了一批樹苗回來自己栽種。結果因為距離太近的關係，樹木在成長過程中互相干擾，反而阻礙了生長，這時佐佐木才驚覺自己並沒有植栽的長期計畫。他開始反思，自己在執教棒球隊時是否也犯了同樣的錯誤。

園丁、園藝師在日本稱為「庭師」。佐佐木解釋說：

「當庭師完成一天的工作後，他會坐在門廊一邊喝茶，一邊欣賞庭院的景色。但這不僅僅是喝茶與休息而已哦！他是從遠處檢視植物的位置關聯性，因為有些事情只有在你遠眺時才可能發現。」

「我認為這很類似棒球中，教練自己拋球打給野手的守備練習。有時候在擊球給野手練習守備的當下，你才能從遠處綜觀他們整體的守備動作，例如游擊手準備接球時，中外野手往什麼方向移動、做了什麼動作。這就是教練必須具備的『眼力』。」

另一個故事是，佐佐木第一次在庭院種植樹木時，他買了自己最喜愛的同一種樹苗，結果這些樹的葉子在同一時間全數枯萎了。這件事也給他一個重要的啟示。他說：

「我發現我家的庭院沒有四季之分。所謂的『四季』，就像春天櫻花盛開，夏天綠樹成蔭，秋天層林盡染，冬天枯木朽株。如果你只喜歡櫻花，只種植櫻花樹，那你就只能在春天欣賞櫻花盛開的一瞬間。其他植物、其他季節都是如此。」

**「我意識到球隊的打線就像一座花園，只有當每個人都以自己的方式存在時，才能組成一個打線。這就是我所體悟到的。」**

## 「只考慮棒球是行不通的」

除了園藝與盆景之外，佐佐木監督也從企業經營管理得到印證，這是他在花卷東高校執教初期的一段插曲。

佐佐木就任監督的第二年和第三年，花卷東高校都打進岩手大會的前四強，眼看進軍甲子園在望，孰料隔年（二〇〇四）卻在花卷地區預賽敗給花卷北高校，提前遭到淘汰。佐佐木高中畢業於岩手縣的黑澤尻北高校，他是花卷東高校史上第一位非本校畢業的棒球隊監督，身為外來客，又遭逢所有人都無法接受的意外挫敗，他早已做好被解雇的心理準備。

結果佐佐木的預想錯誤，校方決定讓他續任監督，卻也就此改變他的想法。「我得到續任監督的機會。我心裡想，身為指導者，這是不是神在告訴我，我做錯了某些事情，需要重新思考。」他說。

佐佐木監督找到大學時期的恩師並將他帶到球場，老師告訴他，「只考慮棒球是行不通的。」在閱讀管理學書籍、參訪許多公司之後，他決定把「客製化」的觀念帶到球隊，所謂「客製化」，就是思考每個人適合什麼，以及該如何發展每個人。舉例來說，要求一個身材矮小、以速度取勝的球員拚命做重量訓練，可能效果有限；就算同樣是外野手，也不一定適用同一份訓練菜單。

當然，球隊一定會有整體的投球、打擊和守備練習，但如果發現團隊守備能力不如預期，他會針對個別選手的問題逐一解決，藉以提高整體防守能力。總之，佐佐木監督發展團隊、育成選手的方法就是持續照亮每個人，他相信只有充分發掘每個人的特長，發揮他們的優勢，才是真正的團隊戰力。

## 擁有夢想是智力，實現夢想才是能力

佐佐木監督改變了大谷的人生，就如流石所言，「翔平告訴我，一開始他認為球速一六〇公里是不可能的，可是監督和他討論的前提一直是他必將投到一六〇公里，所以他自然而然地開始想像，自己總有一天可以做得到。」「監督就是這樣改變了雄星的世界，繼而改變了大谷的世界。」

而當大谷在高三投出一六〇公里極速之後，佐佐木的反應彷彿這種事再平常也不過，「今後我們將看到更多高中生投出一六〇公里。」

二〇一九年四月六日，同樣出身岩手縣、十七歲的大船渡高校投手佐佐木朗希在日本U18代表隊紅白戰飆出一六三公里速球，佐佐木監督的預言成真。此外，他還聯想到一篇小學生的作文，「有一天，我看到岩手縣小學六年級生的作文，其中一篇寫到自己將來想挑戰大聯盟。沒多久以前，這還是一件無法想像的事。」

佐佐木監督改變了自己的學生，而他的學生又改變了岩手縣的學生，可不是嗎？

## 24 先入觀，將使可能成為不可能

「嘗試別人沒做過的事，挑戰自己的極限，試探自己的能耐。在某種意義上，這股動力可說是好奇心，是探險家都有的精神，我想看看前方究竟有什麼東西。」——美國攀岩運動家霍諾德（Alex Honnold）對「冒險精神」的定義

「先入為主的觀念，將使可能成為不可能。」——佐佐木洋

「只有你認為自己做得到時，你才會全力以赴。」——佐佐木洋

「要做就做別人做不到的事。」——大谷翔平

「不管是練習也好，比賽也好，日常生活也好，你都必須意識到許多人正在看著你。所以身為職棒選手，我必須做我該做的事，這樣我才有權利用我的方式在場上打球。」——大谷翔平

「就跟波爾辛吉斯（Kristaps Porzingis，NBA球星）一樣，他們都是獨角獸。」——柯斯瑞（Jason Coskrey，日本時報記者）

「他打起球來像小葛雷諾（Vladimir Guerrero Jr.），三振能力則像達比修有。」——《看台報告Bleacher Report》網站

大谷翔平的母親加代子形容兒子從小就有「冒險精神」。

什麼是「冒險精神」？美國攀岩運動家霍諾德（Alex Honnold）在二〇一七年六月三日成功挑戰「無繩獨攀酋長岩」，他在不使用繩索等輔助工具之下，成功征服美國加州優勝美地國家公園裡這座高達九百七十五公尺的陡峭花崗岩。亞裔導演金國威還將霍諾德訓練與登峰的過程拍成電影《赤手登峰》（Free Solo），勇奪二〇一九年奧斯卡最佳紀錄片獎。

霍諾德為「冒險精神」下了一個定義：「**嘗試別人沒做過的事，挑戰自己的極限，試探自己的能耐。在某種意義上，這股動力可說是好奇心，是探險家都有的精神，我想看看前方究竟有什麼東西。**」

這就是驅使大谷不斷製造驚奇的原動力。他在決定就讀花卷東高校時曾對母親說過，「如果菊池賢拜他們已經拿下全國優勝，我就會去念其他高校」；在思考高中畢業直接挑戰大聯盟時，他則說「我想成為先驅者」。

在棒球場上，大谷高中時以球速一六〇公里為目標，乃至於後來的「二刀流」，更是「冒險精神」的極致。別忘了大谷剛入學時的球速只能投到一三〇公里中段，當他決定以一五〇公里作為目標時，佐佐木監督卻說服他改以全日本高校、甚至是全業餘球界前所未有的一六〇公里為目標。

## 「先入觀，將使可能成為不可能」

「二刀流」更是如此。你一定還記得大谷以「投打二刀流」身分挑戰日職與大聯盟時，那些所謂的專家是怎麼說的：

「不可能有人同時成為打者和投手。」

「如果你堅持投手或打者的其中一個角色，你一定會獲得更好的成績。」

在這段過程中，如果他接受了這些先入為主的觀念，那我們就不可能看到現在挑戰百年紀錄的大谷翔平了，對吧？

大谷一直堅持這樣的想法。他在二〇一九年受訪時這麼說：

「我到現在仍然覺得這個想法完全正確。在我以『二刀流』身分加入日職的當下，我有想過將來有一天會來到這裡（指大聯盟），我也想過如果這一天真的來臨，我可能只會擔任投手，結果事實卻不是如此。」

「我不知道將來會發生什麼事，也不知道『二刀流』能走多遠，但至少現在我的打擊能力進步幅度超過預期，我相信我還有許多連自己都不知道的潛力。」

「事實上去年春訓熱身賽我打得很糟，許多人說我不可能在大聯盟擔任打者，結果呢？我現在的棒次就排在楚奧特後面。你永遠不知道將來會發生什麼事，對吧？」

**「先入為主的觀念，將使可能成為不可能」**，這是佐佐木洋監督在一次會議中告訴大谷的話，後來成為他的座右銘之一，大谷甚至形容這句話「撼動他的靈魂」。

大谷曾經這麼形容這句話對他的重要性，「就像我們球隊的口號『永不放棄』，直到現在我仍然清楚記得『先入為主的觀念，將使可能成為不可能』這句話。或許當時還不是很理解這句話的意思，但就像許多事情，我事後回想起來會發現『這很重要』或『我學到很多』。而這句話對我的影響就是如此巨大。」

大谷天生的「冒險精神」，在佐佐木監督啟發之後產生進一步的發想。加代子說：「佐佐木監督的存在是非常重要的一環。我認為翔平在花卷東高校三年間所學到的東西，遠比我們在他進高中前十五年教他的東西，還要多出許多。」

「先入為主」一詞出自《漢書・卷四五・息夫躬傳》：「唯陛下觀覽古戒，反覆參考，無以先入之語為主。」這句成語的意思是「將最早聽見的說法當作是正確的，而不願做任何的改變。」人往往基於一開始就知道的事情而產生既定想法，但這種偏誤有時弊多於利，就像我們在職場上常聽到的這幾句話：

「這件事沒有前例。」

「公司一定不會同意。」

「這麼做一定不會成功，因為以前也有人嘗試過，而且都失敗了。」

當你受限於這樣的成見而不願意去嘗試，那麼原本有可能的事就變成了百分之百不可能，可不是嗎？

遇到這種情況，「逆向思考」（Reverse Thinking，背逆原本的習慣路線去思考）或「零基思考」（Zero Thinking，不受限於過去的成績或習慣，從零開始思考）就成為尋求解答的另類思考方式。大谷補充說：「當你存有先入為主的觀念，認為『我的程度就只有這樣』，那麼這種想法只會局限你的自我肯定，阻止你發揮潛能。我認為如何檢視過去的自己，消除先入為主的負面觀念，是一件重要的事。」

佐佐木監督則說：

「如果你的腦海裡對於一六〇公里速球完全沒有任何影像、甚至想像，那麼你永遠都不會達到這個目標。」

**「只有你認為自己做得到時，你才會全力以赴。」**

「反之，如果自我設限或畫地自限，你就不可能發揮自己的潛力。」

「『我只能做到這樣』、『岩手縣出身的高中生不可能成為日本最佳選手』、『高中生不可能投到一六〇公里』，放棄這些先入為主的觀念，才能完全發揮你的潛力，我到現在依然堅信這一點。」

「高中時期的大谷翔平雖然不多話，但每當我回頭看他寫的東西，『要做就做別人做不到的事』、『超脫常理的思考』、『走自己的路』，你會發現他一直在傳達自己強烈的想法。」

## 「權利與義務」對等，才是真公平

此外，佐佐木監督指導選手全力衝刺跑壘時常提到的「權利與義務」觀念，也是大谷最喜愛的詞彙之一。在花卷東高校棒球隊，佐佐木監督要求每位選手全力衝刺超過一壘壘包之後，仍要以最快的速度朝外野方向繼續奔跑。大谷承認他剛進高中時也曾經納悶「跑這麼遠到底有什麼意義？」

當然，在研究佐佐木監督的野球心法之後，我們不難理解這是他曾經提過有關目標設定的技巧。這就跟打開水龍頭裝水是一樣的道理，如果將開關開到最大，一般人的慣性會在容器即將裝滿之前將水量轉小；同理，如果跑者以跑上一壘壘包為目標，那他在即將踏上壘包前一兩步難免放慢速度，這或許就是佐佐木監督要求選手們超過一壘壘包後仍要「向外野全力疾走」的用意。

但是「權利與義務」和跑壘又有什麼關係？事實上這是佐佐木監督對於團隊的中心思想，他認為上場比賽的選手代表了整個團隊的價值觀，這個團隊包括板凳上的替補球員，以及不被允許進入休息區的棒球部成員。以花卷東高校棒球隊為例，超過一百名部員當中，只有十八名選手能被登錄在甲子園大賽的出賽名單，同時間又只有九人可以上場比賽，因此對這些不能出賽的部員和替補選手來說，他們連上場全力衝刺的權利都沒有。

大谷則這麼解釋，「監督經常告訴我們，我們有義務為那些不能上場的人發揮自己最大的能力，而且要以顯而易見的方式傳達給他們知道。即便是現在進入職棒，我認為這對職棒選手同樣重要。」

因此，佐佐木監督的想法很明確：

一、全力衝刺與否固然是場上球員的權利，但他們有義務讓團隊其他成員知道自己盡了全力。

二、上場的球員必須以顯而易見的方式表達自己盡了全力，並將這種精神傳達給不能上場的團隊成員。

「權利與義務」的觀念也深入大谷的日常生活。許多人對大谷在球場外的自律與自制力感到驚奇，但他本人卻覺得再自然也不過，**「不管是練習也好，比賽也好，日常生活也好，你都必須意識到許多人正在看著你。所以身為職棒選手，我必須做我該做的事，這樣我才有權利用我的方式在場上打球。」**

這就是為什麼大谷在受訪時常說「我必須做我該做的事」，因為「權利與義務」已經成為他每天二十四小時根深蒂固的意識。大谷在日本火腿時期的監督栗山英樹也這樣評價他，「棒球已經成為他生活模式中自然組成的一部分，投球或揮棒就像走路一樣自然。」或許這就是大谷從高中跑壘養成的觀念，讓他進入職棒之後更能理解何謂自己的「權利與義務」。

佐佐木監督對高中棒球選手「權利與義務」的嚴謹要求，非常值得國內運動員借鏡。有球員私德不修（如外遇、劈腿）或生活不檢點（如交通違規、霸占座位），卻抱怨自己「也是普通人」、「只是犯了一般人都會犯的錯」，甚至無限上綱，抱怨名人沒有私生活或隱私。事實上對公眾人物來說，正因為他們對社會或粉絲的影響力，才能轉換成商業價值牟利。從這個角度想，公眾人物在享受媒體光環與社會影響力（權利）的同時，也該符合大眾對其道德與行為的期待（義務）。

權利與義務對等，這才是真正的公平。

## 25 日本一的景色——甲子園不完全燃燒之憾

「人生要不留遺憾。」——大谷翔平

「我的工作不是在訓練棒球選手，而是培養打棒球的優秀人才。」——佐佐木洋

「他能投一百英里火球，絕殺的快速指叉球與滑球，再加上五百英尺全壘打的驚人爆發力，這就是他的天賦。以我對他的認識，就算陷入低潮，我也不認為這會對他造成困擾，因為他一定會勤奮練習，直到這些天賦都發揮在比賽中為止。」——馬丁（Chris Martin，前大聯盟投手，大谷翔平在火腿時期的隊友）

「絕對要給大谷大力的表揚，這個球季他非常努力，在全球看不見光明的黑暗時代，大谷的活躍讓我每天都很期待他的表現。」——張本勳（日職安打王、一九九〇年入選日本野球殿堂）

大谷翔平高中時在宿舍牆上貼了一張紙，上面以粗體字寫了「日本一的景色」，他期待登上日本

高校野球的頂峰，可是三年過去，頂峰距離他依然遙遠。

母親加代子曾經為兒子的高中棒球生涯做出總結，「翔平入學時是以『帶領花卷東高校成為日本一』為目標，可是高二那年夏天的嚴重受傷，讓他長達六個月不能投球，而這正是高中最重要的時期；高三那年春天球隊進軍甲子園，但他才剛傷癒，沒能在甲子園獲勝；同年夏天球速飆到一六〇公里，不過缺乏冬季訓練也付出代價，球隊終究沒能再次打進甲子園。結果高中三年他在全國舞台一勝難求，留下不完全燃燒的遺憾。」

大谷自己也引以為憾，「高中最後悔的事情是受傷，至於最滿意的事……登上甲子園卻無法拿下勝利，所以沒有什麼稱得上滿足的事。」「我只有失敗的記憶和遺憾的記憶。」

## 甲子園兩度敗戰之憾

回顧大谷高中時代的投打成績，打擊雖然是在高二那年髖關節生長板受傷之後才開始突飛猛進，但三年通算五十六支全壘打，足以排到歷代第二十五位；至於投手丘上的大谷則以球速建立起名聲，高一最快一四七公里，高二進步到一五一公里，追平田中將大，並列甲子園史上高二投手最快球速紀錄；高三那年夏天則在地區預賽以時速一六〇公里締造日本高校及業餘棒球新紀錄。

只是高二夏天的嚴重受傷，就此決定花卷東高校與大谷的命運。大谷高中三年只在甲子園登板兩次，十四局投出十六次奪三振，防禦率三點七七，球隊兩次都在第一輪遭到淘汰出局。

先從第一場甲子園比賽開始說起。高二那年夏天的大谷從岩手大會就無法登板（當時初判為左大腿拉傷），佐佐木監督隨即宣示「我們不是一支只有大谷的球隊」，並排出包括左投小原大樹、右投佐佐木毅在內的五人先發輪值應戰，最後在地區預賽決勝戰靠著小原七安打完封盛岡第三高校，睽違兩年再度進軍甲子園。受傷的王牌投手大谷只在第四輪對久慈東高校投了一又三分之二局。

接下來夏季甲子園大賽（第九十三回全國高等學校野球選手權大會）第一輪對上帝京高校，這是大谷高中生涯第一場甲子園比賽。由於受傷的關係，他以右外野手先發上場，全場三打數一安打，還在第四局登板中繼直到比賽結束。總計大谷在這場甲子園初登板投出五又三分之二局責失一分的好投，球速飆到一五一公里，從此「陸奥之達比修」威名不脛而走。

第二場甲子園比賽則是隔年（二〇一二）的春季甲子園（第八十四回選拔高等學校野球大會），第一輪對手是當年度優勝、擁有「浪速之達比修」藤浪晉太郎的大阪桐蔭高校。面對身高更高（一九七公分）的藤浪，「打者翔平」在第一局夯出一支飛進中右外野觀眾席的深遠全壘打，但「投手大谷」投了一場幾近屈辱的比賽，捕手搭檔佐佐木隆貴形容，「我從沒見過狀況這麼糟的大谷。」

原因是前一年夏天受傷之後，大谷被禁止練投，即便到了十二月傷痛已完全消失，但教練團為了保護他，直到隔年一月才准許他恢復投球練習。在冬天休季期間缺乏跑步以及完整訓練之下，大谷在這場春季甲子園第一輪比賽投得荒腔走板，先發八又三分之二局投出十一次三振和十一次四死球，失分九分，其中有五分自責分。這是他高中最後一次出現在甲子園。

同年夏季的岩手大會，大谷雖然在七月十九日準決賽對一關學院高校投出破紀錄的一六〇公里速球，但下一場比賽輸給盛岡大附，無緣晉級甲子園，大谷還因此流下悔恨的淚水。母親加代子憶起當時大谷的心情，「因為住宿的關係，翔平基本上是一個不喜歡打電話、也不常主動與家裡聯絡的孩子，我們平常透過電子郵件相互聯繫。可是當我在地區決賽結束後去學校看他時，他顯得非常沮喪。

之後入選ＩＢＡＦ 18Ｕ世界野球選手權大會（第二十五屆ＩＢＡＦ世界青棒錦標賽），理應成為努力的新目標，他卻陷入情緒低潮，彷彿目標消失了，這真的很不尋常。」

## 好勝心是成功的第一步

大谷的父母非常瞭解兒子的個性，雖然平常喜歡逗人發笑，但球場上的他可是完全不同的性格。父親大谷徹初中是田徑校隊，二年級在岩手大會的一百公尺短跑、跳高、鉛球三個項目都名列前茅，但他毅然決然地轉到棒球隊。除了基於對棒球的熱愛，還有一個原因是他超強的好勝心，畢竟一百公尺短跑如果拿不到第一名，就只能看著別人的背影，而他非常討厭這種感覺。

毫無疑問，大谷遺傳了父親的好勝心，從小到大對於喜歡的事物，他絕對不想輸給任何人。「不管少棒或青少棒，只要輸球，他的眼眶一定含著淚水。」父親徹回憶說。

母親加代子則說：「從小到大，對於一般人在意的事情，他往往表現出滿不在乎的態度，尤其是他回家之後真的很懶（笑）。一旦這件事對他非常重要，或是讓他非常在乎的時候，他會哭，他會生氣，他會以最直接的方式來表達情緒。」

兒時那本哈利波特的筆記本是如此，少棒在全國大賽輸球也是如此。剛上小學的小翔平央求父母買給他那本夢寐以求的哈利波特筆記本，他小心翼翼地將書放在一個非常安全的地方，不許任何人碰觸，當他發現封面毀損之後，一顆顆斗大的淚珠從眼角滲了出來；少棒時期唯一一次打進全國大賽卻輸球，加代子還記得賽後每一張照片，他的眼睛都哭得紅腫。

哈利波特也好，棒球也好，這是大谷最珍愛的事物，哪怕只是一個摺痕或一場輸球，對他都是不能承受之重。升上高中後的大谷好勝心依舊，表達情緒的方式同樣直接，但徹發現兒子「內心變得更強大」，有時即使在投手丘遭受痛擊，他依然繃著一張撲克臉，因為他不想示弱，更不想被對手察覺到情緒起伏。

## 翔平對恩師的謝詞

高中三年影響大谷最多的除了棒球之外，還有住宿生活。團體秩序與紀律導正大谷原本粗心大意的生活習性，他開始要求自己正確地思考、正確地做事。曾經有一次大谷不小心睡過頭，球隊罰他連續幾天不准練球，還必須負責剷雪，他簡直氣壞了，「我是主將，我才是最需要練習的人，教練不該這麼做。」可是氣歸氣，下次大谷絕對不敢再犯。

當然，佐佐木監督就是高中三年影響大谷最多的那個人。「高中住宿之後，這是第一次有父母親以外的導師來教我各式各樣的東西，即使說的是同樣一句話，但他人傳達的意思和父母說的究竟是不同的。小時候由於父親擔任球隊教練，我的父親與教練是同一人；但高中時期就算佐佐木監督告訴我的是父母曾經說過的話，我聽到的感受也不會相同。」大谷回憶說。

大谷高中畢業那天，佐佐木監督送他一本書：「經營之聖」稻盛和夫撰寫的《生存之道》（生き方），書裡包含了佐佐木的許多教義。大谷認真地看完這本書，他回應，「我之所以改變的真正原因，是因為遇到了佐佐木監督，他在開會時教會我許多事情。監督的指導，以及他說的話，總是讓我耳目一新。」

這是大谷對恩師的謝詞，也是對岩手這塊土地最崇高的敬意。

PART 4

# 挑戰

## 日本火腿鬥士

Shohei Ohtani

**「我知道自己還達不到那個水準，但我想盡快到大聯盟打球。」**

二〇一二年十月二十一日，日本職棒選秀會前四天，高中三年級的大谷翔平對團團包圍他的媒體做出重大宣示。

**「這是我高中入學以來的夢想，我想到一個更艱困的環境去磨練自己。」**

**「我已經決定到美國打球。我從一開始就有這個夢想，打算在高中一畢業、趁自己還年輕的時候去挑戰大聯盟。無論選秀結果如何，我都有強烈的意願去美國，而且是以投手的身分。」**

**「一旦做了決定（指挑戰大聯盟），我就會下定決心在美國全力以赴。到時不管加入哪支球隊，我都會牢記初衷，現在的我只想到美國打球。」**

一個篤定在日職選秀會獲得多隊第一指名的頂級新秀，卻決定跳過國內職棒，直接挑戰太平洋彼岸的世界棒球最高殿堂，這對日本職棒界無異是一枚震撼彈。

事實上，整件事情是有脈絡可循的。有媒體記者爆料，在這場記者會的一個多月前他採訪過大谷，從大谷說的每一句話都可以深刻感受到，大聯盟是大谷最關心的話題。

舉例來說，大谷對旅美投手松坂大輔和田澤純一非常感興趣，「當你看到松坂大輔及田澤純一這樣的一流選手在美國打球，每個棒球選手應該都會想去嘗試看看。」

說到田澤純一，這位效力日本社會人球隊「新日本石油ENEOS」的投手在二〇〇八年九月公開拒絕參加日職選秀會，直接挑戰大聯盟。同年十二月他追隨偶像松坂大輔的腳步，與波士頓紅襪隊簽下大聯盟合約。很顯然，勇敢向日職選秀說不、為大聯盟夢想而奮戰的田澤，已成為大谷的標竿。

更重要的是，「挑戰大聯盟」對大谷並不是盲目的決定，有一位大聯盟球探，對他的想法與決心發揮關鍵的影響力。

# 26 小島圭市——開啟美國夢的道奇球探

「這是我高中入學以來的夢想，我想到一個更艱困的環境去磨練自己。」——大谷翔平

「一旦做了決定，我就會下定決心在美國全力以赴。到時不管加入哪支球隊，我都會牢記初衷，現在的我只想到美國打球。」——大谷翔平

「我認為十幾二十歲犯過錯的人反而會更好，我想看失敗能帶給他多大的進步；當一個人處於低潮時，你可以看到和感受到更多。」——小島圭市（前道奇球探）

「就像小小孩一開始學說話是想取悅父母，接著讓父母看到自己會站、會走、會跑，是同樣的心情。對我來說，我想讓一開始發掘我潛力的人，看到我愈來愈好，這是我想要的。」——大谷翔平

「我想把他帶到道奇，在小聯盟磨練三年，接下來他應該可以拿下兩到三座賽揚獎。」——小島圭市

「非常不可思議，真的無話可說，他是大聯盟最好的打者之一，也是大聯盟最好的投手之一，太棒了。」——史塔西（Max Stassi，天使捕手）

資深棒球迷可能還記得「小島圭市」這個名字，左手投球的他在一九九九年短暫效力過中華職棒興農牛隊。

小島的職棒生涯歷經波折，一九八六年東海大高輪台高校畢業後在日職選秀會乏人問津，後來通過讀賣巨人隊入團測試，在巨人一二軍奮戰六年才拿下職棒生涯首勝。接下來幾年受困於背傷，多半在二軍度過，一九九四年球季結束後從巨人退團，隨即進行左手肘尺骨附屬韌帶重建手術（俗稱「Tommy John手術」）。

一九九七年，在美國復健的小島加入德州遊騎兵系統的小聯盟球隊，一九九八年回日職加盟中日龍隊，同年退團。

一九九九年短暫效力興農牛隊之後，隔年（二〇〇〇）小島再度赴美挑戰，但年過三十的他連一張合約報價都沒有，只得黯然宣布引退，次年（二〇〇一）轉任洛杉磯道奇隊的日本地區球探，協助球團陸續網羅石井一久、齋藤隆、黑田博樹等日職投手，之後轉任亞利桑那響尾蛇球團顧問。

小島是第一個發現大谷棒球天賦的大聯盟球探，他對大谷的影響力有多大？一名國聯球探誇張地形容，「對大谷來說，『大聯盟＝道奇隊』。」

## 「我想為這樣的人工作，這就是我想去美國的原因」

這名球探進一步說明小島與花卷東高校、佐佐木監督、乃至於大谷父母間的密切關係，「大聯盟球探通常很難打進日本高校的圈子，可是道奇隊的小島圭市球探顯然例外。某家運動用品製造商與花卷東高校有大量業務往來，學校連內衣都是跟這個製造商買的。而這家公司的經營階層與小島是死黨，透過這層關係，小島從好幾年前就與校方建立起交情。」

道奇球團也充分發揮對花卷東棒球隊的影響力，「佐佐木監督就深受啟發，他甚至採用道奇球團的訓練菜單進行基礎訓練。」對大谷而言，挑戰大聯盟是他高中的夢想，而花卷東棒球隊的「道奇流」，毫無疑問地深化他對大聯盟的嚮往。

這名球探補充，「道奇球團為了讓大谷的父母安心，他們準備安排一家公司專責打理大谷前往大聯盟的事宜。而這家公司就是與道奇球團關係密切的『吉本興業』。」

「吉本興業」是一家巨型的藝人經紀公司及電視節目製作公司，擁有超過百年歷史，是日本最古老的藝能事務所，旗下大約有七百多名藝人，過去石井一久、齋藤隆、黑田博樹等日職球星都是在這家公司的管理之下加盟道奇。

道奇球團及其聘用的球探小島展現綿密的人脈與商業關係，小至運動用品製造商、大至世界級的經紀公司都能充分運用，百年歷史的大聯盟球團果然名不虛傳。

以大谷的狀況，如果他在高中畢業後赴美打球，他該對自己有什麼樣的期待？由於身體還在成長，而且高中三年從沒在甲子園贏過任何一場比賽，有媒體認為他應該會從一張小聯盟合約開始，推估簽約金一百五十萬美元。

至於大谷需要多長的時間才能登上大聯盟？日本棒球史上第一位高中就加入小聯盟的投手鈴木誠（大聯盟生涯通算十六勝）提出建議，「我周遭那些小聯盟隊友都沒上到大聯盟，所以我無法評估個別球員要花多少時間才能晉升大聯盟。建議他別著急，放慢步調建立身體強度，並且務實地以『五年內上到大聯盟』為目標。」

還記得大谷在高中入學後第一張「曼陀羅計畫表」的核心目標嗎？他想在高中畢業前的日職選秀會同時獲得八支球團第一指名，換言之，當時大聯盟並不在他的射程範圍之內。這種想法完全可以理解，同時期縱然有鈴木一朗、松井秀喜、松坂大輔等日本球星在大聯盟大放異采，但畢竟上述球星都是效力日職多年後才挑戰大聯盟，對十五歲的高一新生大谷來說，當時大聯盟恐怕只是存在於電視轉播或YouTube的另一個世界。

應該這麼說，道奇球探小島圭市讓大谷逐漸感受到大聯盟並非遙不可及，他曾經解釋自己決定直攻大聯盟的原因，「我開始打棒球是因為我想成為職棒選手，所以在高中開始完全沒考慮大聯盟。但是高中三年間，有一支大聯盟球團從一開始就關注我，帶給我很大的信心。即使從沒在甲子園贏得勝利，他們依舊在我身上看到巨大的潛力，我想為這樣的人工作，這就是我想去美國的原因。如果不是他，我不會想到大聯盟，對此我非常感激。」

## 「我想把他帶到道奇，將來拿下兩到三座賽揚獎」

身為道奇球團派駐日本的球探，小島圭市說，自從大谷進入花卷東高校開始，直到畢業前一年的日職選秀會為止，在這大約兩年半的期間，他將道奇球團支付給他經費的百分之八十以上都投入對大谷的球探工作。

更精確地說，在大谷之前，小島關注的主要對象是菊池雄星，因此他總共有長達五年半的時間聚焦在花卷東高校。「如果把花卷、盛岡和青森等地的地區預賽都算進去，從雄星那個時候起算，我前前後後去東北大約八十次。」小島回憶說。

在菊池參加二〇〇九年日職選秀會前，小島將菊池評價為「可以在大聯盟登板的投手」；三年後，他對大谷未來性的評價更高，甚至早在大谷剛入學沒多久，他就已經意識到其驚人的棒球天賦。小島在接受《開拓道路 越過海洋 大谷翔平的素顏》作者佐佐木亨專訪時說：

「我對他的印象非常深刻。你還記得他的第一場比賽嗎？我到現在仍然清清楚楚記得每一幕。從一開始他在場邊練習揮棒，到正式站上打擊區，再到防守右外野時將球回傳內野，每個畫面我都記得清清楚楚。」

「我心想『這傢伙到底打哪來的？』」

**「我想把他帶到道奇，在小聯盟磨練三年，接下來他應該可以拿下兩到三座賽揚獎。」**

「他的表現對我衝擊很大。」

看完這場比賽之後，小島立刻向道奇球團發送一份球探報告，詳細介紹大谷的表現。

小島所說的這一場比賽，其實就是二〇一〇年四月底大谷入學後的第一場練習賽，「大谷君擔任第四棒、右外野手，我在護網後方看整場比賽。雖然沒有人告訴我，但我光看他的熱身動作就知道『這個男孩就是大谷翔平』。當我看到他站在距離我不到十公尺的地方揮動球棒時，那一瞬間能感覺到『他的球感非常出色』。」「接著是他防守右外野時，有一個場景是他將球長傳回三壘，當我看到這一球，我心想『他絕對是投手的料』。再看他傳球的角度和肩膀的柔軟度，我心想『騙人！不可能！這傢伙強得不像話』。他真的才十五歲？我當場楞在原地。」

不過比起棒球技術，小島真正驚奇的是大谷的身體強度：

「不論他參加什麼競技項目，他都是金牌的水準。如果踢足球，身高超過一九〇公分的他會是全世界最好的前鋒之一；如果打籃球，他會進NBA；一百公尺短跑也是如此，第一個跑進十秒內的日本人搞不好就是大谷。不管是任何一項運動，我相信他都能成為日本史上最佳選手。」

「可惜的是在日本，棒球選手到一定年紀之後是別無選擇的，不像在美國，高中階段可以選擇兩項運動，等十八到二十歲之後再專注於其中一項，所以美國才會產出這些多優秀運動員。柯蕭（Clayton Kershaw）、洛伊．哈勒戴（Roy Halladay）學生時代是有名的籃球選手；洋基強打『法官』賈吉（Aaron Judge）在學校是棒球、籃球、美式足球三棲明星，他是真正的運動員。」

「大谷君就是這樣的水準，這是他一開始評價就如此之高的原因。」

## 「這就是我的工作，我想幫助他的棒球人生順利進行」

電影「人生決勝球」（Trouble with the Curve）中，克林伊斯威特（Clint Eastwood）飾演的資深球探蓋斯（Gus Lobel）完美詮釋球探的日常：根據觀察對象的賽程排定工作時程表，準時出現在場邊觀察，其他時間則是在小鎮的酒吧消磨時間，住在便宜的汽車旅館。不過小島的做法卻不一樣。

連道奇球團都催促小島積極打探大谷下一場登板的時間，但小島有自己的想法。在確定大谷球場上的能力之後，他更想知道大谷在比賽之外還做了什麼，所以有時就算球隊只練球一小時，他還是會專程到球場一趟，「即使一小時也很重要，如果可以，我甚至想觀察他三百六十五天。若不這麼做，就無法看到球員的本質。」「我認為十幾二十歲犯過錯的人反而更好，我想看看失敗能帶給他多大的進步；當一個人處於低潮時，你可以看到和感受到更多。」

小島謹守日本文化中「尊重他人」的精神，行事低調而謹慎。在美國確實有球探會隱藏身分、喬裝打扮，甚至躲在停車場用望遠鏡看球，因為他們不想讓其他球團因此而關注同一名選手，導致提前被選走的風險。不過小島並不是因為這個理由才保持低調，「這就是我的工作。我想幫助他的棒球人生能順利進行，確保他不會在高中階段遇到麻煩。因此我的首要任務並不是防止別人發現我的存在，而是要避免給大谷本人和他的球隊帶來困擾。這才是最重要的。」

就連佐佐木監督也充分感受到小島的善意：

「小島桑常來看我們的日常練球與練習賽。他比我們更早到球場，而且從大谷走進球場的那一刻就開始仔細觀察，直到練習結束再悄悄地離開。他很努力地不想給大谷、花卷東高校和我們教練團帶來困擾。」

「大谷在高中二年級為傷所苦、打得掙扎。正常情況下，球探就跟一般球迷沒兩樣，他們只在你表現好的時候來看你，表現不好的時候消失無蹤，可是小島桑即使在大谷受傷期間也會默默來看他。」

「正式比賽時，無論大谷是否出賽，他都會到場。他的態度令人印象深刻，對比賽的熱情與真誠更讓我們發自內心地感動。」

## 改變翔平人生的球探

小島圭市的存在，意外成為大谷打球的動力。當大谷對自己的能力感到不安或焦慮時，只要想到「小島桑專程來這裡看我，他正在評估我」，就會讓他感覺大聯盟並非遙不可及的夢想。

對於第一次離家住校的大谷來說，小島是父母親之外另一個發自內心欣賞他、希望他更好的人，「想在發現我潛力的人面前表現得更好，這種想法很正常，對吧？就像小小孩一開始學說話是想取悅父母，接著想讓父母看到自己會站、會走、會跑，是同樣的心情。對我來說，我想讓一開始發掘我潛力的人，看到我愈來愈好，這是我想要的。」

小島的守護，讓大谷對道奇心嚮往之，「當我打得好，日職球探就會來看我的比賽；但當我表現糟糕的時候、輸球的時候、甚至受傷的時候，就只有小島一個人還在，他帶給我鼓勵，讓我心懷感激。他是最瞭解我的人，包括所有優點和缺點，他也是欣賞我的人。我想為這樣的人打球。」

二〇一二年日職選秀會後，大谷選擇加盟日本火腿而放棄道奇；五年後，大谷有權自由選擇大聯盟新東家時，道奇是入圍最後決選的七隊之一，但大谷的選擇卻是與道奇同城的天使。

難道說小島的苦心孤詣終究落得一場空？不，換個角度想，小島已經達成「幫助大谷的棒球人生順利進行」的目標。如果沒有小島的存在，現在的大谷或許只是日職某隊選手，別說「二刀流」，就連大聯盟也不可能。

# 27 命運之日——十八歲的決斷

「我想做以前沒人做到的事。」——大谷翔平

「當我說我的目標是球速一六〇公里，沒有人相信我，可是一旦有人達成時，所有人都會以他為努力的目標。我認為這就是棒球水平提升的過程，目標愈高，棒球水平就能提升到愈高。」——大谷翔平

「身為職業運動選手，你所能做到最棒的一件事，就是給觀眾一個夢想。我們做前人做不到的事，這就是夢想的偉大之處。」——野茂英雄（日職挑戰大聯盟的「先驅者」）

「我有一個夢，想從一開始就去實現。」——大谷翔平

「我相信如果讓他從零開始，他會重新變得更強大，因為大谷就是在逆境中更堅強的男人。所以如果給他飢渴的感覺，以及能讓他成長的環境，對他反而是好事。」——佐佐木洋

「大谷是人類的神話傳說，聯盟每個人都對他的天賦感到讚嘆，每晚比賽結束後，我都會迫不及待拿起手機，看看大谷今天又做了什麼。」——史卓曼（Marcus Stroman，藍鳥、大都會、小熊投手）

「他是這個世代的代表球員，投打兩端都非常傑出。如果我有投票權，我也會把MVP投給他。」——托瑞（Joe Torre，前洋基總教練，二〇一三年入選美國棒球名人堂）

二〇一二年十月二十五日，日本媒體將這一天稱為大谷翔平的「命運之日」。四天前表明意向，將在高中畢業後直攻大聯盟，大谷卻在選秀會被北海道日本火腿鬥士隊強行第一指名。

在這天之前有兩個重要時點，首先是大谷在九月十九日向岩手縣高校野球聯盟遞交「職業棒球志願書」，其後才是十月二十一日的「挑戰大聯盟」記者會。

## 「我想做野茂桑做過的事」

「職業棒球志願書」制度是日本高校野球聯盟在二〇〇四年八月做成的決議，有意加入職棒的高中生必須在高三這一年的十一月十日前向所屬聯盟遞交志願書，經該聯盟公告後才具備資格。而這裡所謂的「職棒」，一般指的就是「社團法人日本野球機構」（NPB，即日本職棒），但有意加入日本國內其他獨立聯盟或海外職棒聯盟（包括美國職棒大聯盟）者，仍然必須遞交志願書。換言之，大谷遞交的志願書並不能排除日職或只限定大聯盟，日職各球團仍有指名大谷的權利。

至於大谷在日本職棒界、社會輿論乃至於父母的壓力之下，仍堅持渡海挑戰大聯盟，一大動機是來自傳奇球星野茂英雄。十月二十一日「挑戰大聯盟」記者會前夕，大谷接受日本雜誌專訪時說了一句話，「我想做野茂桑做過的事」。

採訪的記者對這句話大感好奇，根據他過去幾年專訪選秀熱門人選的經驗，超過半數的人目標都是松坂大輔，其次是達比修有、田中將大、前田健太。

但野茂英雄？記者回顧歷年來的受訪者，沒有任何人提到野茂的名字。這其實不足為奇，以大谷為例，一九九五年野茂挑戰大聯盟時大谷才剛出生，對他們這個世代來說，野茂是傳奇，但有點遙遠。也因為這樣，大谷初中時期的投打偶像分別是達比修、松井秀喜，他也模仿過松坂的擺臂動作，這些都是當時電視或網路上最常看到的球星，但絕不會是野茂。可是如果把大谷的談話內容串連起來，就不難想像他當時的心境：

「我的目標是投出時速一六〇公里的速球，我想做以前沒人做到的事。當我說我的目標是球速一六〇公里，沒有人相信我，可是一旦有人達成時，所有人都會以他為努力的目標。我認為這就是棒球水平提升的過程，目標愈高，棒球水平就能提升到愈高。這就是野茂桑在大聯盟的成功之處，達比修桑在大聯盟的第一年也是如此，他們提升了日本的棒球水平。我也想成為這樣的選手。」

「當野茂桑進到大聯盟時，還沒有日本選手能在那裡投出好成績，他的率先成功帶來巨大的影響力。我想，高中生赴美挑戰也是同樣的道理，這就是我最渴望的事。」

大谷期許自己成為像野茂一樣的「先驅者」，而野茂也能同理大谷的想法，因此早在二〇一四年，當大谷還在日本火腿為「二刀流」而苦戰時，野茂就表達對大谷的全力支持：

「我支持大谷的『二刀流』。」

「身為職業運動選手，你所能做到最棒的一件事，就是給觀眾一個夢想。我們做前人做不到的事，這就是夢想的偉大之處。」

「（大谷的）數據正在持續進步，不論投球或打擊都是，我期待他有更好的表現。」

野茂在一九九五年掀起日本人選手挑戰大聯盟的浪潮，大谷則在二〇二一年以「二刀流」寫下大聯盟百年歷史新頁，更重要的是他們激勵了當時的社會人心。一九九五年除了大聯盟罷工之外，一月十七日日本發生阪神大地震、三月二十日發生東京地下鐵沙林毒氣攻擊事件；二〇二一年就不用說了，全世界籠罩在COVID-19變種病毒的陰影之下，美國單日新增確診一度超過十萬例，日本各地則多次發布「緊急事態宣言」。也難怪大聯盟宣傳部副總裁布蘭德爾（John Blundell）稱呼野茂與大谷是「大聯盟的兩位救世主」。

一個有趣的巧合：一九九五年挑戰大聯盟的野茂是二十六歲，二〇二一年締造「二刀流」百年紀錄的大谷也是二十六歲，兩人的年齡剛好相差二十六歲！

但真正串連起野茂和大谷的並不是「二十六」這個數字，而是勇於冒險的「先驅者精神」。

## 「這就是『翔平式』的作風」

對於十月二十一日的「挑戰大聯盟」記者會，日本媒體有此一說，這場記者會原定十月十五日就要召開，之所以延後的主要原因是他還需要時間去說服父母與校方。他的父親徹證實這種說法，「雖然必須由他自己做最後的決定，但我一開始是建議他留在國內的。因為國內沒有語言或文化差異，可以更專注地打棒球。」

徹很清楚兒子的個性，所以他第一次聽到大谷想在高中畢業後直攻大聯盟時，他的反應是「這就是『翔平式』的作風」，「起初我很訝異他竟然認真思考這個問題，但我後來想，這就是典型的翔平會做的決定。我也不喜歡做跟別人一樣的事，只要涉及到自己，我常會反其道而行，所以我想知道翔平在這方面的個性是否像我。」

至於母親加代子則是最瞭解兒子個性的人，他的想法與丈夫相近，「翔平不是那種每次都會提及自己感受的人。他會把事情藏在心底，就算自己很掙扎，他也不會對家人說『你覺得我該怎麼做？』

『我想這樣做。』可是，一旦翔平決定『我要去』，我們說什麼也改變不了。」

為了消弭歧見、凝聚共識，大谷在九月十九日遞交志願書之後，每週末都會從花卷東高校宿舍趕回奥州市的家中參加家庭會議。「在我們面前，他常常一句話也不說，有好幾次連我都受不了，對他大喊『別鬧了』，但很明顯，他有挑戰大聯盟的強烈意願。我只擔心記者會當天我會脫口而出『還是留在國內好了』。」徹回憶說。

身為母親的加代子則擔心兒子的心情，「感覺他在練球時無法集中精神。我聽說雄星君之前也是這樣，還因此受傷了。身為家長，我很擔心。」

## 「我有一個夢，想從一開始就去實現」

至於恩師佐佐木監督怎麼想？他的考量之一是「田澤條款」。二〇〇八年，田澤率領社會人球隊「新日本石油ENEOS」拿下「都市對抗野球大會」優勝，他先發五戰四勝，二十八又三分之一局狂飆三十六次三振，防禦率只有一點二七，拿下象徵MVP的「橋戸賞」，當然成為年底日職選秀會眾多球團鎖定的第一指名即戰力，但田澤卻在此時召開記者會表明挑戰大聯盟的決心。面對紅襪、小熊、水手等至少五支大聯盟球團表達興趣，田澤最後加盟波士頓紅襪隊，與他的偶像松坂大輔並肩作戰。

後來日職為防止業餘人才流失，於是制訂新規，若業餘球員放棄加盟日職而赴美，在合約結束返國後，高中生必須等待三年才具有選秀資格，大學生與社會人則是兩年，這就是所謂的「田澤條款」（業於二〇二〇年九月廢止）。因此佐佐木監督一度認為，與其甘冒風險，造成將來沒有退路，不如先在日職揚名立萬，再透過自由球員或入札制度實現夢想。

在宣布的當天，佐佐木監督、大谷的父母與大谷做最後討論，佐佐木決定支持大谷，「在雄星那個時候，雖然我說尊重他的意願，但畢竟我是日本棒球界的一員，為了保護自己，我在某些方面建議他留在國內……可是這次，我把大谷的感受看得比任何事都還重要。」

至於大谷的父親徹曾經是社會人球隊選手，身為棒球人，他更清楚高中生挑戰大聯盟的難度有多高。對於徹的擔憂，佐佐木監督反而看好大谷在逆境中被激發的潛力，**「我相信，如果讓他從零開始，他會重新變得更強大，因為大谷就是在逆境中更堅強的男人。所以如果給他飢渴的感覺，以及能讓他成長的環境，對他反而是好事。」**

最後徹與加代子決定退讓了，「身為父母，我們當然會擔心。如果有可能的話，我們希望他留在國內，但如果他想走，我們也做好送他出國的心理準備。」加代子說。

日本媒體將大谷這段心路歷程稱為「十八歲的決斷」。面對漫長的職業生涯，這不會是他人生唯一的十字路口，但對一個十八歲男孩來說，這個決定未免也太沉重。

「我有一個夢（指大聯盟），想從一開始（高中畢業後）就去實現。」誰也沒想到這個十八歲男孩的單純夢想，後來卻引起軒然大波。

# 28 超級東西軍——日職vs大聯盟

「在國外開展職業生涯固然有其風險，但在日本也不保證一定能成功，所以並沒有太大的差別。我相信，唯有不斷向更高層次挑戰的精神，才能開啟成功之路。」——須藤豐（前日職選手與監督，現任球評）

「我仍然在學習棒球，所以我要求自己年復一年不斷成長，我也認為自己做得到。」——大谷翔平

「這是我們有史以來給新秀打者的最高評價，我們認為他的長打能力與王貞治是同等級的。」——苑田聰彥（廣島球團球探部長）

「看他打球太有趣了，天空才是他的極限。」——派翠克．歐尼爾（Patrick O'Neil，球賽主播）

「他很特別，他是頂級的投手與打者，我不認為未來還會再出現像他這樣的球員。」——邦茲（Barry Bonds，大聯盟全壘打王）

▲ 2011年夏天，代表花卷東高校登板的高二投手大谷翔平。當時媒體將他譽為「東北達爾」、「大型右腕」。（共同通信社／達志影像）

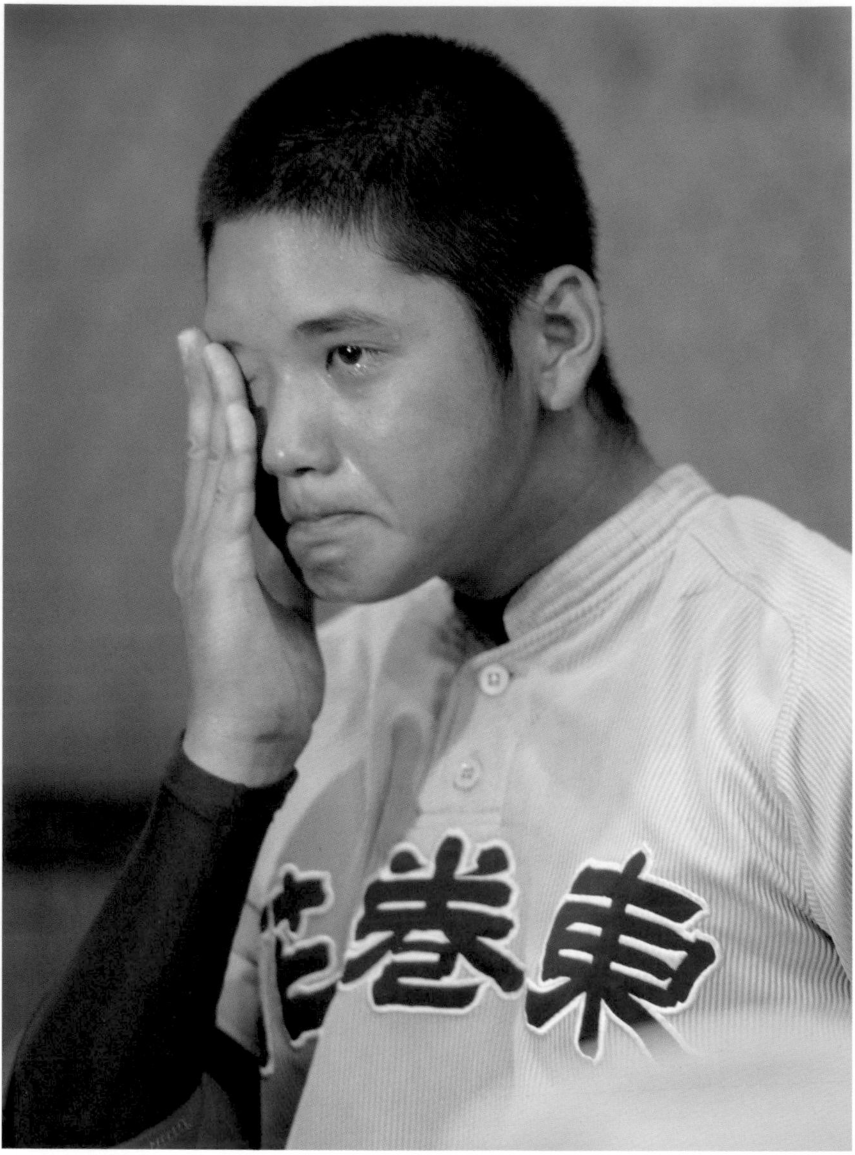


▲ 2012年7月26日在岩手縣營球場舉行的高校野球岩手大會決賽，由花卷東高校與盛岡大學附屬高校爭奪夏季甲子園大賽的參賽資格。高三投手大谷翔平力投8又2/3局狂飆15次三振，最快球速156公里，但單場責失5分吞敗。高校最後一次甲子園無望，大谷在賽後流下男兒淚。（共同通信社／達志影像）

▲ 2012年9月18日下午，高三生大谷翔平在花卷東高校記者會上展示自己填寫的「職業棒球志願書」，並表態將「加入日本職棒或挑戰大聯盟」。（共同通信社／達志影像）

▲ 2012年12月25日，北海道日本火腿鬥士球團舉行大谷翔平的加盟記者會，大谷身著11號球衣亮相，右為栗山英樹監督。（共同通信社／達志影像）

▲ 2013年12月28日，畢業於花卷東高校的大谷翔平與菊池雄星，回到岩手縣花卷市舉辦棒球交流會，大約有3千名當地少棒選手參加。這項活動的宗旨是為了回饋當地社區，並對2011年3月11日發生的「東日本大震災」重建工作表達支持，因此除了技術指導之外，另致贈球衣與球具給沿岸受災地區的少棒選手。（共同通信社／達志影像）

▲ 2013年5月23日，大谷翔平在對東京養樂多燕子隊的跨聯盟交流賽（地點為主場札幌巨蛋）完成日職一軍初登板，先發5局被打出6支安打責失2分，投出2次三振、3次四壞，最快球速157公里，終場無關勝敗。（共同通信社／達志影像）

▲ 2013年7月10日，大谷翔平在對東北樂天金鷲隊的比賽（地點為宮城球場）敲出職業生涯第一支全壘打，推定飛行距離為125公尺。（共同通信社／達志影像）

▲ 2016年9月21日，大谷翔平先發對上福岡軟銀鷹隊（地點為福岡巨蛋），7局下半在中外野手陽岱鋼的美技接殺之後興奮握拳，高舉右臂。終場就以8局4安打失1分的好投拿下當季第9勝。（共同通信社／達志影像）

▲ 2017年10月4日，大谷翔平在日職生涯最後一次擔任先發投手，對手是歐力士猛牛隊（地點為札幌巨蛋）。他在這場比賽投出9局2安打10K完封勝，擔任第四棒則是4打數1安打並跑回致勝分，終場火腿以3:0擊敗歐力士。（共同通信社／達志影像）

▲ 2017年12月25日，大谷翔平在札幌巨蛋舉行公開記者會，正式宣布將加盟大聯盟洛杉磯天使隊，超過1萬3千名球迷到場為他加油。大谷在記者會上刻意選戴紫色領帶，一來紫色是藍色（火腿隊代表色）與紅色（天使隊代表色）混合後的顏色，二來也是高中母校花卷東高校的代表色。（共同通信社／達志影像）

▲ 2018年5月4日，洛杉磯天使隊作客西雅圖與水手隊展開三連戰，大谷翔平在賽前與傳奇球星鈴木一朗相見歡。調皮的一朗在大谷趨前打招呼時佯作不見，還往反方向跑，兩人上演「你追我跑」的有趣場面。（美聯社／達志影像）

▲ 2021年9月7日，洛杉磯天使隊作客聖地牙哥與教士隊展開二連戰，大谷翔平在賽前與偶像達比修有見面並合照。這對火腿前後期的王牌投手都曾經穿過11號球衣，但旅美後從來沒有同場對決的紀錄。（共同通信社／達志影像）

▲ 2018年3月29日，洛杉磯天使隊在客場與奧克蘭運動家隊的球季開幕戰，2局上半，擔任先發第8棒的大谷翔平在大聯盟生涯首打席就將他所看到的第1球，打穿一、二壘防線形成滾地安打。（共同通信社／達志影像）

▲ 2018年4月1日，大谷翔平在客場對奧克蘭運動家隊的生涯初登板投出先發6局3安打責失3分、6次三振、1次四壞的好投，率領天使以7:4擊敗運動家，大谷拿下大聯盟生涯首勝。（共同通信社／達志影像）

▲ 2021年5月7日，大谷翔平與專屬翻譯水原一平在賽前交談，地點為天使球場。（共同通信社／達志影像）

▲ 2021年7月12日，大谷翔平成為史上第一位參加全壘打大賽（地點為庫爾斯球場）的日本人選手。大谷和第一輪對手索托在3分鐘正規賽各打22轟戰成平手，1分鐘加時賽各打6轟再度平手，最後索托在3次揮棒PK賽驚險勝出。（共同通信社／達志影像）

▲大谷翔平的投球連續動作。（共同通信社／達志影像）

▲大谷翔平的打擊連續動作。（共同通信社／達志影像）

▲ 2021年10月3日，大谷翔平在洛杉磯天使隊當年度最後一場例行賽（對手為西雅圖水手隊，地點為T-Mobile球場）的首局首打席開轟，本季第46支全壘打、第100分打點，為歷史性的球季劃下句點。（共同通信社／達志影像）

二〇一二年十月，高中畢業前的大谷翔平正面臨「職業生涯該從大聯盟或日職起步」的人生十字路口。現在回想起來，過去幾年他在大聯盟及日職都獲致成功，感覺他從哪裡起步的結果應該都一樣，對吧？

這或許是一種後視偏差（或稱後見之明、事後諸葛），因為我們已經知道最終結果是好的，所以認為他不管選擇哪條路徑都會成功。但真是如此嗎？

別忘了高中時期的大谷翔平還是個未完成品：「投手大谷」在高二那年遭受髖關節生長板損傷而重挫，直到高三夏天投出時速一六〇公里，才證明自己的潛力；「打者翔平」雖然進步神速，但畢竟是高二受傷之後才專心練打。也因為這樣，當時大聯盟球團將大谷的未來定位在投手，可是部分日職球團卻期待他往打者發展，這是大谷面臨的另一項抉擇。

說到「投手視角」，二〇一二年九月十九日大谷遞交「職業棒球志願書」後，至少有道奇、紅襪、遊騎兵等大聯盟球團和他會面，道奇助理總經理懷特（Logan White）將大谷與年輕的柯蕭（二〇一〇年代大聯盟最佳左投手）相提並論；而美聯社的報導則完全將大谷視為投手，隻字未提他的打者身分，「日本高中投手大谷翔平……球速上看九十九至一百英里……」

「打者視角」首推日職廣島鯉魚球團，球探部長苑田聰彥說：「這是我們有史以來給新秀打者的最高評價。他能把球打向左半邊形成長打，而且還有很大的成長空間。我們認為他的長打能力與王貞治是同等級的。」

鈴木一朗下面這段話或許說出了日本球界許多人認為大谷應該擔任打者的理由，「大谷若擔任投手絕對可以單季二十勝，當然，他更是個單季五十轟等級的打擊怪物。像他這樣的投手有很多，只是沒有像他這樣的全壘打打者。」

朗神最後這句話則是他對大谷最深的期待，「他將成為全世界第一的棒球選手。」

當然，選擇大聯盟或日職絕不只是投打定位的問題而已，因為這件事對當時的大谷來說，他自己可能也還沒有明確的答案。但可以確定的是，去美國有很高的機率必須從小聯盟開始打起，加上兩地語言及文化的差異、訓練方式的不同……這才是大谷與家人必須考量的因素。

在大谷宣布挑戰大聯盟之後，日本媒體展開長達數日的討論與辯證。一個高中畢業的頂級新秀選擇赴美挑戰與留在日職，究竟會有什麼差異？以下就以一問一答的方式分析如下：

## 大谷赴美後若從小聯盟打起，大概需要幾年才能站上大聯盟？

在日本，即便是高中畢業的菜鳥也有機會在一軍成為固定先發選手，但這種情況發生在大聯盟的機率太低了。有日本媒體以二〇〇七年高中畢業後入選坦帕灣魔鬼魚隊（二〇〇八年更名為光芒）、二〇一三年在大聯盟拿下單季十七勝的左投手摩爾（Matt Moore）為例，說明農場體系的運作方式。

摩爾在二〇〇七至二〇〇八年效力新人聯盟，二〇〇九年升上一A，二十六場先發拿下八勝五敗。但值得注意的是摩爾整季只投了一百二十三局，平均每次先發不到五局，因為對大聯盟來說，選手就是球團的資產，必須嚴格控管與保護，因此只能以循序漸進的方式增加投球局數。

二〇一〇年升上高階一A的摩爾同樣先發二十六場，但投球局數增加到一百四十四點二局。小聯盟農場的思維是投手每季增加的投球局數以百分之二十為上限，因為他們分析發現，如果超過這個門檻，投手隔年受傷的機率將顯著增加。

二〇一一年摩爾從二A開季，十八場先發投出八勝三敗、防禦率二點二〇的好成績，季中再升上三A，戰績四勝〇敗、防禦率下修到一點三七，終於在九月十四日獲得大聯盟初登板的機會；二〇一二年摩爾在大聯盟站穩先發輪值，三十一場先發拿下十一勝十一敗、防禦率三點八一。

對於擅長培育投手新秀的光芒球團來說，摩爾算是成功的案例，這也說明高中投手升上大聯盟通常需要至少四年的時間。

## 小聯盟的薪資水準低於日職？生活環境遠比在日本艱辛？

二〇一二年，有媒體統計小聯盟薪資水準如下：

簽約第一年：月薪最高一千一百五十美元

第二年起：

一A：月薪最低為一千五百美元

二A：月薪最低為一千七百美元

三A：月薪最低為二千一百五十美元

上開三A月薪換算成日幣後僅十七萬日圓，對照大谷後來以選秀球員最高規格的簽約金一億日圓、年薪一千五百萬日圓、激勵獎金五千萬日圓的合約加盟日本火腿，顯然他加盟日職的月薪遠優於小聯盟；此外，小聯盟選手在客場每天只有二十美元的伙食津貼，相較於美國物價水準也很有限。

至於小聯盟的生活環境如何？明治大學畢業後，二〇一〇年十一月與道奇球團簽下小聯盟合約的投手西嶋一記現身說法，「訓練營結束後的小聯盟生活是非常嚴苛的，客場移動的時間與距離遠非在日本所能想像，常常比賽還沒開打就覺得累了。飲食方面，附近往往連便利商店及超市都找不到，你不能隨時隨地吃到想吃的東西，所以回主場之後我都自己做三餐，或請寄宿家庭幫我做，比較不用費心飲食問題，只是難免以漢堡、披薩居多，很難兼顧健康管理。」

雖然身體與健康狀況必須自主管理，但西嶋對小聯盟的歷練還是持正面的看法，「儘管生活條件嚴苛，但我的體格比大學時期更壯碩、更強健。」

## 小聯盟的訓練環境不如日職？待在日職能獲得更好的指導？

一位在小聯盟打球的日本人選手這麼說：「我認為小聯盟的訓練是非常扎實的，以體能教練為例，他們對營養補充及蛋白質攝取非常有研究，能幫助選手個別規畫菜單，提升比賽中必要的肌力。」「赴美之前，我一直以為打擊教練主要指導強力打者，對於我這種速度型選手應該派不上用場，結果不然。教練團會針對不同型態的打者教授不同打擊理論，用心協助我們練習。他們常說的一句話是『用日本的風格以及你自己的方式打球』。」「他們指導的分量遠超過你的想像，細膩度也不輸日本。」

有關日本媒體普遍報導「在小聯盟無法獲得更好的指導」，曾經效力讀賣巨人、克里夫蘭印地安人、日本火腿等隊的投手村田透加以駁斥，「我認為這是非常偏頗的想法。就如同『野球』與『Baseball』兩種不同的稱呼，日本和美國本來就有不同的訓練思維與比賽方式。」

至於小聯盟訓練思維不同，會影響日本選手的訓練效果嗎？一位曾在小聯盟打球的日本人選手提出自己的看法，「小聯盟教練重視選手個性的發展，這是與日本非常不同的地方。日本教練通常親力親為，手把手地示範教學；但小聯盟教練只提供建議，這樣的做法或許會讓日本人選手感到不踏實，但相對地也增加自己練習時的思考空間，每位選手可以思索適合自己的投球或打擊機制。」「以牛棚練投為例，小聯盟教練會站在我身後看我投球，直到練投完畢才提出建議，而且他們會設定嚴格的球數限制。」「這種做法能讓我更專注於訓練，並且意識到每天傳接球的重要性。」

另外，許多媒體和球迷直觀認為小聯盟訓練環境一定不如日職一軍，恐怕也不是事實。在美國，所有大聯盟球團都擁有自己的小聯盟訓練營，包括專屬球場與訓練設施，尤其在二〇一〇年前後，亞利桑那州的訓練基地引進一系列先進設備，連帶影響另一個春訓聖地佛羅里達州的改建與翻新風潮，這些新建的硬體設施甚至優於日職一軍。有小聯盟比賽經驗的日本人選手就說：「小聯盟訓練營的練習環境非常完善，光是一支球隊就擁有七座球場以及為數不少的牛棚，提高全員練球的效率。」「此外，還有充足的訓練員與重訓室，讓選手可以在短時間內達到集中訓練的效果。」「訓練時間通常從早上七點開始、中午結束，一個早上就能把所有訓練菜單都操過一遍，雖然時間不長，但能讓我們集中精力於每一項練習，因此效率更高，這是與日本顯著不同之處。」

## 對日本人選手來說，語言隔閡會成為小聯盟發展的一大障礙？

在沒有專屬翻譯之下，村田透加盟印地安人小聯盟體系的前兩年就從高階一A、二A升上三A，他認為，「我待過三個不同級別的小聯盟球隊，不僅僅是棒球水平，就連球場、觀眾人數、飲食、住宿都有很大的差異。身為沒有專屬翻譯的日本人選手，的確會有聽不懂的時候，但這就是你必須面對的問題，而且在這段過程中你可以學到更多東西，我認為這比依賴翻譯要好太多了。此外我有聽說，當你有專屬翻譯時，你會感覺與其他隊友之間多了一層隔閡。」

綜上所述，過去我們對小聯盟的刻板印象，恐怕有許多都不是事實，也不應該影響大谷挑戰大聯盟與否的決策判斷。要說大谷出國挑戰的最大風險，不外乎是他有沒有可能因為傷病或其他意外，而淹沒在小聯盟競爭激烈的歷史洪流中，抑或在投球與打擊二擇一的過程留下遺憾。勢在必得的火腿球團針對這兩點個個擊破，才得以說服大谷首肯加盟。

日本人氣綜藝節目「料理東西軍」有一句經典台詞「今晚要點哪一道菜？」（今夜、ご注文はどっち？），這個問句的最後日文發音「都幾」（どっち），意指「哪一個」，還因此成為ＰＴＴ鄉民的慣用語。若要問高中生大谷「大聯盟？日職？都幾？」日本球界、媒體、球迷之間或許正反意見都有，但是前日職選手與監督、現任球評的須藤豐，他的意見是最讓我認同的。

對照多數人建議大谷應該先立足日職，再放眼大聯盟，須藤毫不客氣加以駁斥，「在國外開展職業生涯固然有其風險，但在日本也不保證一定能成功，所以並沒有太大的差別。我相信，唯有不斷向更高層次挑戰的精神，才能開啟成功之路。」

此外，有媒體批判「高中生棄日職而赴美，將使日本棒球界成為大聯盟的附屬組織」，須藤的回應更是辛辣，「我認為『先打日職再去大聯盟』，才會成為大聯盟的附屬組織吧！」「高中生畢業後赴美打球＝日本球界危機，我認為這種說法是不對的。」

須藤說這番話時已經高齡七十五歲了，但他的氣魄，恐怕會讓年輕後輩感到汗顏。

# 29 山雨欲來——加入火腿機率零

「雖然我嚮往日本職棒，但對大聯盟有更強烈的渴望。就算必須從小聯盟打起，我也想趁年輕去挑戰大聯盟。」——大谷翔平

「我想挑戰自己，我想知道當我步上與別人迥然不同的道路之後，最終將成長為什麼樣的球員。」——大谷翔平

「整個鬥士球團、包含管理階層，我們都相信，唯有『放手一搏』、『挑戰新事物』，打破先入為主的刻板觀念，才能向前邁進。」——大渕隆（日本火腿球團球探部長）

「我總是不自覺地看得太遠，把目標訂得太高。」——大谷翔平

「大谷結合了『雷神』辛德賈德（Noah Syndergaard）的投球，『書僮』柯蕭（Clayton Kershaw）的防禦率與三振能力，以及『老爹』歐提茲（David Ortiz）的OPS。」——班・林柏（Ben Lindbergh，《The Ringer》棒球作家）

「我認為他是被送來地球做某種實驗的外星人，想看看是否有效，而他的確成功了。」——小葛雷諾（Vladimir Guerrero Jr.，二〇二一年美聯全壘打王、漢克阿倫獎得主）

二〇一二年十月二十一日，日職選秀會前四天，大谷翔平透過媒體向全世界宣示他挑戰大聯盟的決心，**「我想挑戰自己，我想知道當我步上與別人迥然不同的道路之後，最終將成長為什麼樣的球員。我有赴美挑戰的強烈渴望。」**

可想而知，就如同三年前的菊池雄星，當大谷宣示跳過日職並直攻大聯盟之後，包括花卷東高校及佐佐木洋監督在內，立馬遭受媒體與公眾嚴厲的批判。「你們這些人太低估日本棒球界了！」學校收到排山倒海的抗議信件，電子郵件信箱被灌爆，電話也被打爆，內容不乏毀謗、威脅……但全都是毫無根據的臆測之詞。棒球部部長流石裕之及部員，乃至於學校教職員，為了處理各種投訴而疲於奔命，情況失控到佐佐木一度想辭去監督職務，為這場騷動負起責任。

「那個時候我真的想退出。」佐佐木監督回憶說。

但在看到流石一肩承擔所有投訴與批判之後，佐佐木心裡明白「現在不是一走了之的時候」。

## 火腿球團的堅定與誠意

二〇一二年十月二十三日，也就是日職選秀會前兩天，日本火腿球團主動宣布將以大谷為第一指名人選，栗山英樹監督說：「對大谷君真的很不好意思，但我們將在選秀會指名他。」

火腿球團為什麼提前攤牌，在選秀會前夕公開第一指名人選？根據栗山監督的說法，一來是要向大谷表示誠意，二來也要向其他球團表達堅定的立場。雖然大谷已經提前宣示赴美打球的意願，但火腿球團內部評估「至少還有一支球團將強行指名大谷」，而他們預想的就是東北樂天金鷲隊。樂天球團的大本營位於宮城縣仙台市，與大谷家所在的岩手縣距離不遠，況且球隊冠名「東北」二字，指的是日本本州的東北地區六縣，其中就包括岩手縣。

火腿球團總經理山田正雄說：「與其說這是我們要傳遞給大谷的訊息，倒不如說我們早就體認到，即使選到大谷，他還是有一半的機率不會加入我們。因此我更擔心的是，如果最後他加入我們，會不會給花卷東高校與佐佐木監督帶來困擾，這才是我最主要的考量。」

山田總經理所擔心的「困擾」，指的是什麼？

事實上在大谷表態挑戰大聯盟之後，媒體「陰謀論」的聲浪四起，有人認為「大谷與火腿球團從一開始就達成祕密協議」，還有日職退役球星臆測，「以後一定會有選手以『挑戰大聯盟』作為掩護，藉以加盟自己屬意的日職球隊。」

大谷顯然也意識到這一點，「如果我在選秀會前宣示挑戰大聯盟，最後卻加盟火腿球團，這樣一定會讓我的學校與家人受到批評。所以我更加不可能做出加入日本火腿的決定。」

## 選秀會火腿的第一指名

二〇一二年十月二十五日下午五點，日職選秀會在東京都港區的新高輪格蘭王子大飯店舉行。日本火腿球團如願單獨指名大谷，同時間在花卷東高校室內練習場的大谷則難掩困惑的表情。在接受記者採訪時大谷明言，「感謝（火腿球團的）賞識，但我的想法沒有絲毫動搖。」選秀會隔天火腿球團高層前往花卷東高校拜會時，他甚至沒有出席。

有人說，火腿球團無視大谷的意願而強行指名，這是對大谷的不尊重。但我們應該這麼想：大谷為自己的夢想而戰，火腿球團不也在為自己的生存而戰嗎？

「網羅頂級新秀→補強團隊戰力→爭取球迷支持→對日本職業棒球的發展做出貢獻」，這不就是職棒球團存在的價值？

而這正是選秀的精神所在。一個很好的例子：二〇〇六年，就讀愛知工業大學名古屋電氣高等學校的高三生堂上直倫，被譽為「超高校級游擊手」，同年選秀會獲得中日、巨人、阪神三隊第一指名。事實上，堂上直倫的父親堂上照生涯效力中日龍隊十二年，親哥哥堂上剛裕當時是中日現役選手，可是直倫從未對外宣示「除了父兄效力的中日之外，我不會為其他球隊打球」，這就是為什麼巨人與阪神同時指名他的原因。所幸最後由中日隊抽到交涉權，創下父子三人都效力同一球隊的日職紀錄。

對照上述選秀精神與火腿球團的誠意，大谷在選秀會後斷然表示「加入火腿隊的機率是零」，某種程度上其實是對日本職棒界及選秀制度的不尊重。佐佐木監督也有同樣的想法，「說真的，我很驚訝大谷在選秀會前公開表達直攻大聯盟的意願。我認為球團提前宣布將指名他，已經表達了最大的誠意，而他在選秀會後斷然說不，這對日本棒球界其實是失禮的。但說實話，一旦下定決心要去美國，許多事情無法面面俱到。畢竟這是他的夢想，想到這裡，我也難掩內心的悸動。」

## 山田總經理的勇氣

當大谷在選秀會前四天明確表態挑戰大聯盟之後，據報導，包括橫濱DeNA、東北樂天等都打了退堂鼓，只有火腿球團孤注一擲地以第一指名賭上這一把。記者問火腿球團總經理山田正雄堅持指名大谷的理由，山田總經理回答，「如果一定要說，那就是勇氣。」

什麼樣的勇氣？要知道火腿球團第一指名大谷，可是甘冒連續兩年浪費第一指名選秀權的風險。回顧前一年（二〇一一）選秀會，火腿球團無預警指名東海大學投手菅野智之，菅野是時任巨人隊監督原辰德的外甥，盛傳已經與巨人球團達成加盟的默契。在火腿與巨人兩隊同時第一指名、並由火腿抽到交涉權的情況下，菅野拒絕簽約，繼而以棒球浪人身分自主訓練一年，隔年（二〇一二）終於如願獲得巨人球團單獨第一指名並順利穿上巨人球衣，火腿球團珍貴的第一指名選秀權也平白落空了。

火腿球團的選秀策略是「指名當時可以獲得的最佳選手」，即使必須與其他球團抽籤競爭，甚至浪費掉一個選秀權，球團也願意賭一把。一個統計數據是大谷當年度選秀會的前十年，亦即二〇〇二至二〇一一年間，火腿球團的第一指名有多達七次與其他球團重複，包括陽仲壽（後更名為陽岱鋼，二〇〇五）、田中將大（二〇〇六）、中田翔及大場翔太（二〇〇七）、菊池雄星（二〇〇九）、齋藤佑樹（二〇一〇）、菅野智之（二〇一一），僅次於軟銀的八次，由此可看出火腿球團不畏懼失敗的冒險精神。

山田總經理曾經說過一句名言：「鬥士隊的球探方針，不在於我們『可以』選到哪個新秀，而在於我們『最想』選到哪個新秀。」

球探部長大渕隆完全支持這項策略。當年四十二歲的大渕，早稻田大學畢業後在ＩＢＭ工作七年，當過高中體育老師，二〇〇六年加入火腿球團擔任球探，兩年後晉升部門主管，可是事實上他完全沒有職棒經歷。

大渕認為自己的個性勇於創新及接受挑戰，就像他曾經在二〇一一年選秀會以第七順位選進壘球選手大嶋匠，這是日職史上首位以壘球資歷加入職棒的選手。

大渕說：「我們期待山田總經理率領我們網羅優秀選手。他常說，我們的目標是獲得最能強化球隊戰力的新秀，所以球團應該指名『最想』得到的選手，而不是『可以』得到的選手。」「在選秀會第一指名大谷，就是出於山田總經理的最終決斷，沒有任何人反對。**整個鬥士球團、包含管理階層，我們都相信，唯有『放手一搏』、『挑戰新事物』，打破先入為主的刻板觀念，才能向前邁進。**」

就是這種「不逃避風險」的態度，才能促成後來大谷「二刀流」夢想的實現，對吧？

## 火腿獨鍾大谷的原因

至於火腿球團為什麼獨鍾大谷？二〇一二年春季甲子園第一輪，花卷東高校與大阪桐蔭高校之戰，站在本壘後方隔著護網看球的山田總經理，對大谷的打擊能力留下深刻印象。大谷在這場比賽的首打席從強投藤浪晉太郎手上夯出先馳得點的全壘打，第二個打席被四壞保送，第三個打席是三壘方向平飛球被接殺，最後一個打席則是游擊方向飛球被接殺。對美日職棒球探來說，他們普遍看到的是大谷砲轟藤浪的全壘打，但山田總經理看到的卻是第三個打席的三壘平飛球：

「以高中生的爆發力，要用金屬球棒把球打進觀眾席並不難，不過那個三壘平飛球才是驚喜。一般打者揮棒有自己的習性，抬起前腳者有之，扭腰者有之，舉高手肘者亦有之，這些多餘的動作造成啟動延遲，揮棒速度自然跟不上球；倘若打者為了避免延遲而提早出棒，結果更難把球帶出去。」

「但大谷不同，他出棒速度快，完全沒有多餘的動作，能把球帶進來之後再揮擊，這個三壘平飛球就是這樣打出來的。此外，也因為他不搶快出棒，身體沒有提早打開的問題。」

「論打擊，這孩子絕對非同小可，沒有什麼需要修正的地方，我相信他在職棒第一年就能勝任外野手。」

至於投球呢？山田總經理打聽到花卷東高校將在同年夏天參加為期兩天的三校熱身賽，大谷預計在這兩天主投九局，例如第一天投五局、第二天投四局，山田總經理認為這是觀察大谷肩膀耐投能力的好機會。所以他不但親自到場觀察大谷的投球，還在八月底追到韓國觀看U-18世界盃棒球賽，藉以確認大谷擔任投手的潛力。

在山田總經理鎖定大谷為第一指名人選之後，有人質疑，難道球團要捨棄簽約可能性更高的藤浪晉太郎等同期新秀嗎？山田總經理這樣解釋，「藤浪雖然是即戰力的首選，但考量未來發展，我們決定把目標放在大谷身上。」至於曾經負責達比修有的火腿球探今成泰章則評估，「他（指大谷）才是達比修二世，不只球速快，還有柔軟度與靈活性。」

球探部長大渕則看到大谷與眾不同的心理素質。大渕早在大谷高一那年就看過他的外野守備練習，「要說大谷的特色，一般人都會強調他的體格與運動能力，但我認為最重要的是他有『壓倒性的上進心』，我強烈感受到他對進步的渴望。」

大谷曾經這樣評價過自己，**「我總是不自覺地看得太遠，把目標訂得太高。」**話雖如此，但這不正是他追求卓越的原動力嗎？

## 保護主義vs自由選擇

最後來談談高中生挑戰大聯盟的問題。大谷事件之所以受到日本球界高度注目，甚至引發媒體與公眾的批判，主要原因在於他是日職選秀會上第一指名等級的新秀。不過早在「龍捲風」野茂一九九五年跨海挑戰之前，鈴木誠就以日本高中輟學生的身分在一九九二年投入小聯盟；台灣與韓國更是如此，一九九九年南英商工畢業加入道奇小聯盟的郭泓志、二〇〇〇年以台北體院交換學生名義赴美加入洋基小聯盟的王建民，以及韓國的金善宇（紅襪，一九九七）、金炳賢（響尾蛇，一九九九）、秋信守（水手，二〇〇〇），小聯盟早就是亞洲年輕選手的選項之一。

再以田澤純一為例，社會人球隊最佳投手因為憧憬大聯盟與偶像松坂大輔，堅持赴美挑戰，這原本應該是一個具指標性的勵志故事，結果他卻因為拒絕日職選秀會而被祭以球監性質的「田澤條款」。

保護主義抹煞球員的自由選擇與夢想，越是優秀的選手，越會被社會當罪人。十八歲的菊池是如此，十八歲的大谷也是如此。

相形之下，火腿球團對於「挑戰大聯盟」這件事的態度是相對開放、理解，甚至給予支持。如果沒有火腿球團同意，達比修不可能在二〇一一年提早透過入札制度赴美；曾經是「後達比修時代」的火腿王牌接班人齋藤佑樹也嚮往過大聯盟，當時大渕還送他《嫁給道奇的男人》這本書以示鼓勵。

從這個角度思考，或許日本火腿正是最能幫助大谷實現大聯盟夢想的球隊。

# 30 火腿鐵三角——究極交涉術

「你的夢想一定會實現，讓我們一起努力，開創一條以前從未有人走過的『大谷之路』。」

——栗山英樹（日本火腿球團監督）

「我相信翔平能成為世界第一的選手，我想大家都知道他是什麼樣的選手，但這種感覺我從一開始就有。」——栗山英樹

「我第一次看到這傢伙出現，就斷言他是我看過最棒的選手。果然打到現在，沒有人能達成他的成績。我住在東岸，所以我每天設鬧鐘就為了不錯過他的先發，我幾乎看了他的每一場比賽，可以說是他的鐵粉。」——沙巴西亞

「整個夏天，棒球史學家與記錄人員全都埋首於塵封多年的紀錄史料，忙著回顧二十世紀初期的棒球史，只為了確認大谷翔平又破了什麼紀錄。」——《美聯社》

「攻擊型的選秀，才能使日本火腿更強大。」

這是火腿球團總經理山田正雄的理念。過去火腿總予人積弱不振的印象，自從一九四五年成立參議員隊（火腿隊的前身），直到二〇〇三年為止，球隊只拿過兩次聯盟冠軍、一次總冠軍。二〇〇四年主場從東京巨蛋搬到札幌巨蛋，同年底以第一指名選進達比修有，二〇〇五年導入「棒球運算系統」（Baseball Operation System，BOS，主要功能為球員評價，將選手的身體能力、技能、戰術、性格等數據化），其後火腿在二〇〇六年至二〇一二年間拿下四次聯盟冠軍、一次總冠軍。以二〇一二年為例，當年度拿下聯盟優勝的主力陣容大多是透過選秀進來的。

至於成功選秀的背後，除了對選手球技與未來潛力的精確評估之外，更包括個性、生活各方面的深入調查。以達比修為例，高三那年雖然被球界評為「松坂大輔以來的怪物」，與佐藤剛士、涌井秀章並列高中三大頂級新秀，但球場上的他多次對主審的好壞球判決做出不以為然的針對性表情，跑壘也未盡全力，導致球探問的評價不高，媒體與球迷更普遍存有「混血壞小子」的負面印象。不過在達比修入選二〇〇四年第二十一屆IBA世界青棒錦標賽日本國家隊期間，火腿球團指派球探遠赴台灣觀察他，對他遭KO退場後仍全力為隊友加油的忠誠、無私與熱情所打動，最後火腿成為選秀會上唯一第一指名達比修的球團，也得到最好的回報。

不過火腿的攻擊型選秀策略，這次在大谷翔平身上恐怕要踢到鐵板了。二〇一二年九月下旬，火腿球探部長大渕隆在選秀會前與大谷面談（依規定，在球員遞交「職業棒球志願書」後，職棒球團可以在學校棒球隊監督的許可之下與選手接觸），事後他告訴球團「我們完全沒有勝算」。

大渕形容大谷「根本不像高中生，有一種成年人的距離感」、「這是一次非常艱難的對話」。舉例來說，大渕試著分享火腿球團的球員養成計畫，大谷完全無動於衷；接下來大渕將話題帶到韓國高中生，「他們直接進入大聯盟的比例不高。」大谷也不回應。面談就在這樣的氣氛中結束，最後大渕無可奈何地向球團回報，「大谷是認真的，他要去大聯盟。」「就算選秀指名他，也將是相當困難的交涉。」

不過山田總經理的意志並沒有因此而動搖，他說：「如果菅野之後又一個第一指名被拒絕，我會承擔起責任的。」

一個被評估「完全沒有勝算」的選秀，歷經六次談判之後竟然成功了，大渕分析他有三件武器及鐵三角組合：三件武器分別是「決心」、「談判技巧」與「熱情」，主戰的鐵三角則包括山田總經理、栗山英樹監督和他自己。

## 談判策略的擬定

成功的談判奠基於策略的擬定。首先，大渕發現大谷在九月十九日遞交「職業棒球志願書」之後，相隔一個月才宣布「挑戰大聯盟」；而且在傳出「本週將舉行記者會」的消息之後，超過一週仍然沒有下文，一直到選秀會前四天才做出決定。「這應該不是一個容易的決定。」大渕心裡想。根據他的情報，大谷的雙親是「國內派」，佐佐木監督可能也是。

至於山田總經理也有同樣的想法：

「他遞交『職業棒球志願書』的日期是九月十九日。但如果他本人有百分之一百二十的把握要去大聯盟，那他應該在十月十五日之後再遞交『職業棒球志願書』，因為十月十五日是報名參加日職選秀會的截止日期。所以他應該是有許多考量，無法做出決定，還有一些事情在煩惱，最後拖到選秀會前四天才宣布赴美，對吧？」

「他父母贊成嗎？監督怎麼想？我在猜，他是唯一一個想去美國打球的人。在這種情況下，單憑自己的意志是很艱難的。」

「我想我有機會贏（笑）。」

大渕則從另外一個角度看到機會，「我問大谷君：『你看過大聯盟哪座球場？』我很自然地以為他跟我一樣，一定有看過一些球場而心潮澎湃的經驗，但他的回答卻是『我一個都沒看過』。我很驚訝，但反過來想，他應該沒什麼關於美國的資訊，所以我決定製作一份資料，如果他在瞭解所有資訊之後仍然準備去美國，這樣對他來說也是好事一件。」

栗山監督也附議大渕的想法，「大谷君說他想去大聯盟打球已經有很長一段時間了。如果是這樣，我想我可以向他說明日本的優勢，因為過去當球評時我已經蒐集了美國大小聯盟及獨立聯盟的資料。」「我能理解他想去大聯盟打球的心情，可是為什麼要跳過日本直攻美國？也許他已經感受到日本棒球的陰暗面了吧！在日本，教練或監督的干涉較多，選手不容易按照自己的方式打球，在美國則自由多了。但日本棒球界引以為傲的最大武器是學習技能的訣竅，正因為日本擁有全世界最棒的系統，才能讓選手年輕時學習到扎實的技術。」

總經理山田正雄的決心、栗山英樹監督的熱情，加上球探部長大渕隆的謀略，形成了談判鐵三角。真正的決戰，就從選秀會隔天正式開始。

對火腿球團來說，談判的第一步就是要與大谷的父母、佐佐木監督站在同一陣線。

選秀會隔天，二〇一二年十月二十六日，山田總經理親自前往花卷東高校拜會，雖然沒見到大谷本人，但至少透過佐佐木監督傳達想和大谷家直接交涉的意願。

火腿球團已經擬定了策略：先旁敲側擊蒐集情報，而且不以「為什麼從日本起步比較好」這樣的教條來說服大谷，以避免雙方站在對立面；在分工上，大渕負責提供素材作理性討論，栗山監督則訴諸感性，所以栗山出場的時間點變得非常重要。

## 第一次會面

在佐佐木監督的牽線之下，火腿球團與大谷徹及加代子夫婦第一次會面，球團安排了一位神祕嘉賓：栗山英樹監督。由於當天正值火腿與巨人總冠軍系列賽第五戰及第六戰之間的空檔，事先不知道出席名單的大谷夫婦看到栗山監督竟然在百忙之中撥冗到場，著實嚇了一跳。

在接任火腿監督之前，栗山長期擔任朝日電視台在夏季甲子園期間播出的「熱鬥甲子園」節目解說員，在日本高中棒球界享有高人氣。當大谷夫婦將栗山的親筆簽名球帶回家轉交給翔平時，他隱藏不住內心的驚喜，「啊！是電視上的栗山監督嗎？」火腿的第一步棋顯然下對了。

這一天，火腿球團鐵三角聽到大谷夫婦轉述兒子「從小就想挑戰大聯盟，想成為日本第一個高中畢業挑戰大聯盟的『先驅者』」，「先驅者」這個名詞讓他們留下非常深刻的印象。

## 第二次會面

第二次會面是在大谷家進行，原本不打算出席的大谷意外現身，成為火腿球團擬定日後談判架構的關鍵。大渕鎖定三個問題：

一、你想成為大聯盟的頂尖選手，對嗎？

二、你想擁有長遠的棒球生涯，對嗎？

三、你想做一些新的事情，成為「先驅者」，對吧？

面對這三個問題，大谷很明確回答「是的」，顯然這三點就是他亟欲在高中畢業後挑戰大聯盟的動機。

或許一般人認為「選進大谷的火腿球團」與「宣示挑戰大聯盟的大谷」兩者之間背道而馳，但這次會面讓大渕相信，他們可以共同完成大谷的夢想。

曾經擔任過高中老師的大渕很清楚大谷這個年紀的個性，他們對自己的決定通常很堅持，甚至帶點潔癖。就像年輕情侶私奔一樣，如果周遭人一再勸說阻止，他們反而更深陷其中。

山田總經理也說：「否定大聯盟的志向，只會促使他以消去法淘汰我們，這不是我要的談判方式。」「在說明我們能做的事情之後，我們會盡力使大谷自己決定『我想來』。」

在第二次會面之後，大渕已經知道自己的職責，就是要建構一個具體可行的戰略，協助大谷「三個願望，一次滿足」，所以他的構想是提供一份類似「路徑圖」的文件。

一般情況下，這樣的資料應該力求文字簡潔而容易理解，對吧？但大渕決定反其道而行，對於大谷家，他認為有必要提供一份內容豐富完整、甚至看似文字過多的資料，因為從他們與大谷家接觸過程中的瞭解，他知道就算再多的資料，大谷和父母也一定會仔細閱讀；而且他刻意提供書面資料，目的是要讓大谷與家人得以共同討論。

大渕給自己十天的期限，每天早上九點到下午五點都待在一家平價家庭餐廳創作，不只從棒球的觀點，還廣泛蒐集足球、桌球、柔道專家的意見。

順帶一提，這次會面，山田與大渕帶了另一顆栗山監督的簽名球送給大谷，上面寫的不僅是栗山想傳達給大谷的訊息，更是球團的共識：**「給大谷君：你的夢想一定會實現，讓我們一起努力，開創一條以前從未有人走過的『大谷之路』。」**

## 第三、四次會面

十一月十日的第三次會面，雖然大谷沒能出席，但火腿球團準備了一份A4大小、以微軟投影片簡報軟體做成的二十六頁資料，也就是後來廣為人知的大谷育成方針《大谷翔平 朝向夢想的路標》（大谷翔平君 夢への道しるべ），請大谷夫婦帶回去交給兒子。

相隔一週後，十一月十七日的第四次會面，這次大谷和父母一起出席。雖然閱讀過簡報資料，也認真聆聽球團說明育成計畫，但感覺大谷仍處在一個「隨時可以說不」的狀態。大渕猜想，大谷可能擔心自己一旦加盟火腿就會背棄當初「挑戰大聯盟」的宣言，但既然大谷和父母都沒直說，山田總經理也只能主動出擊，在每次會面都告訴他別擔心。事實上球團從不覺得這是問題，就如二〇〇五年選秀會第一指名的陽岱鋼，選秀前就表明非軟銀不去，但後來成為火腿的主力外野手。

最後，這次會面依舊不了了之，但至少大谷的父親徹對於簡報資料的回應讓球團感到欣慰，「從資料的厚度可以顯示你們的熱情。你們專程為我兒子做了這份資料，我很感激。」也就從這個時候開始，媒體與球迷逐漸轉向肯定火腿球團的努力。大渕心想，該輪到栗山監督登場了。

## 第五、六次會面

十一月二十六日是雙方的第五次會面，也是栗山監督第一次與大谷見面。栗山回憶說：

「我報導過小聯盟和大聯盟的比賽，我的結論是，如果想在大聯盟長期發展，一定要先在日本打球，簽下大聯盟合約後再赴美挑戰。」

「我告訴他，日本人選手很難在大聯盟成功，除非你一開始就獲得高評價，而且有一個可以發揮的位置。」

「我並沒有說『請來日本火腿』這樣的話，但我告訴他，若要讓大谷翔平的夢想成真，我就會這麼做。」

等到栗山監督再一次與大谷見面，也就是雙方的第六次會面時，火腿球團的勝算已經浮現了，「以他的思考能力，我相信他絕對會選擇火腿球團。」

## 日本火腿11號大谷翔平，誕生

二〇一二年十二月九日，剛好是選秀會議結束後一個半月，這個最後決定的日子終於到來。「在被指名之後，我仍然有強烈的意願要挑戰大聯盟，無意加入日本火腿。不過在球團多次來到岩手縣拜會之後，我想加入日本火腿的心情愈來愈強烈。我可以感受到球團與栗山監督的熱情，幾次交涉下來，我開始想，我可以在這裡追尋自己的夢想。」大谷說。

最後，大谷向山田總經理與栗山監督深深一鞠躬，「這些日子受到日本火腿非常多的照顧，今後也請多多指教。」至此，日本火腿11號大谷翔平正式誕生。

# 31 琵琶湖——迂迴而行，反而更快

「如果成功，我將為棒球創造多樣性，為下一個想嘗試『二刀流』的選手開闢一條更平坦的道路；但如果我在這裡跌倒，可能會讓這條路變得更狹窄。」——大谷翔平

「大谷不是人類！」——大聯盟官網推特

「這傢伙是火星人，他是從別的星球來的。他可以暴力擊球，狂飆九十八英里速球，還能投變速球（應為快速指叉球）、曲球、滑球。我們必須感謝上帝讓我們看到這樣的奇景。」

——曼尼．拉米瑞茲（Manny Ramirez，前紅襪球星）

早稻田大學時代曾以三壘手身分入選「東京六大學棒球聯盟」最佳九人，大渕隆畢業後雖然無緣職棒，但他在IBM業務部門七年的工作經驗，卻在召募大谷翔平的過程中派上用場。

大渕根據「提案式行銷」策略，先蒐集客戶的潛在真實需求，接著以顧問的角度對客戶提案，而

這份提案正是火腿球團在第三次會面時向大谷父母遞交的《大谷翔平 朝向夢想的路標》簡報資料。

大渕解釋說：「在與大谷和他父母對談的過程中，我感覺這個家庭和孩子能閱讀大量資料，而且父母親都有高度理解能力，是可以對話的對象。所以我想再製作更多資料來表達球團從上到下的共同想法，我們對此充滿期待。」

## 大谷職棒生涯的三個夢想

這份簡報資料的第一部分，開宗明義「確認大谷的三個夢想」，就下列三個面向客觀分析他在日職和大聯盟達成夢想的可能性：

一、成為大聯盟頂尖選手

二、擁有長遠的棒球生涯

三、成為「先驅者」

第二部分是「日韓棒球選手挑戰大聯盟的現況」。大渕蒐集了日韓選手赴美比賽的資料，特別鎖定與大谷同世代的選手，甚至包括效力歐洲俱樂部的日本足球選手資料。由於過去日本並沒有高中畢業的頂級新秀在小聯盟打球的先例，大渕援引韓國的資料發現，「五十五名挑戰者有二十九人為高中畢業，目前全數不在大聯盟」，至於「日職無實績，卻活躍於大聯盟」僅有鈴木誠一人。總計截至二〇一二年為止：

一、「日韓職棒無實績而赴美打球」的選手共一百零八人，只有六人活躍於大聯盟，成功率只有百分之五點六。

二、日職繳出實績後赴美有四十二人，其中多達二十九人後來都活躍於大聯盟，成功率高達百分之六十九。

三、兩名曾獲得韓國職棒選秀會第一指名的高中強投，最高只到一A就打包回家了。

大渕的分析方式是從日韓高中選手赴美挑戰的歷史資料，去倒推大谷達成三個夢想的成功率。事實證明，在日職打出成績之後，成為大聯盟即戰力、甚至長期活躍的機率將大幅提高。

此外，大渕也列舉續留日職的優勢，包括渴望進步的精神、自主性、教練與訓練員的環境、練習設施、易於溝通；至於在大聯盟發展的劣勢，則包括飲食、多種國籍之間的生活習性衝突、人際關係、社會的上進風氣、紓解壓力的方式等。

## 琵琶湖

接續在上述第二部分之後，也就是投影片的第十二頁，是一張突兀的風景照，突兀到任何人乍看之下都以為大渕不小心把私人旅遊照片給錯放上去。

這張圖片取景自琵琶湖（位於滋賀縣，日本境內面積與蓄水量最大的湖泊），是日本諺語「急がば回れ」（即「欲速則不達」之意）的典故，出處則是室町時代的一首詩。

話說早期沿著東海道（連接江戶到京都的驛道）前往京都的路上，「搭船橫渡琵琶湖的水路」比「繞道瀨田長橋的陸路」近了許多，可是來自比叡山的強風增加船難的風險，因此室町時代一位詩人寫詩提醒人們，與其為了求快而抄近路，不如選擇遠而安全的路會比較順利。

對大谷來說，他的目標是橫渡太平洋，難度超過琵琶湖不知凡幾。「加盟日職，打出好成績之後再赴美」看似迂迴而行，但比起渡海（小聯盟）過程中不可預知的暴風與巨浪，繞路或許更能確保抵達終點（大聯盟）。栗山監督說：「剛看到這張投影片時，我心想『他到底在說什麼』（笑），但聽到解釋後，這真是太厲害、太不可思議了，如果是我讀完這份簡報，我就會選鬥士隊。」「我們不只要育成棒球選手，還要建立起『育成棒球選手』的技術，我們對此非常自豪。」「大渕思考的是大谷君的人生、鬥士隊的未來，乃至於職業棒球的整體發展，而大谷也在一點一滴改變自己的想法。」

此外，這張琵琶湖的圖片充分反映大渕的創意與巧思，他刻意在充斥數字與圖表的簡報資料中穿插一頁風景，用直觀的方式傳達「迂迴而行，反而更快」。大谷的父親徹說：「閱讀這份簡報過後，我才發現是我想得太簡單了……去美國不是件壞事，但操之過急就會欲速則不達。」「簡報傳達的觀念是：先加盟日職再渡海挑戰大聯盟，將增加成功的機率。這逐漸改變了我的想法。」

大谷也深受啟發，「一開始我想成為在大聯盟長期活躍的選手，所以我決定盡早到美國，在小聯盟待三年，藉由嚴苛的環境來鍛鍊身體。但在讀過這些資料之後，我發現不盡然如此。所以我在想，如果我能先聽過各種見解，讀完所有資料，一定能做出更正確的決定。」

在山田總經理提前宣布將第一指名大谷之後，大渕特別在電腦主機上面放了一個罐子，裡面裝滿花卷東高校投手丘的泥土，象徵他說服大谷的決心。身為球界極少數沒有打過職棒的球探，大渕卻能活用職場經驗，包括在ＩＢＭ七年工作期間學習到如何開發潛力市場，對數字與圖表的高敏銳度，乃至於擔任過高中老師而能理解大谷這個年紀的真實想法，終於在這場長達一個半月、一開始毫無勝算的拔河中，贏得最後的勝利。

## 「迂迴而行，反而更快」

「迂迴而行，反而更快」，對照大谷後來在大聯盟球場內外的成功，更讓這項理念獲得認可。「地表最強打者」楚奧特在受訪時，被問到大谷的日職經驗是否讓他比小聯盟選手更具優勢，他回答「絕對是的。」「我自己是從小聯盟歷練上來的，剛上大聯盟時必須試著放慢腳步，讓自己冷靜下來。但大谷已經在日職見過大場面，他知道如何處理。他一來就有好多人搶著要看他，我曾是小聯盟頭號新秀，但我那時受到的關注好像還是輸給他。」「我從沒見過這樣的媒體陣仗。他承受外界超高的期待，背負如此巨大的壓力，卻有辦法應付這一切，這真的很特別，而且是教不來的。」

# 32 宮本武藏——二刀流名詞的誕生

「我想知道自己可以走多遠，以及身而為人，我可以成長到什麼程度。實現『二刀流』有其價值，如果我成功了，將有更多人挑戰，產生更多可能性。現在的我只想竭盡全力，成為一名為後人開闢道路的選手。」——大谷翔平

「每個人都說在職棒這是不可能的，但如果你一開始就說不可能，那你永遠都做不到。」——栗山英樹

「如果你不嘗試，你永遠不會有答案。」——栗山英樹

「我要讓你走一條沒人走過的路。」——栗山英樹

「只有冒險上路，才能知道自己到底可以走多遠。」——約翰．麥斯威爾（John C. Maxwell，領導力專家）

「普通的領導者把人們帶往他們想去的地方，偉大的領導者把人們帶往他們不一定想去、但該去的地方。」——羅莎琳．卡特（Rosalynn Carter，美國前第一夫人）

十八歲的大谷翔平在與日本火腿球團長達一個半月的談判過程中，不時展現超齡的成熟與智慧。一個例子是他在交涉時態度禮貌但臉部表情不流露任何情緒，讓火腿球團無法從他的反應來研判下一步該怎麼走。也因為這樣，總經理山田正雄對於下面這個例外特別印象深刻，「我記得是在第四次會面的時候，我們提到了『二刀流』，大谷聽到之後忍不住微笑說：『有這種事嗎？』」

近年來大谷在棒球場上既能投又能打，而且投打兩端都有極為突出的表現，讓「二刀流」成為大谷翔平的代名詞。這個日文漢字名詞原意是指兩手持刀作戰的劍道之術，由於長久以來一刀才是日本劍道的正統，相形之下，雙刀戰法被視為邪魔外道，有認為雙刀是不懂劍道之人情急之下虛張聲勢的行為，也有批評雙刀作戰無法專心一意，容易顧此失彼，只能以詭異的花樣迷惑對手。

常見的雙刀戰法是以短刀受對手之打而以長刀趁隙攻擊對手破綻部位，揉合兩刀特性而達到克敵致勝的效果。有文獻將傳奇劍豪宮本武藏視為「二刀流」的創始者，他將這種劍法發展成「二天一流」的劍術流派，使其為世人所接受，進而讓更多人學習與發展「二刀流」。

## 投打「二刀流」名詞的緣起

無獨有偶，職棒場上的「投打二刀流」也同樣惹人非議。回顧日職歷史，同一個賽季有選手同時以投手及打者身分上場，這是極為罕見的，早期如吳昌征、藤村富美男、川上哲治等可能以先發投手登板，取得勝投資格後再轉任外野手打出全壘打，不過這是在第二次世界大戰前後，因選手人數不足所造成的混亂狀態。後來包括金田正一、江夏豐、堀內恒夫、平松政次、桑田真澄都是打擊技巧不錯的投手，但在分工精細的職棒層級，很難想像他們同時成為球隊的主力投手及中心打者。因為這樣，在火腿球團計畫以「投打二刀流」育成大谷的想法被揭露之後，各種質疑與批判的聲浪紛至沓來：

「『二刀流』會導致球員受傷。」

「到最後兩邊都半途而廢。」

「追二兔者不得一兔（貪多者兩頭落空之意）。」

「別低估職業棒球！」

大谷當然很清楚這個狀況，所以當母親加代子問他「為什麼不能既當投手，又當打者」時，他第一個想到的就是所謂的棒球傳統智慧：現代棒球分工精細、投打訓練專業化、過度自信是對前輩的不敬……即便在大谷加盟後的第一年，他對「二刀流」這個名詞仍然有相當程度的排斥，「我不用這個名詞，我不知道是誰先開始這麼說的，但我不會使用這種說法。在我心裡，我只想盡全力打棒球，不管是投球或外野，我都想做到最好。所以我不認為這兩者之間有什麼差別，也沒有必要加以區分。」

至於「二刀流」的說法，其實最早是出自栗山監督與山田總經理之間的玩笑話。山田回憶說：

「我評估大谷以打者身分進入職棒一兩年之後，就能成為固定先發球員；至於投球還需要一段時間，大約要到第三年才能投出成績。一開始我是這麼想的。」

「選秀會前，栗山桑問我：『山田桑，那個叫大谷的選手應該當投手比較好？還是當打者比較好？你會怎麼選擇？』我回答說：『這是個很難抉擇的問題，我覺得兩個都不錯。』」

「我的原意是，我無法比較孰優孰劣，所以我回答兩個都不錯。結果栗山桑聽到之後開玩笑說『二刀流是吧？』『讓他二刀流應該蠻有趣的！』就從那個時候開始，我的腦海裡漸漸浮現『二刀流』這個詞。」

所以「二刀流」原本不在球團的預想之內，球探部長大渕隆也證實了這一點，「我們已經考慮很長一段時間了，畢竟要在這兩者之間做出決定相當困難。我相信我們的使命是要讓選手的能力發揮到極限，如果為了自私的理由或因循過去的做法而失去某些東西，那真的很可惜。」「我們該如何避免抹煞大谷的能力？雖然我對『二刀流』還沒有明確的想法，但我們團隊中的每個成員都在想，有沒有什麼方法能讓他的各種能力都得到完全的發揮。」「就好比自己的小孩又能彈鋼琴，又會念書，運動也很棒，父母一定會想培養他的每一項才能。我們的想法就是這麼單純。」

至於栗山監督為什麼會有這神來一筆？他笑說：「『二刀流』是宮本武藏，對吧？當時很自然就脫口而出了。」

## 火腿球團拋出「二刀流」的動機

火腿球團在選秀會後與大谷家的談判中，主動拋出「二刀流」的想法，主要有這兩項動機：

### 一、實現大谷「先驅者」的夢想

火腿球團在第一次會面，就聽到大谷夫婦轉述兒子的夢想是成為「日本第一個高中畢業挑戰大聯盟的『先驅者』」；第二次會面則確認大谷棒球生涯的三大目標：「成為大聯盟頂尖選手」、「擁有長遠的棒球生涯」、「成為『先驅者』」。

從第三次會面開始，球團提出「立足日職，徐圖赴美」的迂迴戰略來協助大谷完成前兩項目標。但是「先驅者」呢？為了實現大谷這項夢想，球團提議，與其成為高中畢業進入大聯盟的第一人，倒不如挑戰史無前例的「真・二刀流」！只是這個提議連大谷都不敢置信，第一次聽到當下也忍不住笑場了。

## 二、形同兩個第一指名

過去從來沒有職棒教練經歷的栗山英樹，執教第一年在王牌投手達比修有轉戰大聯盟遊騎兵隊的利空之下，逆勢率領日本火腿拿下太平洋聯盟冠軍，四年後再登上日職總冠軍，由於這兩年（二〇一二、二〇一六）剛好是四年一度的奧運年，日本媒體因而封他為「栗山奧運神話」。長期透過選秀補強，栗山監督自然深諳大谷對投打戰力的重要性：

「這就好比我們今年同時獲得兩個第一指名選秀權，一個選入投手大谷翔平，另一個選入打者大谷翔平。既然投打兩方面都擁有第一指名的才能，『二刀流』是必然的。」

「一個不難想像的畫面：他擔任固定先發野手、比賽中途再中繼登板的『二刀流』模式。但對我來說，他應該是王牌投手兼第四棒打者。」

「可以確定的是，我們認為他的打擊能力已經足以勝任球隊的第四棒，現在就看要如何培養他成為王牌投手，這是我們必須迫切思考的問題。」

## 「我要讓你走一條沒人走過的路」

能投能打的大谷彷如一把「雙刃劍」，他只是不確定自己的未來該往投球或打擊長期發展，可是「專注投球或打擊」與「投打二刀流」是兩回事。雖然大谷一開始認為「二刀流」沒有實現的可能性，但有趣的是，他的座右銘「先入為主的觀念，將使可能成為不可能」卻成為火腿球團用來說服他的關鍵。栗山監督說：

「『二刀流』對他是沒問題的。身為打者，他可以打第四棒；身為投手，他有成為王牌的實力。這就好比同時獲得兩個第一順位指名，對吧！一個是投手大谷，一個是打者大谷。為了達成這項目標，一兩年或許不夠，必須奮鬥五年、甚至十年。」

「每個人都說在職棒這是不可能的，但如果你一開始就說不可能，那你永遠都做不到。」

「如果你不嘗試，你永遠不會有答案。」

「到底是單邊發展，還是『二刀流』，就交給棒球之神決定吧！」

「只要有這種可能性存在，我和球團就有責任和他一起追尋夢想。」

最終栗山監督的決心打動了大谷。「說實話，我還真沒想過自己可以『二刀流』，但栗山監督用嚴肅而認真的表情告訴我：『我要讓你走一條沒人走過的路。』這句話成為我決定加盟火腿的關鍵。原本認為自己必須從大聯盟起步才能有長遠發展的想法，因為監督的這句話，一切都變得不一樣了。」大谷說。

另有一說，大谷因為看到電視上蘋果公司創辦人賈伯斯的演講，認為賈伯斯不輕易受周遭意見影響，堅持自己的信念才會成功，因此大谷曾說，賈伯斯的演講讓他體認到「二刀流」值得嘗試。畢竟如果只有他做得到，這將是非常開心的事。

領導力專家約翰．麥斯威爾（John C. Maxwell）說過一句名言：「只有冒險上路，才能知道自己到底可以走多遠。」大谷不就是如此嗎？如果沒有十八歲那年的大膽嘗試，他不可能在後來超越「棒球之神」貝比魯斯的百年紀錄。

至於美國前第一夫人羅莎琳．卡特（Rosalynn Carter）這句話則是栗山監督的寫照：「普通的領導者把人們帶往他們想去的地方，偉大的領導者把人們帶往他們不一定想去、但該去的地方。」正因為栗山監督堅定的信念，才有大谷的「二刀流」，大谷對此也深感慶幸，「對我來說，一人身兼投手與打者，是一種劃時代的想法，這對我太重要了，就像選擇了一條完全不同的人生道路。如果我當初決定去美國，現在應該就不會當打者了。」

# 33 中垣征一郎——二刀流育成術

「領導力是將願景轉化為現實的能力。」——華倫．班尼斯（Warren Bennis，領導學之父）

「我有自信，當我下定決心想做什麼，我一定比別人更努力。」——大谷翔平

「上場投球又打擊，自己掉的分，可以靠自己打回來，這不是很有趣嗎？」——大谷翔平

「悲觀的人往往正確，樂觀的人往往成功。」——祖克柏（Mark Zuckerberg，Facebook創辦人暨執行長）引用美國諺語

「向大家證明『二刀流』有其存在的正面意義，是我的責任，這樣的新領域，也許會讓更多人享受棒球。」——大谷翔平

「他是現代版貝比魯斯，但即使是魯斯也沒辦法在同一季繳出至少二十盜、四十轟，還投出超過一百英里的火球，只有大谷翔平才辦得到。」——「A-Rod」羅德里奎茲

「棒球史上沒有任何人能做到他正在做的事。我當然知道貝比魯斯，但大谷壓倒性地勝過貝比魯斯，他是更棒的。我不知道將來能不能再看到這樣的比賽。」——巴西特（Chris Bassitt，運動家投手）

「領導學之父」華倫・班尼斯（Warren Bennis）說過一句名言：「**領導力是將願景轉化為現實的能力。**」栗山英樹監督正努力扮演這個角色，而他要實現的「願景」，正是大谷翔平的「二刀流」。

一個高中剛畢業的菜鳥，竟然妄想挑戰百年一遇的「二刀流」紀錄？因此栗山監督要做的第一件事，就是在春訓營消弭隊友的雜音。火腿球團人士透露，「二〇一三年春訓，也就是大谷入團的第一年，監督找一軍、二軍所有選手面談。他告訴那些有機會競爭開幕戰一軍名單的選手，『我們來了一個身兼投手與打者的新人，不要猶豫，全力競爭，然後狠狠挫敗他吧！我在等待有人出現並且教會他，當職棒選手的難度有多高。』」

栗山監督的直言無諱，提前化解隊友間可能的猜疑，並使所有人理解球團鼓勵良性競爭的方針。也因為這樣，球團內部沒有人對「二刀流」口出怨言，大谷一入團就融入其中。

春訓伊始的大谷有多忙？光看他在新人自主訓練必須使用三種防守手套就知道了。雖然野手與投手的練習日是分開的，但這對大谷反而更累，因為在野手練習日，他練習接球的時間比其他外野手都久；而在投手練習日練投結束後，他還必須留下來對投球機做打擊特訓。

二〇一三年二月一日，火腿二軍在沖繩縣國頭球場的春訓首日，「二刀流」選手特殊的訓練問題開始浮現。全隊在主球場熱身完畢後，投手移至隔壁的第二球場傳接球，大谷則和野手一起留在原場地，重複繞過一壘壘包練習跑壘；在跑壘訓練結束後，大谷轉到第二球場，但投手早已結束傳接球並開始觸擊，他只能在場邊和教練個別傳接球；傳接球結束後，大谷再轉回主球場，野手的觸擊練習也早就開始了。

大谷在訓練課表上找不到自己被分配的守備位置，連教練也無法給予明確指示，最後他就被晾在一旁。「二刀流」落地的第一天，不只大谷自己，連教練團都感到困惑，只能一邊摸索一邊修正。

## 中垣征一郎的訓練理念

在大谷的「二刀流」訓練過程中，體能教練中垣征一郎扮演舉足輕重的角色。中垣從二〇〇四年起擔任火腿球團的首席訓練員，成功帶出達比修等年輕好手；二〇一二年達比修加盟德州遊騎兵隊，還指定中垣赴美擔任專屬訓練員，訓練理論與技術備受肯定。

許多人認為球團應該為大谷設計一套專屬「二刀流」的訓練課表，但中垣教練的想法正好相反，他希望在自然不刻意的過程中進行「二刀流」訓練，「你可能覺得訝異，但我從來沒跟大谷溝通『接下來要做什麼』。一人身兼投手與打者固然是非常特別的事，可是對我來說，我必須盡量讓它不要顯得太特別。」中垣教練說。

對於春訓首日大谷在投手與野手訓練之間兩頭跑，中垣教練以平常心看待，「就像外野手會做打擊練習與守備練習，在不同的訓練項目之間轉來轉去。大谷不也是如此嗎？他的訓練項目就是投手與打者兩項，我們的訓練課表也只有投手與打者兩種，這是我的想法，我試著不把他當作特別的存在。」

中垣教練設計了一套「投球與打擊共通的基礎訓練」，他的邏輯是：不論投球或打擊，共同目標都是在最短的時間內輸出最大的力量，因此體能訓練應著重如何有效地發揮爆發力，並學習如何以高度可重複的方式進行運動。若以此為主軸，無論你是投手或打者，甚至從事其他運動，在訓練項目上都會有相當程度的重疊，而這也是體能訓練最重要的部分。

具體做法上，他訓練選手如何在重複且持續的動作中準確地發揮爆發力，並納入日常練習，「許多人誤以為我是區分投手和打者進行訓練，事實上我是在做兩者（投手與打者）都需要的基礎訓練，不是讓他們做兩倍份量。所以為了有效做到這一點，我必須確保這些訓練對兩者同時有用……身為運動員，我想打造的是隨時可以戰鬥的身體。」

在這一系列高強度訓練過程中，大谷展現過人的自信與毅力，**「我有自信，當我下定決心想做什麼，我一定比別人更努力。」**對照中垣教練曾經說過「頂級運動員的內心是非常熱情的」，大谷正是如此，這就是他的成功之道。

## 「二刀流」的心理調和與實戰模式

至於對栗山英樹監督來說，什麼才是「二刀流」最困難的部分？「最困難的是，當投球或打擊其中一方出現問題時，將對另一方造成壓力。我認為在球季進行過程中，打者比投手更容易出現低潮，不能因為當天打得不順手，而影響投球的心情。兩者之間的調和有相當的難度。」

不過對大谷來說，這個心理層面的問題顯然多慮了。他的想法是如此樂觀而積極，**「同時上場投球又打擊，自己掉的分，可以靠自己打回來，這不是很有趣嗎？」**

叱吒風雲的法國皇帝拿破崙有一個關於樂觀的小故事。法軍在某場戰役遭遇敵軍頑強抵抗，部隊損失慘重，情勢危急，他自己也掉入泥沼，滿身污泥，狼狽不堪。

拿破崙對自己的狼狽處境彷如渾然未覺，也無視部隊陷入逆境，只見他爬起身來，放聲疾呼「衝啊！」士兵看到他滑稽的模樣，忍不住哈哈大笑，卻也被他的樂觀自信所鼓舞，士氣大振，奮勇爭先，終於贏得最後的勝利。

Facebook創辦人祖克柏（Mark Zuckerberg）曾經在一個非營利組織的演講中引用美國諺語：「**悲觀的人往往正確，樂觀的人往往成功。**」投球失利的大谷若是陷入自己投球表現不理想以及球隊落後的處境，或許他有悲觀的理由，但就像樂觀的人用棒球比賽譬喻，「真正的球賽，是從九局下半兩出局以後才開始」，只要球棒在手，比賽還沒結束，他就有自信打回來。

就如大谷所言，「我可以透過打擊扳回分數，擺脫輸球壓力。」相較於其他先發投手輸球之後，可能要等個五天才有機會再登板，大谷反而慶幸自己是「二刀流」，能從投打不同面向為球隊做出更多貢獻。

此外，大谷知道如何利用「二刀流」一人分飾兩角的特色來精進球技。在他腦中分別存在投手與打者兩個具象，可以客觀審視自己投球與打擊的問題，甚至交互參照，尋求進步，「我想充分利用我既是投手又是打者的事實。如果我是打者，我想知道投手在這個球數會投什麼球種，瞄準哪個位置；如果我是投手，我想知道打者會怎麼攻擊。我必須從不同視角去發現我的弱點，解決我原本做不到的問題。」

至於「二刀流」的上場模式？該讓大谷擔任先發野手，再伺機中繼登板？還是擔任先發投手？教練團評估，對於一個高中剛畢業的選手來說，如果每天擔任先發野手的同時還要隨時待命中繼，顯然負荷太重。所以最後的實戰調度方式是：每週擔任一次先發投手，然後在剩餘五場比賽中的三至四場擔任指定打擊（DH）。

體能教練中垣征一郎透露，他曾經和栗山監督閒聊過一個熱血棒球漫畫才有的劇情：「投手大谷」完封勝，隔天「打者翔平」打出再見全壘打（笑）。

這樣的劇情確實太夢幻了。山田正雄總經理看到大谷在二〇二一年球季以「二刀流」寫下百年歷史紀錄之後，他坦承一開始並不看好這項挑戰能走多遠，更想不到他在大聯盟能有這樣的成績：

「我看過他在練習賽、甲子園、韓國的U-18世界盃棒球賽擔任投手或打者，但我作夢也沒想到他竟能『投打二刀流』，畢竟這沒有前例可循。我總以為他終究是要二選一的。」

「我預想他會先以投手身分嶄露頭角，因為他球速快，又有很好的滑球。不過他的打擊也不錯，即使當不成投手，轉任打者也可能有不錯的發展。」

「讓他嘗試投個幾年，不成就轉打者。我不知道他真的能夠既當投手又當打者。」

「剛入團時，我以為他會成為高橋由伸這種中距離打者，打擊率三成，俊足強肩，就是一個三拍子的中距離打者。看到他現在在大聯盟爭奪全壘打王，把球打這麼遠，簡直難以想像。」

## 「二刀流」存在的正面意義

二〇一九年球季結束後，大聯盟特別在投手與打者身分之外新增「二刀流選手」類別。自二〇二〇年起，前一季或當季同時達成在大聯盟投球超過二十局、單場三個打席以上先發場次（以野手或指定打擊身分）超過二十場的選手，就可以被登錄為「二刀流選手」；此外，每場比賽的登錄球員名單放寬到二十六人，投手限制不得超過十三人，但「二刀流選手」不在此限。換言之，新規則等於以登錄方式來凸顯「二刀流」的價值，以大谷為例，他不占用有限的投手登錄名額，讓天使多一名投手可用。

對於「二刀流」這項歷史挑戰，大谷下了這樣的註解：

「向大家證明『二刀流』有其存在的正面意義，是我的責任，這樣的新領域，也許會讓更多人享受棒球。」

「無論是好是壞，我都是『二刀流』的樣本。如果成功，我將為棒球創造多樣性，為下一個想嘗試『二刀流』的選手開闢一條更平坦的道路；但如果我在這裡跌倒，可能會讓這條路變得更狹窄。」

# 34 勇翔寮——本村幸雄的人格教育

「禁止很容易，就像學校禁止這個、禁止那個，但我認為這不是真正的教育，因為這些規則只是箝制住他們，一旦規則消失，他們可能更不受控。」——本村幸雄（火腿球團選手教育總監）

「不只翔平，我認為他（指栗山監督）把每一位選手都看作自己的小孩。當原本令人擔心的選手終於有好表現時，我透過電視轉播畫面都可以看到他眼裡含著淚水，他真的是像對兒子一樣地關心每一位選手。對翔平來說，栗山監督就是他在職棒界的父親。」——大谷加代子（大谷翔平的母親）

「一朗住在他身體裡。還有什麼是他做不到的呢？」——美國網友

「他就像電玩才有的角色，如果你想在棒球電玩裡創造一個完美的球員，他就是了。」——鈴木清（Kurt Suzuki，天使捕手）

二〇一三年一月九日，一輛載滿生活用品的小客車在東北自動車道（即高速公路）向南疾駛。車上坐的是大谷徹、加代子夫婦以及翔平，目的地是千葉縣鎌谷市的日本火腿球團二軍宿舍「勇翔寮」。

這是大谷住進宿舍的第一天。

由於路程將近五百公里，徹回憶說：「包括電視機在內，我們有太多東西塞進車裡。現在回想起來，當初原本可以請快遞送去的，但我們決定自己開車載行李去，途中還在栃木縣那須住了一晚。因為我在想，在他進入職棒後，我們應該很難找到相聚的時光吧。」

而加代子多年後依然記得那間住宿的旅館，「我們在旅館的自助餐廳吃晚餐和早餐，有廚師對翔平說：『你是大谷君對吧！加油哦！』甚至有人請他簽名。雖然電視及媒體對翔平的報導愈來愈多，但我還是很驚訝，因為他連一場職棒比賽都沒打過。」

大谷自己也懷念這段與父母一起度過的時光，「我記得這件事，那是一間溫泉旅館。自從成為職棒選手以來，我們難得有這樣的相處時光，現在回想起來還真是美好的回憶。」

## 「舍監」本村幸雄的人格教育

勇翔寮最大的特色是提供完整而便利的自主訓練環境，宿舍旁邊就是室內練習場，二樓是重訓室。完善的訓練設施，距離宿舍又這麼近，就算是職業球團也不多見。

不僅如此，火腿球團最引以為傲的是「人格教育」，因為他們想的不僅僅是選手在球場上的成功而已。球探部長大渕隆說：「一個高中畢業的年輕人，如果沒有機會接觸棒球以外的世界，我不認為這是件好事。舉例來說，一個工匠或許可以一直浸淫在自己的領域裡，但棒球不是如此。身為這群年輕人的守護者，我們有責任提供一個環境，讓他們瞭解外面的世界，並且有所成長。」

大渕擔任過高中體育老師，而他找來實踐火腿球團「人格教育」的執行者同樣是高中老師，來自神奈川縣光明學園相模原高校的本村幸雄。球團還特別為他設立一個日職前所未有的職位，名為「選手教育總監」，其實就是勇翔寮舍監或教官的角色。

說到本村的人生，他就讀千葉縣習志野高校二年級時曾經在甲子園出賽，進入日本體育大學後則從大三開始兼任球隊教練，自此建立棒球教練的畢生志向。大學畢業後，他從二〇〇一年起接任光明學園相模原高校棒球隊監督的十年期間，球隊四度打進神奈川大會前八強。

二〇〇七年間，由於學校棒球隊出了一個有機會進入職棒的選手，大渕在前來拜會的過程中偶然聊到「人格教育」的執教理念。隨著雙方見面次數愈多，想法愈加契合，大渕於是邀請本村加入火腿團隊。

對於這個提議，本村足足抗拒了三年之久，主要原因是他不具職棒經歷，沒有信心能為球隊作出貢獻。但最後他還是被大渕及火腿球團的熱情給收服了，一個說服他的理由是，包括球探部長大渕及球探熊崎誠也在內，火腿球團管理階層有多位成員都是業餘出身，給了他很大的鼓舞。

## 「大谷規則」

在火腿球團，高校出身的選手原則上五年內會上到一軍，大學或社會人則為兩年，這就成為他們的「教育期間」。每年一月開始自主訓練後，本村會規畫每天一小時的講座，講師從營養師、企業名人、佛教僧侶、自衛隊員到狂言師（狂言屬日本四大古典戲劇之一，演員則稱為狂言師）都有，目的在培養選手的社會觀、專業意識以及「我不能輸」的鬥志。

本村為選手設定了三項目標：

一、必要的讀書時間。

二、將目標書寫在紙上，並張貼在寢室及更衣室牆上。

三、成為退休後對社會有用的人。

說到第二項「目標管理」，你一定會想到大谷高中時期的「曼陀羅計畫表」。的確，高中時期累積的經驗，讓本村對大谷自我分析與目標設定的評價很高，「他在第一年設定的目標是拿下五場勝投，最終只拿下三勝。一個高中畢業的新人竟然能縝密分析檢討自己的問題，並將應該加強的日常行動寫在紙上。他真的很特別。」

至於生活上則採「自主管理」。勇翔寮訂有宿舍規則，例如「第二天有比賽時，門禁時間為晚上十點半」、「休假前一天門禁時間為晚上十二點」，但球團從不點名。本村說：「禁止很容易，就像學校禁止這個、禁止那個，但我認為這不是真正的教育，因為這些規則只是箝制住他們，一旦規則消失，他們可能更不受控。鬥士球團不做這種事，栗山監督總是說『要為自己想』。」

即便球團採行信任與自主的管理方針，但栗山監督特別設立一個「大谷規則」，後來沿用到二〇一七年選秀會獲得七隊第一指名、最後加盟火腿的大物新秀清宮幸太郎身上。栗山要求他們只要外出，就必須以電話向監督報告「今天和誰出去、去哪裡」，就算是和隊友出去也必須報備，還得避免不必要的外出用餐與應酬。很少看到監督親自對選手的私生活嚴加管制，球團也不否認這是「過度管理」，但正如栗山監督所言，「我們必須創造一個專注棒球的環境，而這就是我能為他們做的一切。」」。

像不像父親對兒子的操心與關愛？事實上，栗山監督的角色就等同於大谷在職棒界的父親。加代子深有同感，「不只翔平，我認為他把每一位選手都看作自己的小孩。當原本令人擔心的選手終於有好表現時，我透過電視轉播畫面都可以看到他眼眶裡含著淚水，他真的是像父親一樣地關心每一位選手。對翔平來說，栗山監督就是他在職棒界的父親。」

## 35 達比修有——火腿王牌11號的傳承

「能住在達比修桑以前住過的房間，對我是無上的榮耀，我很高興自己的職業生涯是從這裡開始。」——大谷翔平

「要說他是世代等級的天才，一輩子才能遇到一個，這一點也不誇張。」——布恩

「大谷比同年齡的達比修更出色。在我心中，他毫無疑問足以擔任王牌投手。」——希爾曼（Trey Hillman，前日本火腿球團監督）

自從二〇一三年一月九日住進「勇翔寮」宿舍開始，直到二〇一八年一月三十一日上午九點搬出宿舍為止，大谷翔平在千葉縣鎌谷市的火腿二軍宿舍度過長達五年、一千八百四十九天的時光。

對於生活中只有棒球的大谷來說，緊鄰宿舍的室內練習場成為他隨時拎著球棒練打的好去處，二〇一四年的聖誕節就是在這裡度過的；樓下重訓室則是他每天必去的地方，體重從剛入團的八十六公

斤順利增重到一百零二公斤；就連二〇一八年二月十三日大聯盟天使隊的春訓投捕報到日，大谷赴美前仍然待在這裡自主訓練，即便他已經不再是火腿球團的一員。

## 四〇四號室：「出世部屋」

大谷在二〇一二年底加盟火腿時，傳承了前王牌投手達比修有留下來的球衣背號十一號，這件事曾讓達比修的父親法爾沙德（Farsad Darvishsefat）頗有微詞。「歐力士還守著一朗的五十一號」，法爾沙德舉當時已經在大聯盟打拚十二年的鈴木一朗為例，他認為兒子的背號才空一年就給了新進選手，而且小笠原道大也是同樣情形，離隊一年後背號二號就被讓給其他選手，「希望球團更重視自己的歷史」。

不過大谷顯然沒有讓前輩蒙羞，時至今日，兩人共同讓這個背號成為火腿球團的傳奇。自從二〇一八年大谷赴美後，十一號被保留至今，處於「半永久欠番」的狀態；此外，火腿球團預計在二〇二三年啟用的新主場「ES CON FIELD HOKKAIDO」，左外野的五層樓地標命名為「TOWER 11」，就是要向這兩位十一號傳奇投手致敬。

除了球衣背號的傳承之外，還有一件事被廣為傳頌，那就是達比修與大谷在勇翔寮先後住過的同一個房間：四〇四號室。這個房間曾經暱稱為「達爾部屋」，一直到大谷入住的前一年二月，已經赴美的達比修仍然將行李寄放在此。

從小視達比修為投球偶像的大谷，在入住宿舍後，看到自己的名牌掛在四〇四號室房門，他向球團表達「非常、非常開心」，「能住在達比修桑以前住過的房間，對我是無上的光榮，我很高興自己的職業生涯是從這裡開始。」

四〇四號室後來稱為「出世部屋」，意指住過這個房間的選手都會出人頭地。有球界人士就說：「每個球團都有這樣的傳統，他們將成功選手的寢室視為『出世部屋』，傳承給有望成功的年輕選手。日本火腿這間由達比修和大谷先後住過的四〇四號室就是這樣，但沒有其他球團產出過兩個在大聯盟如此活躍的明星球員，這是『出世部屋』的最高境界，對吧！」

## 與偶像達比修的君子之約

大谷曾經形容達比修吸引他的地方是「一種投手的氛圍，覺得很有氣勢、很帥氣」。二〇一五、二〇一六年休季期間兩人相約在美國一起自主訓練，當時投手禁止做高強度的肌力訓練，避免影響投球的協調性，但達比修卻將重訓的訣竅傳授給大谷，協助他打造一個能承受「二刀流」的身體。有媒體形容達比修對大谷「就像大師一般的存在」。

二〇二一年九月七日，天使隊作客聖地牙哥與教士隊二連戰期間，「陸奧達比修」與「本尊達比修」在賽前會面，成為美日球界與媒體的熱門話題。當時大谷正值「二刀流」歷史球季的尾聲，不僅勝場數與防禦率超越達比修，更是大聯盟的全壘打領先者。大聯盟官方推特稱呼兩人為「日本的傳奇」，教士隊推特的引言則是「日本之寶」。

有趣的是，這場見面並非兩人的刻意安排。一開始其實是達比修在天使賽前練習時過去問候小熊時期的總教練梅登，兩人在沒有翻譯員陪同的情況下聊了十多分鐘，大谷見狀趕緊迎上前來脫帽、鞠躬、握手，達比修伸手捏了捏大谷的大腿，似乎是在說「你最近練得很壯哦！」

在前往聖地牙哥前，大谷受訪時提到達比修的口氣就跟粉絲沒兩樣，「他投球超厲害，一舉一動都很酷，是我最喜歡的投手。」達比修則在賽後公開兩人九年前對話的螢幕截圖，當時大谷才剛與火腿球團簽約，達比修以賢拜的身分發訊息鼓勵他，「祝你好運，幾年後我在大聯盟等你。」大谷則維持一貫的恭謹與禮貌，「非常謝謝您百忙之中抽空回覆，我會盡全力以大聯盟為目標前進，再次感謝您。」

如今，兩人實現了對彼此的承諾，一同站上世界最高的棒球舞台。曾經在執教小熊時期帶過達比修的天使總教練梅登，比較兩人的相似與相異之處。首先，兩人投球的球感都超乎想像，他們在掌握比賽節奏之餘，還能視當時的身體狀況在比賽中隨時修正，改變自己的投球風格。

至於相異之處、也是兩人最特殊的地方：達比修擁有不可思議的學習能力，效力小熊期間，他曾經在賽前熱身時向隊友韓崔克斯（Kyle Hendricks）請益變速球握法，然後當天比賽現學現賣，用隊友的變速球三振打者；大谷則是對球種的駕馭能力很強，以前一週登板為例，他一開始投速球，一發現狀況不好，馬上能改用其他球種如滑球、曲球、快速指叉球。

話題再回到兩隊的二連戰。達比修在九月八日先發六局只被打出三支安打失一分、七次三振及一次四壞，雖然拿下睽違七十九天、七連敗以來的首勝，但受限於國聯沒有指定打擊制度的關係，兩人無緣在場上對決。達比修賽後受訪也難掩失望之情，「我一開始預測他百分之百會出現在先發名單，而且鎮守右外野，甚至腦中已經浮現出這個畫面，最後才發現他沒有上場。真的很希望和他正面對決，可惜沒能成真。」

大谷曾說達比修是他最喜歡的投手。當年那個一邊看YouTube、一邊從窗戶玻璃倒影模仿達比修投球姿勢的「野球少年」，高中畢業後成為火腿王牌投手背號及「出世部屋」的繼承者；兩人在九年前相約大聯盟見，如今實現了對彼此的承諾。就如日本網友所言，這是熱血棒球漫畫也畫不出來的劇情。

有日本網友在兩人可能同場對決的比賽前留言，「身為兩人長期的粉絲，這樣的對戰非常令人感動。」既是師徒、又是朋友的達比修與大谷，何時才能在大聯盟舞台實現這場夢幻對決？所有球迷都在引頸期盼。

## 36 二〇二三——向傳統棒球宣戰

「我想每天上場，關鍵時刻用球棒做出貢獻，被指派先發主投的比賽則不能輸球，『成為球隊支柱』的想法對我來說非常重要。」——大谷翔平

「『先入為主的觀念，將使可能成為不可能』，如果一開始就自我設限，那永遠都不可能做到。」——大谷翔平

「不管周遭的人怎麼說，我都沒有任何感覺。」——大谷翔平

「每個數字都有其原因，我現在唯一能做的就是不斷提高自己的技能。」——大谷翔平

「大谷的打擊爆發力超越哈波（Bryce Harper），跑壘速度優於透納（Trea Turner），投球球速比柯爾（Gerrit Cole）還快！」——《運動畫刊》

「大谷翔平就是真實世界的漫畫人物。」——《洛杉磯時報》

「他正在做我們這輩子從沒見過的事，不論投打都在最高水準。他比其他選手做得更多，也幾乎比所有人、甚至比當今棒球界最偉大的球員做得更好。他打的是同樣的比賽，卻是不同的玩法。」——《美聯社》

大谷翔平職棒生涯的第一場比賽是從打者開始的。二〇一三年三月二十九日，火腿作客西武巨蛋的球季開幕戰，他擔任先發第八棒右外野手，成為火腿球團五十四年來第一個在開幕戰擔任先發外野手的高中畢業新人，前一位是一九五九年東映時代的張本勳（日職安打王，生涯累計三〇八五支安打）。

這完全在大谷的預想之外。他曾經在春訓表態「想留在二軍，直到自己做得夠好為止」，但栗山監督堅持「翔平是屬於一軍的選手，他有這樣的光環」；開幕戰第一次走進打擊區時，他的雙腳甚至在發抖，「我從沒發生過這種狀況。投球或許有緊張過，但打擊從來沒有。」

西武開幕戰先發投手是前一年拿下十一勝、防禦率僅二點四五的王牌岸孝之，大谷首打席站著被三振，賽後他說：「開幕戰各隊都派出王牌投手，岸桑就是日本代表性的投手之一，第一個打席我完全沒有機會。」

但大谷展現了超強的對應能力，接下來他敲出兩支安打、打回一分打點，職棒生涯第一場比賽就站上賽後英雄訪問的舞台，「剛好機會來了，我也獲得了一點信心，是很好的開始。」

## 與菊池雄星的宿命初對決

開幕系列賽的第二戰，猜猜西武先發投手是誰？正是大谷的高中學長兼偶像菊池雄星，以大聯盟為目標的兩人卻在日職上演宿命對決。

回應媒體稱呼「花卷東怪物對決」，菊池謙虛地說：「許多人都被稱為怪物，包括我在內，但大谷才是真正的怪物。」話雖如此，菊池可完全沒有認輸的意識，他私下對高中恩師佐佐木洋監督說：

「身為學長，我不能輸。」在兩人第一次對戰時，就連捕手搭檔炭谷銀仁朗也看穿了菊池的心事，「要菊池不緊張是不可能的，我只能引導他球種盡出，使出渾身解數，最後用滑球拿下揮空三振。」

接下來菊池在四局上半再以滑球三振大谷，終場就以先發五又三分之一局無失分，在專程從岩手前來觀戰的父母面前，拿下開季首勝。

## 職棒投手與高中投手的差異

對大谷來說，職棒投手與高中投手的差異在哪裡？「職棒投手變化球的銳利度令人震驚，春訓一開始我連球都看不到，一直在揮打壞球，就算打得到也只是運氣好。可以確定的是，我完全沒有自己在擊球的感覺。」

大谷對職棒投手低角度進壘的速球尤其震驚，「高中投手不常投偏低速球，因為容易被判壞球，但職棒投手卻有能力投成好球……這是職棒投手和高中投手最大的差別。」

初入職棒的「打者翔平」展現超強的適應能力，六月底打擊率上揚到三成四八，還入選明星賽。可是在球季後段，精於資料分析的日職球團開始增加變化球比重，並針對他出棒機率較低的內角猛攻速球，再加上第一次面臨長期賽季的體力下滑問題，九月以降大谷的打擊表現跌落谷底。

一個最鮮明的例子是當時效力東北樂天金鷲的「神之子」田中將大。當年度大谷對戰田中十一個打數無安打，包括八月二日連續三個打席揮空三振；再以九月二十一日大谷的第一個打席為例，田中第一球滑球、第二球快速指叉球都讓大谷揮空，再下來連續兩顆球速超過一五〇公里的速球被打成界外之後，最後是快速指叉球再度揮空，田中對大谷拿下單季第六次奪三振。最後「打者翔平」的菜鳥球季就以打擊率兩成三八（一八九個打數四十五支安打）、三支全壘打、二十分打點作收。

## 為了夢想逆風作戰的勇氣

至於栗山監督始終沒有忘記「二刀流」的使命，這是一場與球界傳統智慧逆風作戰的長期抗爭，而且每天都上演不同的劇情，冰敷就是一例。一般來說，投手在賽前牛棚練投結束後手臂冰敷，通常意謂當天不會再上場投球，可是大谷卻在冰敷結束後重新熱身，隨即參與野手的打跑守各項練習，尤其開賽後防守外野時，必須一再將球長傳回內野。這種「牛棚練投↓冰敷↓重新熱身↓野手練習↓上場比賽」的緊湊循環，會不會危及投球生涯？這個問題直到現在都沒有標準答案，但可想而知，類此顛覆棒球傳統智慧的舉動，自然屢屢引起球界與媒體非議。

不過栗山監督的反骨精神意外獲得傳奇球星長嶋茂雄的支持。曾經有一次，栗山向長嶋抱怨他因為「二刀流」而與日本球界為敵，長嶋以他一貫高亢的聲音笑著說：「開什麼玩笑！棒球界已經超過八十年沒出現過這樣的選手了！」

身為一九九〇年代讀賣巨人的鐵粉，長嶋監督在一九九二年選秀會上抽籤贏得松井秀喜交涉權的興奮之情溢於言表、場邊指揮與賽後受訪的意氣風發，乃至於二〇二一年七月二十三日，高齡八十五歲、中風的他在王貞治與松井的攙扶之下，步履蹣跚地完成東京奧運開幕式的聖火傳遞，這些畫面彷如昨日般歷歷在目。行文至此，回顧長嶋的這句話，忍不住熱淚盈眶。

為人父母，你對子女的夢想提供了多少肯定與支持？如果你總是訴諸「成熟大人的理性判斷」，扼殺子女看似不切實際的發想，那麼子女一輩子只會選擇安逸的道路走。農耕民族崇尚安定自守的天性，如果不能鼓勵下一代勇於冒險，我們又該如何期待他們帶領我們前進？

日職也是如此。如果沒有野茂英雄的勇氣，日本棒球界就不會有今天的發展。同樣的道理，在大谷自己都還沒意識到「二刀流」的可實現性之前，如果沒有火腿球團對信念的堅持，就不會有後來在大聯盟的開花結果，而二〇一三年正是這段長路的起點。就如火腿球團總經理山田正雄所言，「最重要的是，現在的日本球界已經沒有夢想了，他們甚至在我們還沒開始前，就說這一切不可能，就是不可能，我們指名菅野就是一例。但你必須有勇氣去嘗試，儘管過程是如此艱辛。」

## 與長嶋茂雄共通的「鈍感力」

第一年投打成績不理想，加上外界放大檢視，更觸發球界與媒體對續行「二刀流」的反對聲浪，可是大谷不以為意，**「不管周遭的人怎麼說，我都沒有任何感覺。」**

日本媒體將大谷對外界無感的心態稱為「鈍感力」。這個名詞源自日本作家渡邊淳一，或可直譯為「遲鈍的力量」，意指從容面對生活中的挫折與傷痛，堅定地朝自己的方向前進。

「鈍感力」強調的是面對困境的耐力，或是厚著臉皮對抗外界的能力。因此「鈍感力」不是負面用語，反而是積極向上的人生態度，與「大巧若拙」、「大智若愚」在心境上有共通之處。

日職「鈍感力」的代表人物正是「棒球先生」長嶋茂雄，他在球場上最有名的就是打出全壘打之後太過亢奮、跑壘時不自覺超過前面的跑者、造成全壘打紀錄被取消的糗事。曾經有一次，長嶋全壘打繞壘時差點超越前面的跑者王貞治，只見王冷靜地雙臂一張，將他擋了下來，救了長嶋一支全壘打。

至於長嶋在球場外的糗事更是族繁不及備載，還曾經被日本網友整理成「長嶋傳說」（笑），包括：

・大學時代，把「one」唸成「o（歐）ne（捏）」。
・在美國移地訓練時看到麥當勞，脫口而出：「哇！麥當勞也進軍美國了呀！」
・在美國稱讚：「這裡的小朋友英文真好」、「這裡好多外國車哦！不愧是美國！」
・聽到球迷說：「長嶋桑！我跟您的生日是同一天哦！」他回應：「真的呀！那你生日是幾月幾日？」
・在兒子一茂的小學畢業典禮上台發表感言，被暗示講太長之後說：「啊！沒有時間了呀？那明年再繼續吧！」
・把兒子一茂忘在後樂園球場，回家後發現兒子不在家還問「一茂到底跑哪去玩了」，直到球場電話通知他才想起來。
・稱讚清原和博的揮棒「有如sharp一樣銳利」。
・將兩隻襪子誤穿在同一隻腳，還抱怨襪子怎麼少一隻。

誠然大谷沒有長嶋如此誇張的言行，可是他所承受的身體病痛與外在壓力卻遠遠超過長嶋。回顧大谷高中、日職、大聯盟的每個階段，他都發生過足以終止球季的重大傷痛，一路以來外界對「二刀流」的質疑更是不勝枚舉，但你在大谷臉上看不到任何陰鬱的表情，有的只是與長嶋同樣樂觀而且不以為意的態度。

曾經有媒體觀察發現，大谷受訪時總是提及周遭人對他的支持，卻很少意識到自己為他人帶來的困擾。例如為了遷就「二刀流」，教練團必須安排六人先發輪值，甚至因為大谷打擊時的突發狀況或體力問題，造成接下來的輪值順序大亂，但他似乎無視於此，只看到其他人善意的一面。

此外，大谷的不拘小節已經到了近乎無感的程度，這反而造就他對環境的高度適應力，一個例子是他在職棒休季期間回母校花卷東高校的自主訓練。一般來說，在職棒球團，特別是一軍，即便練習都會使用全新的球；高中則不然，球體因長期使用而破皮、因反覆揮打而變形、或因暴露在雨水或濕氣而改變重量者比比皆是，但大谷毫不在意，完全照正常練習。學長菊池雄星對此大感驚奇，「高中練習用球與職棒用球是完全不同的，但這傢伙顯然不在乎。」

可以這麼說：面對傷病、低潮或外界的敵意，大谷總能展現樂觀、積極與自信的一面。但可別解讀成「自我感覺良好」，因為這種樂觀主義者的前提是必須先客觀檢視所有有利與不利的因素，在決定接受現狀、樂觀以對的同時，還要積極正向地採取行動，這就是前面提到的「成長型思維」。

## 向日本球界宣戰

事實上，這也是火腿球團對大谷的期許，在開幕戰以「打者翔平」的身分先行，接下來就等一個適當的時機讓「投手大谷」登場，正式向日本球界宣戰。

五月二十三日，大谷職棒生涯初登板對上養樂多燕子隊，先發五局被打出六支安打失兩分；八月二十三日對歐力士猛牛隊先發六又三分之二局九次三振失一分的比賽，則是他在職棒生涯第一次投快速指叉球。

總計「投手大谷」在火腿第一年出賽十三場（其中十一場先發）拿下三勝〇敗、防禦率四點二三，「當我還是個孩子的時候，打棒球只是一種單純的樂趣，但進入職棒以來，數據壓力如影隨形，每當一個打席結束之後我就會想到這一點，這是我認為職棒最大的不同。既然每個數字都有其原因，我現在唯一能做的就是不斷提高自己的技能。」

題外話，說到大谷對外界的「鈍感力」，有部分源自於他的生活中只有棒球。二〇一三年大谷剛搬進勇翔寮宿舍時，父母送他一台無變速功能、前面還有菜籃的淑女車，但隨著他開幕戰登錄一軍，這台車一直沒騎過。

後來大谷將這台車送給同樣畢業於花卷東高校的火腿後輩岸里亮佑作為新年禮物。有一天，岸里準備騎車到附近的便利商店採買生活用品，一看才發現不僅後輪破了，鑰匙也被大谷弄丟了。幾年後回憶起這件事，岸里忍不住笑著說「大谷賢拜就是個粗心大意的人」。

只能說，大谷的「好傻好天真」既是來自專注棒球的結果，無形中也養成他「不在乎」與「被討厭」的勇氣。

## 37 二〇一四——十勝十轟百年紀錄

「選手就是要有追求一百分的念頭，明知有落差或自己做不到，但還是必須努力去嘗試。」——大谷翔平

「如果他專注在投球或打擊其中一項，他一定會成為打破昭和時代偉大紀錄的怪物；如果把他的投球和打擊視為不同選手的組合，那他大有機會超越『金田正一＋張本勲』、『達比修有＋鈴木一朗』。」——日職球評

「已經沒有詞彙可以形容大谷的表現了……又一支全壘打！」——《ESPN》

日本媒體一定沒想到，春訓第一天竟能採訪到如此勁爆的場面。

這是二〇一四年二月一日，火腿球團春訓首日，栗山英樹監督當眾斥責大谷翔平：「你是在跟我開玩笑嗎？」

## 「你是在跟我開玩笑嗎？」

事情是這樣的，大谷在休季期間進行高強度的重量訓練，導致春訓第一天進牛棚的投球姿勢完全走樣，有媒體以「災難」來形容，栗山監督事後受訪則強調「很擔心，差點要了我的命」。難怪他對春訓第一天大谷練投的荒腔走板怒不可遏。

倒是大谷當下表情如常，也不做任何回應，看不出他到底是滿不在乎，還是認為周遭的騷動大驚小怪。事後他解釋，「休季期間的重量訓練讓我的體型變得更壯，同時間則沒有練投……我很清楚如果體型發生變化，投球姿勢也必須做相對應的調整。雖然監督很生氣，但我不認為自己做錯了什麼，我只是想在春訓開始後再進行『調音』（意指投球機制的調整），如此而已。」

試想，未滿二十歲的大谷就像在駕駛一輛超跑，當跑車的性能再升級，他勢必也得調整駕馭的方式。「乍看之下，你會以為我的投球技術退步，投球機制也跑掉了，但這只是因為我的體型變大、身體素質提升，投球狀態還沒跟上這個水準而已。」大谷說。

所以大谷所謂的「調音」，指的就是體格與技術的協調。當下他沒有多費唇舌向栗山監督解釋，只是更加投入訓練，趕在開幕戰前調整回最佳狀態。後來栗山監督也發現了，「這小子一回宿舍就躲得不見人影，不難想像他私下花了多少時間自我鍛鍊，下半身、肩膀、胸部都明顯變壯了。」

## 「十勝／十轟」百年紀錄達成

職棒二年級的大谷有幾個難忘的場面：

・二十歲生日當天（二〇一四年七月五日），大谷在客場遠征千葉羅德海洋隊的比賽以單場雙響砲為自己慶生，包括一局上半砲轟藤岡貴裕的兩分全壘打，以及九局上半對金森敬之的單場第二支兩分全壘打。這是大谷職業生涯首次單場兩轟的比賽。

・二〇一四年七月十九日在甲子園球場的明星賽第二戰，大谷投出時速一六二公里（一〇一英里）速球；同年十月五日在主場札幌巨蛋先發迎戰樂天的比賽，他再飆出四顆時速一六二公里速球，追平前讀賣巨人終結者克倫（Marc Kroon）的日職最快球速紀錄。

當然，這都比不上大谷締造單季「十勝／十轟」的「二刀流」歷史紀錄，要知道這不僅是日職史上第一次，即便在大聯盟，上次達成這項紀錄的選手已經要追溯到一九一八年的「棒球之神」貝比魯斯（十三勝／十一轟）了。

總計「投手大谷」當年度拿下十一勝四敗、防禦率二點六一，平均每九局十點四次奪三振，總計一七九次奪三振高居聯盟第三；「打者翔平」則是打擊率二成七四、十支全壘打、三十一分打點。職棒第二年、剛滿二十歲就追平高懸九十六年的世界職棒紀錄，有日職球評盛讚他的「二刀流」成就：「如果他專注在投球或打擊其中一項，他一定會成為打破昭和時代偉大紀錄的怪物；如果把他的投球和打擊視為不同選手的組合，那他大有機會超越『金田正一＋張本勳』、『達比修有＋鈴木一朗』。」

## 美日職棒明星賽大好評

在「二刀流」寫下里程碑之後，大谷沒有忘記自己職棒生涯的終極目標是大聯盟，而年底的美日職棒明星賽正是他一試身手的機會。首先是十一月十二日在大阪京瓷巨蛋的第一場比賽，當天有將近二十名大聯盟球探在本壘護網後方拿著測速槍虎視眈眈，他們主要聚焦在前田健太（廣島）、金子千尋（歐力士）兩名有望轉戰大聯盟的投手身上，但年輕的大谷意外成為鎂光燈焦點。

一名美國記者在賽後詢問皇家打者艾斯科巴（Alcides Escobar）對前田、金子、大谷三名投手的評價，艾斯科巴回答「在這三人當中，最難打的是大谷。」他解釋，「前田和金子都是非常好的投手，特別是兩人犀利的滑球，就算在大聯盟也能成為對決球種。至於大谷的投球技巧略嫌粗糙，但他的速球極具威力，我認為在大聯盟若要擔任主戰投手，強力投球是必要的條件。」「大谷還很年輕，隨著球技持續成長，將來一定會成為超級厲害的投手，光是現在，他的速球就已經非常難打了。」

大谷在第一戰中繼一局無失分，日職明星隊以二比〇完封大聯盟明星隊。接下來是十一月十八日在札幌巨蛋的第五戰，大谷先發四局失兩分承擔敗投，但投出七次三振，包括首局對普伊格（Yasiel Puig）、莫諾（Justin Morneau）、龍戈利亞（Evan Longoria）的三連斬。大聯盟普遍給予「投手大谷」極高的評價：

「如果他在今年冬天渡海挑戰，將有機會超越一月洋基與田中七年一點五五億美元的合約。」（大聯盟官網）

「他體型高大，球速極快，在身體更加結實之後，我認為他的速球均速可以達到一百英里。再加上快速指叉球球速快、落差大，我相信他將來會成為非常強大的投手。」（龍戈利亞）

「他勇於用好球挑戰打者，很多像他這個年紀的投手難免投球閃躲，但他非常具有侵略性，是一個會讓你想和他對決的投手。」（莫諾）

自從花卷東高校入學時填寫第一張「曼陀羅計畫表」開始，目標管理就成為大谷翔平自我提升的一大強項。至於大谷對職棒第三年設定了什麼目標？

「球隊若要贏球，投手勝場數是必要的數字。只要我的勝投愈多，球隊就能贏得更多比賽，所以我的首要目標是勝場數。考量我去年拿下十一勝，球隊只排名第三，那今年就應該以十五勝以上為目標，畢竟能為球隊贏球才是最重要的。我認為球隊如果沒有這樣的投手，就很難贏得優勝，所以我想成為這樣的投手。」

「設定打擊目標很困難，對吧！提升打擊率固然有其必要，但我認為更重要的是打全壘打，因為全壘打愈多，打點就愈多，球隊就愈接近勝利。我的目標是至少二十支全壘打。」

注意到了嗎？相對於高中時期設定「八支球團第一指名」的個人目標，進入職棒後的大谷變得更成熟了，他將球隊優勝置於一切之上，所有個人目標都是以贏球為第一考量。除此之外，回顧大谷的目標管理，還有什麼值得效法之處？

首先，大谷善於運用「宣告效果」，他會將目標貼在寢室及重訓室牆上，除了時時提醒自己，更重要的是藉由對第三人的宣示，來提高自己的動機。

此外，目標不宜設定得過高或過低，最好是一個「傾盡全力才能勉強達成」的目標，如此才能發揮最高的激勵效果。

最後，大谷與鈴木一朗有個共通的特質，就是「每天都要比前一天進步」。一般運動員只能透過表象來察覺自己的成長，可是頂級運動員就如一朗所言，「我不敢說自己比任何人都還要努力，但我內心有一把尺衡量自己的極限，每次一點一點去超越極限，然後不斷重複。因為這樣，我才能成為現在的我。」

由此可知，頂級運動員不單純靠外在表象來激勵自己。外在表象如全壘打、打擊率固然會隨著努力而進步，但這永遠不會成為他們最大的動力。人生本來就有許多事情是徒勞無功的，許多人在努力沒有獲得回報之後就不再努力，這是他們只能成為一般人的原因。正如大谷所言，「當然，數字和成績很重要，但我不是為此而努力。從某種意義上來說，我努力是為了自我滿足，『我想成為這樣的球員』、『我想達到這樣的水準』、『我想和這些人競爭』，這就是我現在正在做的事。」

## 「說到『調整』這件事，提前一百年都不嫌早」

大谷從小學起就善於運用影像及想像力學習，自從家裡買了電腦之後，他經常一邊看YouTube、一邊從窗戶玻璃倒影模仿達比修有的投球姿勢，這個習慣一直到進入職棒後都沒有改變。他曾經在寢室研究達比修的投球影片，一向採「揮臂式投球」（Wind-up Position）的他突然想嘗試「固定式投球」（Set Position），於是他就從模仿達比修的動作開始，後來獲得不錯的成效。

只是這件事後來再度成為栗山監督與大谷之間的引爆點。二〇一五年二月九日，大谷在內部紅白戰擔任中繼投手，主投兩局被打出兩支安打失一分，用球數四十八球，帳面成績看似不差，但連他自己都覺得當天的投球猶如脫韁野馬般不受控制。

對於一般教練或球員也許不以為意，畢竟這時候才二月初，距離開季至少還有一個半月，大多數球團甚至連實戰比賽都還沒開始。可是栗山監督卻不作如是想，他在賽後說了重話：

「這樣的表現一點都不好。說到『調整』這件事，就算提前一百年開始都不嫌早。」

「嘗試是好事，不管『揮臂式投球』或『固定式投球』都值得一試。但既然是實戰，就不是你想做這個、想做那個的時候，你隨時要有『打敗對手』、『絕不能輸』的意識。」

「這傢伙有說他想投開幕戰嗎？如果是，他就必須自己爭取。如果他以為這只是場紅白戰，那可就錯了，他還不是有實績的選手，至少現階段還不是。」

或許這就是栗山監督對大谷的「愛之深，責之切」吧！栗山其實很清楚，大谷就連春訓期間的休息日都在練球，有人形容他「提早收假」，他自己卻不這麼想，「我只是在玩，就當自己去了一趟打擊練習場。」

隔天（二月十日）下午，栗山監督花了兩個半小時親自寫了封信，並且在二月二十日（刻意選在長嶋茂雄的七十九歲生日當天）正式對大谷委以開幕戰先發投手的重任。為什麼有這麼重大的轉折，栗山監督這麼解釋：

「我想利用翔平向所有人傳達一個訊息……我不希望年輕人只看到自己，你必須一直面對你的對手。不論是投手或打者，在這個不是你吃人、就是別人吃你的世界，你必須為生存而戰。」

「這次春訓，我能感覺到翔平對棒球又更加投入，他沒做錯什麼，只是他面對的是我。既然狀況沒問題，身體也維持健康，我決定把開幕戰先發重任託付給他。」

## 「投手創造比賽，打者決定比賽」

二〇一五年不僅是大谷首度擔綱開幕戰先發投手，他還拿下洋聯勝投王（十五勝）、防禦率王（二點二四）、勝率最高（七成五〇），以及年度最佳九人的投手獎。但打擊卻陷入低潮，只交出二成〇二打擊率、五支全壘打、十七分打點的慘澹成績，一個原因在於打擊機制的調整，包括抬高左手肘，以及在「開放式」與「平行式」站姿之間交錯嘗試。

至於另一個原因則是擔任指定打擊的難處。二〇〇七年以指定打擊身分贏得洋聯全壘打與打點雙冠王的球評山崎武司，就曾透露擔任指定打擊不為人知的一面，「不上場守備其實會影響打擊。如果你是先發野手，從第一局開始就能自然地進入比賽狀況，但DH就不是這樣了。」「我在每個打席結束後難免失去專注力，板凳坐久了身體冷卻下來，就必須為下個打席做更多準備；再者，你必須面對周遭類似『既然擔任DH，就一定要打得好』的壓力。」「所以對我來說，DH是最困難的位置。」

「第一年鍛鍊身體，第二年擔任打者，第三年擔任投手，第四年『二刀流』花開並蒂」，這是栗山監督在大谷剛入團時提到的「鬥士大學」概念。比較職棒第三年的大谷與達比修，兩人同樣拿下十五勝五敗，前者防禦率二點二四則小輸後者的一點八二；二〇一五年的大谷拿下洋聯勝投王、防禦率王，二〇〇七年的達比修則拿到三振王、澤村賞、年度MVP。

「投手大谷」已經站上日職之巔，接下來就看「鬥士大學」最後一年的「打者翔平」能不能跟上了。

題外話，曾經有媒體問大谷選擇「二刀流」的原因，以及投手和打者身分對他的魅力。大谷回答：「**投手創造比賽，打者決定比賽。**」意思是，因為有投手投球才能進行棒球比賽，但比賽的勝負卻是決定在打者的適時一擊。棒球是一項投打守的團隊比賽，在分工精細的今天，天才如大谷，想同時在投打都創下好成績，恐怕也不是件容易的事。

# 39 二〇一六——「真・二刀流」＋「日本一」

「我希望有朝一日能對自己說，雖然只有棒球之神才擁有一百分的所有技能，但至少我是不斷進步的。」——大谷翔平

「尋求改變，總比一成不變來得好。如果一成不變，很有可能得到與前一年完全相同的結果；雖然尋求改變有可能變好、也有可能變糟，但比起重複同樣的事情會有趣多了。」——大谷翔平

「翔平一定是召喚了貝比魯斯。」——栗山英樹

「大聯盟已經一〇三年沒出現『單季兩位數勝投和兩位數全壘打』了吧！但大谷早在日本就已經達成了兩次，分別是二〇一四年十一勝、十轟，以及二〇一六年十勝、二十二轟，這可不是開玩笑的。」——張本勳

二〇一五年拿下單季十五勝之後，栗山監督在新球季為大谷翔平定下二十五勝的目標。乍看之下你會以為栗山心裡想的是要超越「神之子」田中將大的單季二十四勝零敗，其實不然，監督的原意是期許「投手大谷」能維持十五勝，再靠「打者翔平」的球棒另外打下十勝。

但「維持」顯然不是大谷對自己的期許，他想的永遠是「超越」，「我喜歡用數字來表達，今年我想贏得二十勝。二十勝不是一個可以輕易說出口的數字，更是我從職棒第一年起的偉大夢想，但我現在已經長大了，我給自己的目標是『二十勝、二十轟』。如果我可以拿下單季二十勝，打出二十支全壘打，我想我們就能更接近日本一。」

二〇一四年，大谷追平「棒球之神」貝比魯斯在一九一八年締造的「十勝／十轟」紀錄，時隔一年，他將目標拉高到兩倍，意即「二十勝／二十轟」，難道不會太貪心嗎？大谷這麼解釋，「對於從小打棒球的人來說，棒球人生可能長達三十年以上，但我相信你還是不可能學會所有的技術。想要在走攻守各方面都達到一百分，這是不可能的，但如果能在現役期間精進各項技能，朝目標更邁進一點，這就是我最快樂的事。我希望有朝一日能對自己說，雖然只有棒球之神才擁有一百分的所有技能，但至少我是不斷進步的。」

很難想像只有二十一歲的大谷，竟然有這麼成熟的想法。大谷笑著說：「雖然只有二十一歲，但我已經當了四年的職棒選手啦！」

看來在「鬥士大學」的第四年，「二刀流」花開並蒂已經成了所有人的期盼。

## 「尋求改變」才能不斷進步

大谷每年都利用休季期間不斷尋求改變，二〇一五年球季結束後也不例外。二〇一六年春訓報到時，他的胸部、肩膀、手臂肌肉明顯又變壯了，體重則維持在一百公斤上下，「職業運動選手實際上只有三個月左右的休季期間，能做的事有限。如果想做好所有事情，最終必將半途而廢。所以我告訴自己『今年休季一定要徹底做好某一件事』，我希望這樣能更有效率，事實上也是如此。」

難道他不擔心肌肉的增加，會影響投球的協調性與柔軟度嗎？大谷說：「我不擔心。當我說要變壯，我不是突然在某一天體重就達到一百公斤。日復一日，我會有不同感覺，如果以連續幾週為單位，才會察覺肌肉變壯了些，在投打練習過程中我非常重視這些感覺，心想『我可以變得更好』，然後再繼續努力。所以我從不擔心自己體型的變化，因為我不像一般人想的那樣突然發生改變。」

大谷對於「改變」這件事，一向抱持非常正面的想法，「尋求改變，總比一成不變來得好。如果一成不變，很有可能得到與前一年完全相同的結果；雖然尋求改變有可能變好、也有可能變糟，但比起重複同樣的事情會有趣多了。」

## 「翔平一定是召喚了貝比魯斯」

大谷尋求改變，栗山監督也是如此。二〇一六年球季的交流戰前他做了一項嘗試：在大谷先發主投的比賽取消指定打擊，同時起用他擔任先發第六棒，這就是日本媒體所謂的「真・二刀流」。栗山希望藉此喚醒大谷「尋求改變與挑戰」的本能，「我認為真正的轉捩點是交流戰，我決定在此之前採取行動。我要讓他處理更艱難的任務，因為這才是真正的翔平。老實說，我甚至認為這是唯一的方法，因為翔平就是這種個性，任務更艱難，他就會更拚命。」

果然，大谷在交流戰投出球速一六三公里的日本新紀錄！這是六月五日在東京巨蛋客場迎戰讀賣巨人的比賽，四局下半一出局滿壘，大谷對洋砲克魯茲（Luis Cruz）飆出一六三公里火球，打破自己兩年前的舊紀錄。順帶一提，同年十月十六日火腿對軟銀季後賽第五戰，九局上半大谷登板客串終結者，在得以盡情飆速之下，他再以一六五公里（約一〇三英里）刷新日職球速紀錄，而且單局就飆了三球，成功率領火腿晉級日本大賽。就如栗山監督所言，任務更艱難，大谷就更拚命。

至於九月二十八日對西武的例行賽封王戰，則被栗山監督譽為大谷日職生涯的代表作。這場比賽大谷投出一安打完封，狂飆十五次三振，率領火腿在最多落後十一點五場勝差的情況下逆轉封王，進而在洋聯高潮系列賽擊敗軟銀、日本大賽擊敗廣島，拿下睽違十年的總冠軍。「我告訴翔平，『二刀流』就是為了贏得勝利，為了拿下日本一。我相信在贏得日本一的瞬間，翔平一定明白我一直對他說的話。他能夠完成我們設定的任務，我很為他開心。」栗山說。

栗山監督在執掌火腿兵符的第五年率領球隊大逆轉登頂，還締造十五連勝（六月十九日至七月十一日）的隊史紀錄。媒體整理他在當年度膾炙人口、猶如魔術般的十大神奇調度，第一名就是大谷的「真．二刀流」。栗山期許大谷以「二刀流」拿下日本一，以「真．二刀流」喚醒他的本能，這些預言都在二〇一六年付諸實現：總計大谷當季又投又打的例行賽共七場，「投手大谷」七戰七勝、防禦率僅〇點三三，「打者翔平」打擊率三成八一（二十一個打數八支安打），一支全壘打，四分打點；高潮系列賽對上軟銀則是一勝一救援成功、防禦率〇，六個打數二支安打、打擊率三成三三。

此外，七月三日在客場迎戰軟銀的比賽，大谷除了先發八局五安打無失分之外，他還擔任先發第一棒，一局上半將軟銀先發投手中田賢一的第一球打成全壘打，締造日職史上第一次「先發投手擔任開路先鋒的首局首打席全壘打」，簡直漫畫般的劇情。

總結大谷的二〇一六年球季，投球部分拿下十勝四敗、防禦率一點八六、一七四次奪三振；打擊部分則是打擊率三成二二、二十二支全壘打、六十七分打點。雖然明星賽前（七月十日對羅德）因為右手中指水泡破裂，而有將近兩個月的時間退出先發輪值，但「打者翔平」仍然持續貢獻。這段期間大谷打擊率高達三成四一（四十二支安打）、十支全壘打、二十七分打點，在他打出全壘打的十場比賽火腿拿下八勝，有打點的比賽則是十四勝三敗；反之，大谷沒有安打的比賽火腿則是九戰七敗，「打者翔平」左右球隊勝負的能力可見一斑。

此外，大谷遇強則強，截至例行賽封王日（九月二十八日）為止，他對上軟銀的打擊率高達四成一一（三十支安打）、九支全壘打、十六分打點，四場先發則拿下二勝〇敗，防禦率僅一點二六，成為火腿逆轉超前軟銀的關鍵。

## 神啊，請多給我一點時間

回顧二〇一六年二月六日，栗山監督刻意挑在貝比魯斯生日這一天告知翔平，他將擔任新球季的開幕戰先發投手。栗山遞給大谷一張信紙，請他記錄今年的目標，大谷寫下「二十勝、二十支全壘打、聯盟優勝、日本一」。事後栗山笑著說：「說實話，我原本以為二十支全壘打是不可能的任務。」「但翔平的厲害之處在於，他擊球的飛行距離是其他人完全無法企及的。他就像是唯一一個在少棒球場打球的成年人，這種飛行距離是他獨有的才能，只要咬中來球就能輕鬆打成全壘打，就算是反方向也輕而易舉。」對於大谷的打擊覺醒，栗山監督開玩笑說：「**翔平一定是召喚了貝比魯斯。**」

總結大谷當年度拿下洋聯年度MVP、札幌巨蛋MVP、交流戰洋聯優秀選手賞、明星賽全壘打大賽冠軍、明星賽第二戰MVP，還同時以投手和指定打擊身分入選洋聯最佳九人，這當然是史上第一次。

不過大谷依舊是那個單純的野球少年。球季結束後大谷接受專訪，與記者有一段有趣的對話：

記者：「如果聖誕老人要給你一個禮物，你想要什麼？」

大谷：「呃……是什麼……應該是時間吧！」

記者：「時間？」（驚）

大谷：「我想要更多時間，大概一個月吧！」

記者：「你想用這些時間來做什麼？」

大谷：「當然還是棒球啊（笑）。休季期間我有各種雜事要忙，我希望再給我一個月的時間來準備開季。」

確實是這樣。休季對大谷並不是鬆懈休息的時候，而是要為新球季備戰。相較於效力大聯盟時期的黑田博樹，每年冬天隱身美國的訓練基地，鮮少出現在大眾媒體，大谷則是飽受各種採訪與活動的干擾。

曾經有一次，大谷在自主訓練時拿起壘球來打，各大媒體瘋傳這是他祕密研發的訓練項目。「我只是看到旁邊剛好有一顆壘球，隨手撿起來玩玩而已……大家的反應太誇張了，我真的只是好奇。」大谷笑著說，但語氣充滿無奈。

## 40 二〇一七——「先發投手、第四棒」日職完結篇

「我還有很大的成長空間，直到現在，我還沒看到自己的極限在哪裡。」——大谷翔平

「大谷絕對是獨一無二的存在，在投球與打擊上都具有相當大的天賦。」——凱許（Kevin Cash，光芒總教練）

「如果保持健康，他有能力成為超級巨星，絕對能與楚奧特、普侯斯並駕齊驅。」——凱許

二〇一六年十一月十三日，為WBC世界棒球經典賽備戰的「侍Japan」日本代表隊，在東京巨蛋與荷蘭代表隊舉行熱身賽。前一天打出全壘打的大谷翔平七局上半上場代打，一棒將球打上東京巨蛋界內區垂直上方的屋頂，而且球鑽進屋頂的縫隙消失了，沒有掉下來。

擔任主審的中職裁判張展榮立刻召集其他裁判討論，最後引用東京巨蛋特殊規則，判定為場地二壘安打。至於上一次直擊東京巨蛋屋頂的是二〇〇二年「酷斯拉」松井秀喜，那一球見高不見遠，多

虧松井的怪力將球打上屋頂才形成二壘安打。不過這次大谷的飛球狀況不同，有專家粗估這一球的飛行距離超過一百六十公尺（約五百二十四英尺），最後工作人員找到這顆球，並送到東京巨蛋內的棒球殿堂博物館收藏。而這支超怪力二壘打也引發美日媒體與棒球迷熱議，有美國媒體稱呼大谷是「大聯盟以外的最強打者」，日本網友則以「滾回漫畫的世界」來表達對他的崇拜。

## 日本棒球生涯「終局之戰」

事實上大谷在前一個月日本大賽對廣島才因為跑壘而扭傷腳踝，接下來歷經幾場WBC熱身賽，以及一月份與達比修的共同自主訓練，二〇一七年二月三日，大谷因右腳踝傷勢宣布退出WBC日本代表隊。緊接著開季後又在四月八日對歐力士之戰因全力衝刺一壘而拉傷左大腿二頭肌，傷病就此成為大谷這一年的惡夢。

大谷一直到七月中才以投手身分在比賽中登板，最終單季僅先發五場拿下三勝二敗、防禦率三點二〇，另外以打者身分出賽六十五場，打擊率三成三二、八支全壘打、三十一分打點。要說這個球季的最大亮點，大概就是十月四日對歐力士的比賽，大谷首度以「先發投手、第四棒」的身分上場，上次有這項紀錄的日職選手已經是一九五一年十月七日的藤村富美男了。這場比賽大谷完封九局投出十次三振，打擊則是四打數一安打還跑回致勝分，終場火腿以三比〇獲勝。

十月十二日，大谷進行右腳關節三角骨去除手術。雖然日職生涯第五年飽受傷病困擾，留下不甚完美的句點，但日本球界、媒體與球迷都有預感，就如同日本古老神話故事《竹取物語》中輝夜姬終將回到月宮，大谷也即將前往大聯盟，那個屬於他的棒球舞台。

## 日職七大傳說紀錄

回顧大谷在日職寫下七大紀錄，雖然不一定是日職之最，但是對於一個年僅二十三歲、職棒資歷只有五年的「二刀流」選手來說，每一項都是不可思議：

**一、高中畢業第三年年薪一億日圓**

二〇一四年底，大谷年薪由三千萬日圓調升到一億日圓，高中畢業第三年年薪攻上一億大關，這是自從西武時代的松坂大輔以來，日職史上第二人。

隔年大谷年薪從一億日圓調升到兩億日圓，再度追平二〇〇七年達比修有的紀錄。

**二、投手通算四十八支全壘打**

過去日職史上投手的生涯全壘打紀錄，是金田正一生涯二十年所締造的三十八轟，大谷只用五年就以四十八轟遙遙超越了。其中單季最多全壘打是二〇一六年的二十二轟。

**三、史上第一位「單季十勝百安二十轟」紀錄達成**

二〇一六年大谷打擊率高達三成二二，三二三個打數打出一〇四支安打、二十二支全壘打，另拿下單季十勝（另四敗），防禦率只有一點八六，成為日職史上第一位「單季十勝百安二十轟」的選手。

**四、連續兩年入選《紐約郵報》「大聯盟年度最具吸引力前五十名人士」排行榜**

雖然當時還效力日職，挑戰大聯盟沒有確定的時間表，也無緣效力WBC日本代表隊，但大谷就以日職選手身分，在二〇一六至二〇一七連兩年被《紐約郵報》選為「大聯盟年度最具吸引力前五十名人士」。

## 五、投打同時入選最佳九人，日職史上第一人

二〇一六年大谷在太平洋聯盟最佳九人獎同時包辦「投手」與「指定打擊」兩項大獎，成為日職史上首位單季獲得兩座最佳九人獎的球員，並以壓倒性票數獲選洋聯年度MVP。

過去日職規定最佳九人獎的「投手」與「指定打擊」不能由同一人獲獎，因此大谷等於是修改規定後第一位包辦兩座獎項的選手。

## 六、東京巨蛋消失的飛球

二〇一六年十一月十三日，日本國家隊在東京巨蛋與荷蘭的練習賽，大谷直擊界內區屋頂的超高飛球，球打進屋頂縫隙而未落下，就像被巨蛋的屋頂吃掉了，依規則被判定為二壘安打。這是二〇〇二年松井以來的第二人。

## 七、日職極速一六五公里的球速紀錄

二〇一六年十月十六日，大谷對軟銀季後賽以指定打擊、先發第三棒上場，最後一局出乎意料地換上投手手套，以救援投手身分登板。

結果他狂飆極速一六五公里的速球，刷新自己保持的一六四公里日職球速紀錄，還拿下職棒生涯第一場救援成功。

# 兩位監督的「父愛」

十月十二日進行右腳關節三角骨去除手術後，大谷直到十月二十六日才康復出院，這段期間他經常躺在病床上看大聯盟季後賽轉播，「對於棒球選手來說，這（指大聯盟）就是最頂峰了。雖然現在

想像（在大聯盟打球）還為時過早，但這確實是我的夢想。」

一個不為人知的事實：二〇一七年季中，大谷就已經多次與高中的恩師佐佐木洋電話討論。佐佐木監督雖然主觀期望大谷盡快赴美挑戰，但他也提醒大谷，「夢想與挑戰固然重要，也必須同時考慮身而為人、特別是成年人的現實生活。你今年已經受傷了，一旦到了美國，大聯盟比賽用球的材質不同、投手丘更硬，都可能增加身體的負擔，甚至造成肩膀與手肘受傷。別忘了你在二〇一七年沒有突出的投球成果，球季結束後右腳踝還動手術，況且到了美國還有可能因為其他原因受傷，甚至可能嚴重到再也無法打球。考慮到這些風險，我希望你慢慢來，不急著去美國。」

結果大谷只回答一句話「我想去！」聽到大谷的回答，佐佐木監督反而為了自己表達這麼多的擔憂而感到不好意思。

佐佐木監督對大谷其實就與父母之愛無異：在人生的長河裡，永遠不知道會發生什麼事，在球場上的任何動作都可能引發運動傷害，也沒有人能保證在美國不會發生意外。當這些風險從腦海裡閃過時，任何父母都會擔心自己的孩子，這就是佐佐木監督對大谷傳達的「父愛」。

另一位棒球場上的父親——栗山監督，也是同樣的心境，「如果要我列出一百個困難之處，我做得到。投這麼多真的可以嗎？讓他上場打擊真的沒問題？我常常到最後一刻都還在煩惱這些問題，就連比賽中也很擔心。但無論如何，我都不想去破壞這一切，我唯一能做的，就是讓翔平打球時充滿能量，只是要做到這一點真的很難。」

五年前，佐佐木監督在大谷入團時提出「先發投手，第四棒」的願景，如今這張藍圖已然成真，十月四日在札幌巨蛋的比賽，正是「真・二刀流」在主場的完結篇。

## 正式宣布挑戰大聯盟

二〇一七年十一月十一日上午十一時，背號十一號的大谷在東京的日本記者俱樂部召開記者會，正式宣布挑戰大聯盟。二〇一七年十二月確定加盟洛杉磯天使隊之後，他立馬創下一項球員卡的銷售紀錄：棒球卡廠商Topps在Topps Now系列推出「大谷翔平加盟天使」紀念卡，發行二十四小時內狂賣超過一萬七千張，打破該公司有史以來的紀錄。

二十三歲、綽號「日本貝比魯斯」的大谷翔平，將在大聯盟締造什麼紀錄與熱潮？不只亞洲棒球迷，就連美國球迷也引頸期盼！

# PART 5

# 渡海

## 洛杉磯天使

Shohei Ohtani

二〇一七年十一月十一日「挑戰大聯盟」記者會上，有記者問到大谷翔平挑戰大聯盟的動機。記者提到大谷的偶像達比修有，當年渡海挑戰的原因是「想繼續保有打棒球的動機」，達比修曾經舉例說，他在日職的球路軌跡即便達不到自己的標準，卻仍然可以壓制打者。所以簡單說，這就是一種「獨孤求敗」的心情。

記者問，是不是這種找不到對手的心情，刺激大谷挑戰大聯盟？

「完全不是這樣。」大谷回答，「首先，不論投球或打擊，我都不認為自己是日職最好的選手，我也不存在『最佳選手才能挑戰大聯盟』這種想法。一般人或許認為必須在日本具有壓倒性的實力才能挑戰大聯盟，所以認為我還不夠格，當然，我也覺得『達到顛峰之後再去』這種想法很好。但是對我來說，我要去，是因為我現在就想去！我在日本還有一些事情要完成，但這並不意謂我不能在那裡（美國）完成，我認為如果現在去，我可以學到更多。」

那麼大谷從什麼時候開始嚮往大聯盟？「在岩手縣，電視台幾乎都只轉播巨人隊的比賽。可是看到一朗桑、松井桑、松坂桑等日職頂尖選手在海外獲致傑出的成就，憧憬之情油然而生。對小孩子來說，這或許稱不上有多深遠的意義，但就是很率直地想成為這樣的人。這就是我小時候單純的願望，『我想成為像他們這樣的人』。」大谷回答。

每當有人問大谷「為什麼想成為職棒選手」，他的回答從來不是「因為我崇拜某某選手」或「因為我喜歡某某球隊」，他的回答永遠是：

「因為我喜歡棒球。」

就算已經登上棒球之巔，但大谷永遠是那個背包裡放了手套和飯糰、到公園或河堤打棒球一整天的「野球少年」。

# 41 天使17號大谷翔平，誕生

「我來這裡就是為了『二刀流』，我想向每個人證明我做得到，這就是我挑戰大聯盟的主要動機。」——大谷翔平

「他將成為超級巨星。句點。我認為『二刀流』是不可能的，但擔任打者將締造單季四十轟、四十盜，擔任投手終將贏得賽揚獎。」——沙法提（Dennis Sarfate，軟銀鷹隊終結者）

「棒球界已經有超過一百年，沒再出現像大谷翔平如此不可思議的天才了。」——格拉瑟（Kyle Glaser，《棒球美國》記者）

二〇一六年二月十日，睽違近三十年之後，日本火腿球團第一次將春訓地點從沖繩移師美國。大聯盟三十隊的球探幾乎全員到齊，而各隊眼中的獵物只有一個——大谷翔平。

雖然只是移地訓練的開始，但大谷一上場就飆出時速一百五十七公里的速球，「就跟傳說中一

樣。」洋基球探這麼說。為了爭取大谷，據說洋基球團已經備妥至少二百五十億日圓（約合新台幣六十六億元）準備一戰。

不只如此，熟知大谷的大聯盟球探將他的投球評比為七十分（速球是滿分八十分，滑球、快速指叉球六十五分，曲球、變速球、控球六十分），相當於當年度選秀會的最佳投手；打擊評比則為六十分，在當年度選秀會打者排名第四。前大聯盟水手隊打者、二〇一七年轉戰日職歐力士隊的洋砲羅梅洛（Stefen Romero）告訴新秀評比網站《棒球美國》（Baseball America）：「大谷的快速指叉球看似速球，卻有高達兩英尺（六十一公分）的垂直下墜幅度。」二〇一五至二〇一七年的洋聯救援王沙法提（Dennis Sarfate，軟銀）則說：「他將成為超級巨星。句點。我認為『二刀流』是不可能的，但擔任打者將締造單季四十轟、四十盜，擔任投手終將贏得賽揚獎。」

## 紐約媒體：「膽小鬼，不敢到紐約打球」

在大谷選擇天使之後，幾支勢在必得的球團都嚥不下這口氣，道奇王牌投手柯蕭怒指大谷和他的經紀人「浪費大家的時間與努力」，一向尖酸的紐約媒體更嘲諷大谷「膽小鬼，不敢到紐約打球」。

但真是如此嗎？

我認為，大聯盟球團直到現在都無法理解這個「野球少年」的想法，而且當大谷想得愈單純，這些球團就更加疑惑；或者反過來說，這些球團越是認真，他們就越不相信大谷「不為金錢所動」、「自認是未完成品」這種單純的想法。

為什麼說大谷的想法單純？首先，大谷並沒有渴望加盟特定球團，對於自己要在哪座城市打球也不預設立場。他渡海挑戰是源於自己想在世界最高棒球殿堂打球，而不是兒時崇拜特定的球員或球隊，更不是為了錢。再者，他與日職賢拜的想法也完全不同，過去挑戰大聯盟的日職球星多半已在國內功成名遂，認為日職已無法滿足，才會興起轉戰大聯盟的念頭。可是大谷卻從一開始就設定以大聯盟為目標，他想的是從哪條路徑才能登上這座棒球之巔。

「鬥士大學」五年期間，大谷在二〇一四年締造「單季十勝十轟」的百年紀錄，二〇一五年拿下「勝投、防禦率、勝率」另類投手三冠王，二〇一六年則獲選洋聯年度MVP、以投手及指定打擊身分入選洋聯最佳九人、率領球隊登上日職總冠軍。不管二〇一七年的結果如何，他都已經決定要從「鬥士大學」畢業，這不只是大谷的規畫，更是栗山英樹監督的承諾。

這就是為什麼不管大谷有多努力，栗山監督總是告訴他「這樣還不夠」的原因，因為栗山知道，大谷的終點不在日職，必須以大聯盟的高度來要求他。

高中恩師佐佐木洋監督回顧大谷在日職的一個場景讓他印象深刻，「那場比賽火腿以大比分落後，比賽終了前，大谷打出滾地球後以前撲式滑壘（頭部滑壘）衝上一壘……即使球隊大幅落後，他也從不放棄，全力以赴地打到最後。對於他這種不把受傷風險當一回事的態度，我一邊看電視，心裡忍不住暗罵『這個笨蛋』，但這就是大谷，不是嗎？他跟高中時代完全沒變。雖然球技進步很多，但我很欣慰他的打球態度就跟高中時一模一樣。」

## 兩階段入團交涉過程

二〇一七年十二月一日，大谷飛抵洛杉磯，與大聯盟球團展開為期兩週的入團交涉。他住在

ＣＡＡ創意藝人經紀公司（Creative Artists Agency）附近的飯店，每天重複「起床後到附近公園跑步及傳接球→在飯店吃早餐→到經紀公司開會或面談→在經紀公司吃午餐→會議結束後回飯店健身房鍛鍊」的行程。差別是在美國得以享受自由的空氣，這段期間他只被一名韓國人認出來，「大谷先生！」大谷回答「非常謝謝你」。

回顧這段過程，大谷臉上忍不住露出溫柔的笑容。

據說有二十五至二十七支球團遞交第一階段的書面審查資料，經大谷逐一詳讀後，決定將下一階段面談範圍縮小到下列七支球團：舊金山巨人、西雅圖水手、洛杉磯道奇、德州遊騎兵、聖地牙哥教士、芝加哥小熊和洛杉磯天使。

為了贏得大谷，各隊精銳盡出：

・洋基推派大谷兒時的偶像松井秀喜當說客，總經理凱許曼（Brian Cashman）在參加高樓垂降活動時，從頂樓二十二樓向大谷喊話：「大谷先生，紐約一直期待你的到來，這裡是為了全世界偉大球員而準備的舞台，相信你就是下一位。我們在這棟大樓頂樓大聲告訴你，我們對你很有興趣，希望你能聽到。」

・道奇派出王牌投手柯蕭、當家三壘手透納（Justin Turner）在內的團隊參與面談，中場休息時柯蕭特地拉著大谷到會議室一角單獨說話。根據居間翻譯的經紀公司人員麥特日高轉述，大谷面對大聯盟最佳投手、只有在電視上才看得到的柯蕭，他緊張到連回話都會發抖，只能猛點頭。

・巨人則邀請當家捕手波西（Buster Posey）在會議上介紹球團的文化，而波西也是ＣＡＡ經紀公司旗下球員。

・紅襪球團主打「芬威球場是上一位『二刀流』（指貝比魯斯）的主場，現在，波士頓已經準備好迎接下一位先驅者了。」

這其中不乏從大谷高中時期就開始觀察他的球團，最後卻連第一階段都沒通過。對於空手而歸的球團來說，大谷選擇天使的理由顯然不太有說服力：

「就是憑感覺不是嗎？真的啦！」

「這是個讓我『感覺對了』的團隊，我想像自己穿上球衣、站在主場、上場打球、回到休息室，甚至在這裡生活。當我想像這些畫面時，我的感覺是好的。」

「在即將決定天使之前，我們親自到球場走一趟，和他們打招呼、交談、參觀設施，我心想『感覺對了』，就決定是天使了。」

總歸一句，就是「感覺」，一個滿腦子只有棒球的「野球少年」，這是來自他心底最單純而真實的想法，但在商業色彩濃厚、重視法律與契約的美國，顯然是無法理解的。

## 球衣背號17號的意義

二〇一七年十二月九日的天使加盟記者會上，大谷用這句話作為開場白："Hi, my name is Shohei Ohtani." 在被問到為什麼選17號作為球衣背號時，他幽了楚奧特一默：「我原本想選27號，但被人穿走了。」（天使當家球星楚奧特的招牌正是27號）

大谷火腿時期的背號11號，早在一九九八年就因為紀念前天使球星佛雷葛希（Jim Fregosi）而被天使球團永久退休。至於17號則是大谷在花卷東高校一年級時的球衣背號，菊池雄星一年級也是17

號，這是花卷東高校給未來王牌投手的「出世番號」。

一個巧合：五年前的十二月九日，正是大谷加盟日本火腿的記者會。這場天使記者會的日期當然不是刻意安排，但依舊讓人嗅到濃厚的宿命氣息。而大谷與火腿球團也用實際成果證明「迂迴而行，反而更快」的真實意義。

# 42 二〇一八——高中生的逆襲！美聯新人王

「就算是處在極佳狀態，與其維持，我更希望去嘗試能超越的方法。」——大谷翔平

「大谷是世代等級的天才，如果你往前追溯三十至四十年，你會說『這世上只有一個大谷翔平』。」——大聯盟某球團總經理

「大谷選手本季史詩級的成就，不僅鼓勵了日本後進，甚至將帶給世界各地以大聯盟為目標的孩子們莫大的鼓勵。」——川上紗實（《MLB Japan》負責人）

「大谷翔平重新定義現代棒球，他吸引了全世界的目光。」——《美聯社》

在棒球比賽分工精細的今天，能同時從事投打兩項領域而且有傑出的表現，稱之為「天才」並不為過。一位大聯盟球團總經理形容大谷是「世代等級的天才，如果你往前追溯三十至四十年，你會說『這世上只有一個大谷翔平』。」

但在天分的背後，我們經常忽略了大谷無與倫比的鬥志與努力。天使前總經理艾普勒（Billy Eppler）就透露一個大谷不為人知的故事，這件事發生在他二〇一八年前往天使春訓基地報到之前。

## 「垂直起跳」也不想認輸的無比鬥志

大谷與天使簽約並搭機返抵日本後，天使球團隨即派出一個團隊前往日本，對大谷進行一連串體能與協調性的測試，目的是建立基本資料，作為後續訓練的評估使用。

大谷在每個項目的得分都遠高於平均，只有「垂直起跳」例外。在這項測試結束後，大谷問艾普勒：「成績如何？」

艾普勒看了一下數據，再與一般運動員的歷史數據常態分布圖對照比較。當下艾普勒有點訝異，倒不是大谷這項成績不及格，而是因為這是他唯一沒有「遠高於平均值」的項目。

艾普勒回答：「呃……還不錯，就在平均值附近。」

大谷聽到之後的反應是垂頭喪氣。平均值？他不能接受。

一個月後大谷正式前往天使春訓營報到，所有受邀參加春訓的選手都要做同樣的測試，於是他再做了一次垂直起跳。球團人員看了大谷的數據後說：「不對，這數字一定是錯的。」他們馬上要求大谷「你再測一次」，大谷照做了，兩次數字完全一樣！

雖然難以置信，但這是真的：大谷在春訓報到時「垂直起跳」的數據，比他一個月前第一次測試的結果高出十英寸！對此艾普勒的解釋是，「一般運動員若全力投入『垂直起跳』的訓練，一個冬天下來如果進步二點五英寸，那就已經是非常顯著的進步了。」

大谷這次「垂直起跳」的數據是天使球團有史以來的第三名。艾普勒後來問到了答案：在大谷得知自己的測試數據只有平均水準之後，他找了許多影片來研究技巧，包括如何在臀部肌肉蓄積力量、如何運用下肢與地面的作用力、如何以整個腳掌施力（包括腳後跟）、如何擺動手臂等，相較於一般運動員學習與苦練一個冬天可能進步二點五英寸，大谷只花了不到一個月就進步了四倍之多！

不可否認，這固然是極高的運動天分才做得到，但換個角度想，大谷是棒球員，不是田徑或跳高選手，「垂直起跳」僅僅是他眾多測試中的一項，只是基本體能的一小部分，與球場上的投打表現沒有直接相關，更與他未來的合約薪資無關。然而他卻願意投入這麼多心力去廣泛蒐集資料、深入研究、持續鍛鍊，這種無與倫比的鬥志以及要求完美的企圖心，比天分更令人尊敬。

艾普勒的結論如下：「從第三者的角度，這件事或許沒什麼大不了。但如果我們要坐下來討論誰是棒球、美式足球、籃球乃至於所有運動項目中最具競爭力的選手，他絕對值得列入討論範圍。」

隊友楚奧特也證實大谷有多麼力求完美，「他會把事情記下來，勤奮地抄筆記，試著讓自己每一天、每一天都更進步。」「他對任何微小的地方都很用心，力求完美。」

## 「高中生」、「笑死」的鄉民典故

二〇〇一年水手春訓營，某位資深球探看了菜鳥鈴木一朗熱身賽的糟糕表現後，曾經向總教練皮尼拉（Lou Piniella）解釋，「偉大打者都是為球季作準備，而不是為春訓作準備。」這句話不僅適用於一朗，更是大谷第一年的寫照。

大谷在跨海挑戰第一年的熱身賽表現簡直糟透了，兩場先發總共只投了二點二局，被打擊率五成二九，防禦率高達二十七；打擊則同樣低迷，三十二個打數只有四支安打，沒有任何長打，打擊率僅一成二五。頂著「日本貝比魯斯」封號，加上經紀公司的高調作風，大谷反差極大的春訓表現招致媒體、專家與球迷狂酸，還引發後來的「高中生」事件。

美國ESPN棒球專家帕森（Jeff Passan）在春訓尾聲撰文分析，根據他訪談八名球探對大谷打擊的評價，普遍認為他開季後應該下放小聯盟磨練，其中一名球探直言，「他感覺像個高中生打者，因為他從沒看過很好的曲球，大多面對速球與變速球。如果是你，會讓高中生打者跳級打大聯盟嗎？」

球探認同大谷具有成為好打者的資質，但需要時間去修正揮棒時平衡感不佳、臀部會開掉等問題。雖然大谷和「少年強打」哈波（Bryce Harper）同樣採取高仰角的打法，爆發力也夠，可是他打出去的幾乎都是滾地球，「你不能在大聯盟做中學，這是不被允許的。」另一名球探說。

結果開季不到半個月，帕森公開道歉，因為大谷用球棒狠狠打臉這些所謂的「專家」。首先，他在三月二十九日客場對運動家的開幕戰，就將他在大聯盟看到的第一球打成穿越一二壘之間的滾地安打，成為繼松井秀喜、松井稼頭央、新庄剛志、福留孝介之後第五位「大聯盟生涯首打席安打」的日籍打者；接下來連三場開轟，包括砲轟賽揚強投克魯伯（Corey Kluber），成為美國聯盟有史以來第一位「生涯前三場主場比賽至少各有一支全壘打、兩分打點」的打者。

投球表現則不遑多讓，大谷在四月一日對運動家的生涯初登板就投出先發六局三安打失三分、六次三振的好球，拿下首勝；四月八日的第二場先發（對手同樣是運動家）再投出先發七局一安打無失分、狂飆十二次三振的驚世之作，逼得帕森在當天晚上撰文道歉。從此之後，「高中生」就成為大谷在台灣網友及鄉民之間口耳相傳的綽號。

至於「笑死」這句網路流行語也是這麼來的。大谷在春訓熱身賽只要表現不佳，PTT棒球板就會有鄉民在底下推文「笑死」嘲諷他；久而久之，不管大谷表現好壞，只要出現有關他的資訊，底下留言就會刷一整排「笑死」。

截至五月二十日止，大谷七場先發拿下四勝，飆出五十二次三振，防禦率三點三五，打擊率則高達三成二一，二十四場比賽夯出六支全壘打。你一定想問，「高中生」大谷的打擊為什麼在開季後出現神奇大逆轉？

答案是右腳腳尖的微調。大谷與哈波的打擊機制相近，日本球界稱之為「逆一本足打法」，同為左打的兩人在右腳跨步的同時，原本是軸心腳的左腳隨著重心移轉而抬起，亦即在擊球當下將身體重心由左腳迅速向前移轉至右腳，以增加打擊動能，接著在右腳著地時形成頭、身體右側、右腳一直線的軸心，旋轉身體揮棒。至於他在開季前的微調，則是取消原本「抬起右腳跨步出去」的動作，改為不跨步的「不落足打法」（No-Step），亦即揮擊時右腳腳尖不離地，僅做軸心式的旋轉。

在投球上，大谷壓制大聯盟強打者的武器則是「惡魔指叉」（快速指叉球），總計二〇一八年五十五個打數只被打出兩支安打，投出多達三十五次三振，堪稱大聯盟最難打的單一球種。主要關鍵在於大谷速球與快速指叉球的「共軌效應」，兩種球路從投球動作、放球點到前段行進軌跡幾乎一樣，打者無從判斷之下只能猜球打；再加上大谷的速球球速動輒逼近三位數，快速指叉球又有驚人的下墜幅度，這是要打者怎麼活？

## 年度新人王的榮耀

二〇一八年六月八日，天使球團宣布大谷因右手肘尺側副韌帶二級撕裂傷，列入傷兵名單，將採用自體血小板血漿（Platelet-rich plasma，簡稱PRP）注射治療，預估至少休養三週；同年九月五日則因為右手肘韌帶發現新損傷，決定在球季結束後進行手術，當年度的好投嘎然而止。

所幸「打者翔平」持續進擊，即便球團宣布大谷將動手術的九月五日當天，他的心情絲毫不受影響，單場四支安打，包括第十七、十八轟雙響砲，一舉超越偶像松井秀喜菜鳥年的十六轟。最後就以兩成八五打擊率、二十二支全壘打、十次盜壘成功，外加投球成績四勝二敗、防禦率三點三一、六十三次奪三振，成為大聯盟史上「單季二十轟、十場先發登板、十次盜壘成功」的第一人。

十一月十二日，大谷獲選為美聯年度新人王，成為繼野茂英雄（一九九五）、佐佐木主浩（二〇〇〇）、鈴木一朗（二〇〇一）之後第四位拿下新人王的日本人選手，就連當初批評他只有高中生程度的作家帕森也將第一名選票投給了他。

雖然手肘受傷成為大谷大聯盟菜鳥年、乃至於生涯前三年的最大變數，但他已經讓世人看到驚人的棒球天賦，以及「投打二刀流」實現的可能性。他的天分連「地表最強打者」楚奧特也甘拜下風。

二〇一八年當大谷初來乍到天使春訓基地時，楚奧特與大谷被分在打擊練習的同一小組，他後來受訪時這麼說，「我對他的第一印象是他擊球的飛行距離比我見過的任何打者都還要遠，我看過許多怪物打者的打擊練習，史坦頓、川柏（Mark Trumbo）……但他是不同等級。」

楚奧特所言不假，他對大谷的爆發力非常好奇，甚至曾經跟大谷要過球棒，「我想檢查看看，他是不是使用夾層棒。」楚奧特話一說完，連他自己都笑了。

## 43 二〇一九至二〇二〇——完全打擊成為唯一亮點

「我只想持續變得更好。這是個漫長的球季，我還有許許多工作要做。」——大谷翔平

「我不知道我們能否有機會見證到有人可以投到一〇一英里，又把球轟到六百英尺遠。所以大谷真的很特別，他的天賦是如此不可思議，希望他能保持健康、擁有長遠的職業生涯。」——巴恩斯（Matt Barnes，紅襪終結者）

「在全球疫情肆虐之際，有這樣一位超級巨星橫空出世，他為我們所有人點燃了希望之光。」——東山紀之（日本偶像男星）

「他是現代版貝比魯斯，有什麼比身兼球隊最佳打者與投手更有價值？」——大衛・藍儂（David Lennon，《Newsday》專欄作家）

對於「二刀流」選手如大谷翔平，你是否想過一個問題：投手與打者的釘鞋設計不同，難道同場

又投又打就必須不斷更換釘鞋嗎？

## 隱藏在「二刀流」釘鞋的祕密

答案是肯定的。大谷在加盟日職初期就必須準備兩款釘鞋，分別作為投球與打擊使用，但在他表達不喜歡換穿的想法之後，他所代言的亞瑟士（ASICS）從二〇一六年開始研發一種既可以投球又可以打擊、甚至還能守備與跑壘的釘鞋。這是一款鞋底為聚氨基甲酸乙酯樹脂（Polyurethane resin）製成的鞋釘，目的是「即便激烈的滑壘，也能因為相對堅固耐用的材質，讓選手產生安定感」。

簡言之，這款釘鞋的設計兼顧投手與野手的比賽需求。以右投手為例，啟動投球當下由於左腳向前大跨步，拖行在後的右腳腳尖必須承受強大的磨耗，因此多數投手都會在軸心腳的釘鞋腳尖部位加裝「P革」，亦即加固皮革，用以增加投球時的耐用性與堅韌性。然而，同樣一雙釘鞋若被大谷穿上場打擊與跑壘，就會產生重量過重、左右腳重量不一致等問題，影響平衡感。

因此，亞瑟士研發團隊改用聚氨基甲酸乙酯樹脂製成加固皮革及膠釘，藉以兼顧大谷投球時右腳釘鞋前端的耐用性，以及打擊與跑壘的輕便性及平衡性。

至於這種化學素材包覆的釘鞋雖然較傳統的人造皮革更加堅韌耐用，但在運動時卻缺乏皮革原有的彈性及延展性。為了克服這個問題，研發團隊將這款釘鞋除了腳趾以外的部分全部薄型化，研發團隊成員河本勇真就說：「這款釘鞋在投球時更耐用，在打擊時則可靈活彎曲，以配合揮棒動作。」「這確實是為『二刀流』打造的專屬釘鞋。」

另外，由於大谷非常重視在投手丘與打擊區的「站立感」，因此亞瑟士研發團隊在二〇二〇年針對這款「二刀流」釘鞋再改版。大谷所謂的「站立感」指的是什麼？由於鞋釘的特殊構造，造成運動員穿釘鞋站立時的平衡感、乃至於腳掌與地面的貼合感，都與日常站立的感覺相當不同。大谷很重視「站立感」，他要求研發團隊將這款釘鞋改為全平底，大谷形容這種形式「與他的理想相近」，能讓他在投球與打擊時將力量牢牢地傳遞到地面，這也是他認為在二〇二一年投打績效顯著進步的原因之一。大谷說：「改為平底之後，鞋釘與整個鞋底融為一體，形成單一平面，所以你可以站得更穩。」「有良好的站姿與感覺是相當重要的，能幫助我們在維持良好站姿的情況下進入投球與打擊機制。我認為腳底能與地面平行站立，還能維持釘鞋的抓地力，這是最棒的設計。」

## 支撐「二刀流」的日本人專業團隊

面對二〇一八年十月右手肘尺骨附屬韌帶重建術長達一年以上的復健期，二〇一九年九月為治療先天性髕骨分裂而進行左膝手術，再加上二〇二〇年全球COVID-19疫情爆發造成球季縮水，這對大谷可說是漫長而難熬的兩年。所幸這段期間有一個專業的日本人團隊提供支持，共同為「二刀流」百年挑戰奉獻心力：

### 水原一平

二〇一八年二月跟隨大谷赴美的專屬翻譯。水原過去就在日本火腿球團擔任外籍選手的翻譯工作，與大谷有五年同隊之誼，再加上他曾經是岡島秀樹效力紅襪時期的翻譯，自然成為大谷專屬翻譯的第一人選。

除了負責美國媒體採訪、教練團溝通、隊友間對話等翻譯工作之外，水原還必須協助大谷的牛棚練投、守備練習、體能訓練、供應早餐、貼身攝影，擔任大谷打電玩與打籃球的對手，甚至在二〇二一年七月大谷參加全壘打大賽時客串餵球捕手。此外，在大谷二〇一九年考到加州汽車駕照前，水原負責開車接送他到球場；二〇二〇年COVID-19疫情肆虐，大聯盟官方辦公室建議球員盡可能待在家中不要外出，這段期間大谷的各項日常必需品都是由水原負責採買。

就如大谷所言，「過去五年一起效力火腿隊期間，我就很信任他，由他來當我的翻譯，我真的很放心。」

**寺田庸一**

寺田從二〇一一年開始擔任日籍左投高橋尚成在天使球團的專屬翻譯及按摩師，現在則協助大谷進行各項訓練，尤其是「二刀流」高難度挑戰之下的特殊體能訓練工作。

**明治（Meiji）株式會社**

二〇二〇年休季期間美日多家媒體報導大谷定期抽血，藉以檢驗食品營養與球場績效、乃至於與傷後復健間的關聯性，他還為此調整飲食習慣。而這家提供科技協助的公司，就是知名的明治株式會社。

至於明治株式會社派給大谷的營養管理師大前惠，兩人曾被直擊共同進出天使球場附近的日本超市購物，一度被謠傳是大谷的女朋友，但當時她的年紀其實是大谷的兩倍有餘。

由於過去並沒有「二刀流」選手的飲食數據可供參考，因此大谷便自行計算每日用餐熱量，甚至連用餐的時間也必須精算與管理，對飲食細節的注重程度可見一斑。從二〇一四年起，大谷除了傳食物照片請大前惠給予營養指示之外，更對食物成分及營養價值處處好奇，他會問大前惠：「這種巧克力含有多少咖啡因和可可多酚？」「請評價雞蛋及牛奶所含蛋白質的優劣差別。」甚至對每種胺基酸的不同組成表達高度興趣。

大前惠讚許大谷高度自律的飲食管理，也對未來抱持高度期待，「大谷說，要追求身體的進化到三十歲為止，三十歲以後才是技術層面的提升。在他的技術還沒有完全進化前，就能繳出如此亮眼的成績，不禁讓人更期待他的未來。」

## 日籍選手「完全打擊」第一人

受到傷病及疫情困擾，大谷在二〇一九年未以投手身分出賽，二〇二〇年只先發兩場拿下〇勝一敗，主投一點二局責失七分；至於打擊表現上，二〇一九年一〇六場出賽留下兩成八六打擊率、十八支全壘打、十二次盜壘成功的成績，但二〇二〇年則陷入赴美以來的最低潮，打擊率僅一成九〇、七支全壘打。

要說這兩年最大的亮點，那就是二〇一九年六月十三日的完全打擊了，在這場對光芒的比賽，大谷首局夯出三分砲、第三局二壘打、第五局三壘打、第七局再敲一壘打，成功締造下列紀錄：

・這是天使隊史第七位、第八次完全打擊，上一次是二〇一三年五月二十一日的楚奧特。

・天使隊史第一位締造完全打擊的左打者，更是日籍選手第一人。

・一九〇〇年以來第二位「生涯至少兩勝，還打過完全打擊」的選手，上一位是名人堂球星希斯勒（George Sisler，五勝、兩次完全打擊）。

・大聯盟史上第六位以指定打擊身分締造完全打擊的選手。
・光芒純品康納球場（Tropicana Field）第三次完全打擊。
・大聯盟史上第十六位完全打擊的年度新人王。

在度過最失落的一年之後，如何在二〇二一年以「二刀流」身分健康出賽一整季，就成為大谷最基本的目標。

# 44 二〇二一年四至五月——「真・二刀流」大暴走

「我喜歡二刀流的原因是，如果我可以為自己打回分數，這將為投球帶來更多信心，我就能在投手丘上投得更具侵略性，而不是處於被動狀態。」——大谷翔平

「我們正在見證歷史。」——大聯盟官方推特

「不管是在打擊區、還是在投手丘、還是在左外野，大谷翔平總會出現在天使隊需要他的地方。」——丹尼爾・葛雷諾（Daniel Guerrero，大聯盟官網記者）

「大谷翔平改變了人們評估偉大棒球賽季的方式。」——《運動新聞》（Sporting News）

二〇二一年，大谷翔平終於迎來大聯盟生涯第一個健康的球季。在「真・二刀流」全面啟動之下，大谷締造了被媒體與專家譽為大聯盟史上、甚至運動史上最偉大的一年。

以下四篇將逐場記錄大谷翔平二〇二一年球季的每一場勝投與每一支全壘打，完整呈現關鍵場景

與投打紀錄，為不朽的歷史作見證。

**二〇二一年四月二日（主場對白襪，8：12敗）**

【打者】先發第2棒／DH：5打數2安打，2打點，2得分，1三壘打，1全壘打（1），3三振

春訓十三場熱身賽繳出.548打擊率、五支全壘打、攻擊指數（OPS）1.604的大谷，開季第二場比賽就從白襪終結者漢瑞克斯（Liam Hendriks）手上敲出本季首轟。這支全壘打的飛行距離達四二一英尺，是大谷大聯盟生涯第四十八轟，追平城島健司，並列史上日本人選手第三名。

**二〇二一年四月四日（主場對白襪，7：4勝）**

【投手】先發4.2局，無關勝敗：奪三振7，四壞5，被安打2，自責分1

【打者】先發第2棒／投手：3打數1安打，1打點，1得分，1全壘打（2）

在十一月十五日的返國記者會上，大谷點名這一戰是他二〇二一年印象最深刻的一場比賽。因為這是他大聯盟生涯第一次「真・二刀流」（同場先發投打），而且首打席就開轟，「那場比賽之後，掃除了所有不安。」

大谷在這場比賽投出101.1英里的速球，是大聯盟開季迄今先發投手的最快球速（也是生涯最快）；一局下半夯出擊球初速115.2英里的全壘打（飛行距離451英尺），則是大聯盟開季迄今初速最快的全壘打。其他紀錄如下：

・大聯盟啟用Statcast系統以來（二〇一五年迄今），首位在同一場比賽投出球速超過100英里

速球、而且擊球初速超過110英里的選手。

・擊球初速115.2英里的全壘打，是天使隊史第二快、大聯盟史上投手最快。

・一九七三年美聯啟用指定打擊制以來，第一位在純美聯賽事（兩隊都是美聯球隊）揮出全壘打的先發投手。

・單場投出九顆球速100英里以上的速球，這是二〇〇八年有球路追蹤系統以來天使先發投手單場第二多，僅次於二〇〇八年六月二十五日山塔納（Ervin Santana）的十顆。

・一九〇三年九月七日紅雀隊鄧利維（Jack Dunleavy）之後，相隔一一七年再度有先發投手打第二棒。

大聯盟官方推特推文：「我們正在見證歷史。」

前洋基王牌左投沙巴西亞（CC Sabathia）：「大谷是我看過的最佳選手，他是所有大聯盟選手夢想成為的球員。」

**二〇二一年四月九日（客場對藍鳥，7：1勝）**

**【打者】**先發第2棒／DH：5打數2安打，4打點，1得分，1二壘打，1全壘打（3），1三振

延續開季以來的火燙手感，二局上半大谷先在滿壘時掃出直擊右外野大牆的清壘二壘安打，五局上半再追加中外野422英尺全壘打。對照前一季只有七轟、打擊率.190，大谷將新球季的猛打歸功於膝蓋恢復健康；另外，球棒材質從北海道特產的青梻木改為黃樺木，前一年棒頭過重的問題也獲得改善，「現在的我有自信用任何球棒打出全壘打。」

這支全壘打是大谷在大聯盟的第五十轟，成為松井秀喜（175轟）、鈴木一朗（117轟）之後第三位達到生涯五十轟里程碑的日本人選手。但他僅以262場比賽、997個打席就達標，遙遙超越松井的329場、1,393個打席，成為史上最速五十轟的日籍球員。

**二〇二一年四月十三日（客場對皇家，2：3敗）**

**【打者】先發第2棒／DH：5打數3安打，1打點，1得分，1全壘打（4）**

打擊區的大谷無所不能。繼前一天單場三安、包括擊球初速119英里的二壘安打（2019年以來大聯盟最快）之後，這場比賽再度進帳三支安打，連續兩天猛打賞。

大谷首打席將平凡的游擊滾地球跑成內野安打，只花4.04秒就跑上一壘，跑壘速度每秒29.5英尺，接近大聯盟最頂級的跑速；另外，第三打席的全壘打飛行距離則遠達431英尺。

現場主播歐尼爾（Patrick O'Neal）：「看他打球太有趣了，天空才是他的極限。」

**二〇二一年四月二十一日（主場對遊騎兵，4：7敗）**

**【打者】先發第2棒／DH：3打數1安打，1打點，1得分，1全壘打（5），2三振1觸身球**

前一天先發四局投出七次三振無失分的大谷，這場比賽扛出本季第五轟，美日生涯通算百轟紀錄達成，但一個亮點是他全壘打繞壘的速度。

由於這一球的飛行距離僅402英尺，在不確定是全壘打的情況下，大谷揮棒後全力衝刺，只用17.3秒就跑完四個壘包，成為開季迄今繞壘速度最快的全壘打（不計場內全壘打），就連現場主播也直呼「瘋狂」。

一個更狂的數據是：大谷本季打擊率.310、上壘率.355、長打率.690，攻擊指數（OPS）1.044竟然超越投球的防禦率1.04，成為另類「二刀流」奇蹟。

**二〇二一年四月二十四日（客場對太空人，2：16敗）**

**【打者】**先發第2棒／DH、左外野手：4打數1安打，1打點，1得分，1全壘打（6）

大谷在三局上半轟出中外野陽春砲，不過全場焦點都在他的投、打、守「三刀流」任務解鎖。

八局上半結束天使以十一分遙遙落後，下半局教練團索性將左外野手本布姆（Anthony Bemboom）推上投手丘消化局數，並取消指定打擊，大谷則臨時借了隊友厄普頓（Justin Upton）的手套上場。這是他大聯盟生涯首次以野手身分上場守備，上一次守外野已經是二〇一四年七月十三日火腿時期的事了，相隔2,478天之久，過程中還貼心地將主場太空人球迷掉進場內的太陽眼鏡拋回看台。

**二〇二一年四月二十五日（客場對太空人，4：2勝）**

**【打者】**先發第2棒／DH：5打數1安打，1打點，1得分，1全壘打（7），2三振

雖然全場五個打數只有一支安打，卻是價值連城的全壘打。大谷在八局上半兩隊2：2平手時敲出超前比數的陽春砲，終場天使4：2勝出，終止四連敗。

連兩天開轟，最近五戰三轟，大谷本季十九場比賽、七十七個打數就打出七支全壘打，與其他七

人並列大聯盟全壘打王。順帶一提，這位全壘打王還是隔天球隊的先發投手。

**二〇二一年四月二十六日（客場對遊騎兵，9：4勝）**

**【投手】**先發5局，勝投（1）：奪三振9，四壞2，觸身球1，被安打3，自責分4

**【打者】**先發第2棒／投手：3打數2安打，2打點，3得分，1二壘打，1三振1四壞

大谷在這場比賽一登板就寫下紀錄，他成為一九二一年六月十三日的貝比魯斯之後，近百年來第一位擔任先發投手的大聯盟全壘打王。

而且這兩場比賽還出現神奇的巧合：兩人都是先發五局失四分，同樣都是單場二支安打。只不過貝比魯斯二支安打都是全壘打，率領洋基以13：8大勝；大谷則是三次上壘都回來得分，包括一支二分打點的二壘安打，天使以9：4拿下勝利。

除此之外，這場比賽也是大谷睽違近三年的首勝，相隔1,072天之後再次拿下勝投。

回顧過去三天的大谷：前天開轟還客串上場守外野，昨天連兩場開轟、登上大聯盟全壘打王，這天先發五局飆出九次三振、三個打數二支安打打回二分，難怪網友要開玩笑說「都給你玩就好啦！」

至於大聯盟官網記者葛雷諾（Daniel Guerrero）則在推特寫到：「**不管是在打擊區、還是在投手丘、還是在左外野，大谷翔平總會出現在天使隊需要他的地方。**」這像不像電影裡具備超能力、還能尋聲救苦的「超級英雄」？

**二〇二一年四月三十日（客場對水手，4：7敗）**

【打者】先發第2棒／DH：4打數1安打，1打點，1得分，1全壘打（8）

開季第一個月，大谷的八支全壘打不僅超越去年度總和，更讓他成為史上第二位單月至少八轟、還以先發投手身分登板的選手。上一位當然是貝比魯斯，而且在一九一八至二一年間達成過四次。

**二〇二一年五月三日（主場對光芒，3：7敗）**

【打者】先發第2棒／DH：4打數2安打，2打點，1得分，1二壘打，1全壘打（9），1三振

原訂先發主投的大谷，雖然因為前一戰手肘挨觸身球而取消登板，但打擊不受影響，單場二安，包括本季第九轟。對手光芒隊總教練凱許（Kevin Cash）盛讚他「絕對是獨一無二的存在，在投球與打擊上都具有相當大的天賦」。

**二〇二一年五月六日（主場對光芒，3：8敗）**

【打者】先發第2棒／DH：4打數2安打，2打點，1得分，1全壘打（10），2三振

大谷在三局下半轟出428英尺全壘打，本季第十轟，刷新日籍球員在大聯盟以最快日期達成單季十轟的紀錄，原紀錄是二〇〇四年松井秀喜的六月四日，大谷早了將近一個月。

此外，大谷以野手身分第二十八場出賽、第一一六個打席完成單季十轟，也刷新自己在二〇一九年四十四場出賽、一八〇個打席的日本人選手最速紀錄。

二〇二一年五月十四日（客場對紅襪，3：4敗）

【打者】先發第2棒／DH：4打數2安打，1打點，1得分，1二壘打，1全壘打（11），2三振

六局上半被一顆外角偏低的彈指曲球吊中，大谷卻伸長手臂，幾乎只靠右手單手的力量，將球反方向撈出芬威球場「綠色怪物」高牆之外。大聯盟官網推特驚呼：「大谷不是人類！」

二〇二一年五月十六日（客場對紅襪，6：5勝）

【打者】先發第3棒／DH：5打數1安打，2打點，1得分，1全壘打（12），1三振

九局上半二出局，天使以4：5落後紅襪一分。前一棒楚奧特安打上壘後，大谷鎖定紅襪終結者巴恩斯（Matt Barnes）的第一球，夯出逆轉比數的兩分全壘打，也終止天使近期的四連敗。

這是大谷大聯盟生涯第一支「只差一個出局數就敗戰的逆轉全壘打」，也是鈴木一朗以來的日本第二人，前一次是二〇〇九年九月十八日，一朗在九局下半對洋基守護神里維拉（Mariano Rivera）的再見全壘打。

二〇二一年五月十七日（主場對印地安人，7：4勝）

【打者】先發第2棒／DH：3打數1安打，3打點，2得分，1全壘打（13），2三振2四壞

二局下半，大谷將接近肩膀高度的偏高壞球硬扛出右外野全壘打牆外，這顆壞球距離地面1.28公尺，是開季至今進壘點第二高的全壘打球。

最近四戰三轟，大谷累計十三支全壘打，首次在大聯盟全壘打排行榜單獨領先，這是日籍選手有

史以來的第一次（開幕戰除外）；此外，這也是大谷大聯盟生涯第六十轟，成為一九〇〇年以來第七位「生涯至少六十轟，且登板投球至少十五次」的選手。

**二〇二一年五月十八日（主場對印地安人，5：6敗）**

【打者】先發第2棒／DH：3打數2安打，1打點，2得分，1全壘打（14），1敬遠

大谷在一局下半轟出遠達440英尺的全壘打，還在打擊區短暫目送這一球才開始跑壘。

近況奇佳的大谷最近五戰四轟，連三場開轟，十四支全壘打不僅在大聯盟獨走，他更是先發登板五場、防禦率僅2.10的投手。

這場比賽還有一個花絮：四局下半大谷安打站上一壘，他和印地安人一壘手張育成都笑開了。賽後答案揭曉，原來大谷問張育成：「你認識陽岱鋼嗎？」張育成回答：「認識呦，他是賢拜。」大谷和陽岱鋼曾經在日本火腿當過四年隊友，而張育成與陽岱鋼則同樣來自台灣台東阿美族。

**二〇二一年五月二十五日（主場對遊騎兵，11：5勝）**

【打者】先發第2棒／DH：3打數1安打，3打點，1得分，1全壘打（15），2三振2四壞

休息後的大谷最恐怖，開季迄今只要前一天沒有比賽，隔天（共三場）都轟出全壘打！四局下半這支全壘打再寫下一項紀錄：擊球初速一一七英里，這是二〇一五年Statcast系統啟用以來天使隊史的新紀錄，堪稱最暴力的全壘打。

另外有數據顯示，這支全壘打的飛行時間只有3.4秒，「光速平射砲」無誤。

# 45 二〇二一年六月——用全壘打寫日記的高中生

「勁敵存在的意義是：就算沒有實際對戰，也會以完全不想輸給對方的態度努力練習。」

——大谷翔平

「不管要我說多少次，大谷翔平就是一個怪物。」——卡比斯（Jared Carrabis，棒球記者）

「唯一能與大谷比較的是貝比魯斯，而且說實話，這還是個很弱的比較……我從來沒有看過這麼瘋狂的球季。」——梅登

「現在唯一的問題是，大谷究竟能變得多強？」——《運動新聞》

**二〇二一年六月四日（主場對水手，3：2勝）**

【投手】先發6局，勝投（2）：奪三振10，四壞0，被安打4，自責分2

【打者】先發第2棒／投手：2打數無安打，1四壞

先發六局送出十次三振，責失二分，拿下本季第二勝。更重要的是，這是大谷大聯盟四年來第一次單場沒有投出任何保送。《洛杉磯時報》：「這正是天使隊長久以來的夢想，他能將球控在好球帶，投出超過九十五英里速球，然後用速差和變化球造成破壞。」

而這場比賽破壞力最大的就是「惡魔指叉」，水手打線九次揮棒有八次揮空，製造七次三振。水手總教練瑟維斯（Scott Servais）表示，「他擁有棒球場上最特殊的球種之一：大谷指叉。當他能投出今晚的控球水準，這對打者是真正的挑戰。而他的快速指叉球和大聯盟任何強投相比，都毫不遜色！」

**二〇二一年六月五日（主場對水手，12：5勝）**

**【打者】先發第2棒／DH：5打數2安打，2打點，1得分，1二壘打，1全壘打（16），2三振**

「昨天合照鞠躬，今天大棒開轟！」大谷先發奪勝的隔天就上演「花卷東對決」，一局下半將學長菊池雄星的第一球掃出中外野全壘打牆外，飛行距離436英尺，本季第十六轟。

這是大谷本季第三次「先發主投隔天就開轟」的比賽；此外，「先發投出十次三振，隔日開轟」則是大聯盟史上第二人。

回顧「花卷東對決史」，日職時期大谷對菊池五打數二安打，但其餘三個打數都被三振；進入大聯盟後包括這場比賽在內，大谷進化到九個打數四支安打，其中就有二支全壘打，打擊率.444，攻擊指數高達1.722。

棒球記者卡比斯（Jared Carrabis）：「不管要我說多少次，大谷翔平就是一個怪物。」

**二〇二一年六月八日（主場對皇家，8：1勝）**

【打者】先發第2棒／DH：3打數2安打，2打點，2得分，1二壘打，1全壘打（17），1三振1四壞

「這打到月球了吧？」一局下半，大谷轟出飛行距離470英尺、擊球初速111.7英里的兩分砲，締造紀錄如下：

・大聯盟生涯最遠一轟，日職個人紀錄則為475英尺（145公尺）。

・二〇一五年Statcast啟用以來，天使隊史第五遠的全壘打。前四名都是楚奧特，其中二〇一九年九月四日的486英尺全壘打是隊史最遠。

・大谷在三局下半又打出擊球初速112.6英里的二壘安打，單場二支安打都超過111英里，成為隊史自二〇一五年伊恩內塔（Chris Iannetta）以來的第二人。換言之，這是連楚奧特都沒達成過的紀錄。

・自一九〇〇年以來，每年能在球隊開季前六十場投出六十次三振的有2,351名投手，前六十場敲出十五轟則有722名打者。大谷成為大聯盟史上第一位兩者都達標的選手。

**二〇二一年六月十五日（客場對運動家，4：6敗）**

【打者】先發第2棒／DH：4打數1安打，1打點，1得分，1全壘打（18），1三振

雖然距離明星賽還有將近一個月，但大谷上半季累計十八支全壘打，已經超越二〇〇四年松井秀喜的十七轟，締造日籍球員新紀錄；另外這一轟的擊球初速115.8英里，個人本季第三支超過115英

里的全壘打，全聯盟僅次於洋基「怪力男」史坦頓的四支。

**二〇二一年六月十六日（客場對運動家，4：8敗）**

【打者】先發第2棒／DH：4打數2安打，1打點，1得分，1全壘打（19），1盜壘

本季第十九轟（連兩場開轟），第三支觸擊安打，第十次盜壘成功，隔天還要先發登板，大谷竭盡所能為球隊贏球。總教練梅登就認為這支內野安打比六〇〇英尺全壘打更讓人印象深刻，「身為首名上場打者，大谷一心只求上壘的做法非常無私，這就是我常說的直覺與棒球敏銳度，他是真的有在『動腦』的球員。」

截至當時為止，大聯盟史上只出現過兩次「單季至少十轟、十盜，投出五十次以上奪三振」，分別是：

・大谷翔平：二〇一八年（二十二轟，十盜，六十三次奪三振）

・大谷翔平：二〇二一年（十九轟，十盜，六十八次奪三振）

你還能說什麼？

**二〇二一年六月十七日（主場對老虎，7：5勝）**

【投手】先發6局，勝投（3）：奪三振5，四壞1，觸身球1，被安打5，自責分1

【打者】先發第2棒／投手：1打數無安打，2四壞

大谷本季第十場先發主投，總計大聯盟史上只有三人次能達成「單季十場先發、十轟、十盜」的

投打跑超狂紀錄，除了一九二三年的名人堂球星「子彈」羅根（Bullet Rogan）之外，其餘兩次都由大谷包辦（二〇一八、二〇二一）。

大谷在這場比賽投出六局失一分的優質先發，本季第三勝順利落袋。

場上花絮：大谷在四局上半對三十八歲老將卡布雷拉（Miguel Cabrera）投出觸身球，隨後輪到他在五局下半被保送上壘，一壘手卡布雷拉佯裝要對他出拳報復；此外，大谷一局下半被保送上壘後，卡布雷拉則是伸手偷襲他下體，網友稱之為胖虎（卡布雷拉暱稱）的「偷桃」事件。

**二〇二一年六月十八日（主場對老虎，11：3勝）**

【打者】先發第2棒／DH：5打數2安打，3打點，2得分，2全壘打（20-21），2三振

賽前宣布將參加全壘打大賽，大谷成為史上第一位參賽的投手，更是日籍選手第一人，開賽後他以單場雙響砲宣示爭冠的決心。此外，本季大谷以打者身分出賽六十五場狂打二十轟，大幅刷新松井秀喜二〇〇七年的九十三場，締造大聯盟史上日籍打者最快二十轟的紀錄。

大谷最近四戰四轟，外加一場勝投、一次盜壘成功，這是一九〇〇年以來大聯盟的新紀錄。

**二〇二一年六月十九日（主場對老虎，8：3勝）**

【打者】先發第2棒／DH：4打數1安打，2打點，1得分，1全壘打（22），1三振1敬遠

在宣布參加全壘打大賽之後，大谷在接下來的十二局狂轟三支全壘打！

三局下半的兩分砲是本季第二十二轟，追平二〇一六年在火腿、二〇一八年在天使的日美職棒單

季最多轟紀錄。正如總教練梅登所言，「他現在是非常危險的打者！」

**二〇二一年六月二十日（主場對老虎，3：5敗）**

**【打者】先發第2棒／DH：4打數1安打，2打點，1得分，1全壘打（23），3三振1四壞**

最近六戰六轟，連三場開轟，唯一沒有開轟的比賽是擔任先發投手（六局失一分拿下勝投），大聯盟官網的標題「**大谷翔平讓每天的比賽看起來都像全壘打大賽**」，應該說出許多球迷的心聲。

五局下半面對偏低進壘的滑球，大谷彎著腰由下往上撈，將球夯出中外野牆外、飛行距離414英尺的全壘打。這是大谷大聯盟生涯第七十轟，成為史上第四位「生涯至少七十轟且投出至少一百次三振」的選手，前三位分別是貝比魯斯、安凱爾（Rick Ankiel）及林德爾（Johnny Lindell）。

**二〇二一年六月二十五日（客場對光芒，3：4敗）**

**【打者】先發第1棒／DH：4打數2安打，1打點，1得分，1全壘打（24），1三振**

開路先鋒厄普頓列入傷兵名單，接手第一棒的大谷馬上在首局首打席寫下歷史，他大棒一揮，將球打到純品康納球場右外野看台上方的「貓道」（catwalk，懸在半空、施工用的狹窄小道），估計飛行距離遠達453英尺。這支全壘打的擊球初速116.1英里，是二〇一五年Statcast啟用以來首局首打席全壘打的新紀錄；此外，他還成為過去一百三十三年來第一位同賽季敲出首局首打席全壘打又拿下勝投的選手。

台灣網友：「高中生不講武德！明明是叫你當開路先鋒，結果你給人家開路先『轟』。」（笑）

**二〇二一年六月二十七日（客場對光芒，6：4勝）**

**【打者】**先發第2棒／DH：4打數3安打，3打點，2得分，1二壘打，1三壘打，1全壘打（25），1三振1四壞，1盜壘

大谷在這場比賽上演「一人救全隊」的戲碼，終止球隊的五連敗：

・四局上半選到四壞保送，隨即盜上二壘，最後跑回全隊第一分
・六局上半打出超前比數的二壘安打
・七局上半打出追平比數的三壘安打
・九局上半打出追加保險分的陽春全壘打

單場三支安打猛打賞、灌進三分打點、本季第二十五轟、第十一盜，而且只差一壘安打就締造完全打擊，大谷做到了隊友楚奧特都做不到的事：球隊前七十七場比賽二十五轟，隊史最速；此外還刷新隊史六月底前的最多轟紀錄，原紀錄是楚奧特和普侯斯（Albert Pujols）共同保持的二十四轟。

難怪連加密貨幣專家龐普里亞諾（Anthony Pompliano）都說：「大谷輕而易舉地成為棒球史上最有天分的球員。」

**二〇二一年六月二十八日（客場對洋基，5：3勝）**

**【打者】**先發第2棒／DH：5打數1安打，1打點，1得分，1全壘打（26），2三振

作客洋基球場的第一局就開轟，生涯對洋基的第一支安打就是全壘打。大谷這一轟再度刷新暴力擊球紀錄，擊球初速117.2英里，成為二〇一五年Statcast啟用以來天使隊史擊球初速最快的全壘打，

刷新自己在五月二十五日締造的117英里紀錄。

ＮＦＬ球星瓦特（JJ Watt）：「這傢伙同時主宰投球與打擊，他定義了何謂『最有價值』。」

**二〇二一年六月二十九日（客場對洋基，5：11敗）**

【打者】先發第2棒／DH：5打數2安打，3打點，2得分，2全壘打（27－28）

大谷在洋基球場再度發威，單場雙響砲，連三場開轟，最近十三戰十一轟，六月累計十三轟追平隊史紀錄。

這也是大谷本季第二次單場雙響砲，自從一九〇一年以來，大聯盟史上僅有三人、四次在單一球季「兩度單場打出二支全壘打、兩度單場投出十次三振」，其中大谷一人就包辦兩次。

洋基總教練布恩（Aaron Boone）：「他看起來是另一個等級的球員，看到他上場打擊時，會有一點害怕。」

總結大谷在六月份狂打十三支全壘打，打擊率.309，尤其是六月十八日至二十九日期間十戰九轟，簡直是用全壘打寫日記。最終大谷獲選為六月份美聯單月ＭＶＰ，成為第三位獲此殊榮的日籍野手，前兩人分別是二〇〇四年八月的鈴木一朗、二〇〇七年七月的松井秀喜。

## 46 二〇二一年七月——明星賽：從花卷到世界

「永不放棄自己堅信的目標。」——大谷翔平

「這裡是棒球的最高殿堂，我很難想像有人能在投球和打擊兩端都做到頂尖，老實說，我對他只有敬畏。」——柯拉

「永遠都別忘記，這個人在這個單一賽季的表現有多麼不可思議。」——《運動新聞》

**二〇二一年七月二日（主場對金鶯，8：7勝）**

【打者】先發第2棒／DH：4打數2安打，3打點，3得分，2全壘打（29－30），1四壞，1盜壘

大谷再度展現全能身手，單場雙響砲在大聯盟全壘打排行榜獨走，九局下半再靠盜壘和腳程跑回再見分，躺在本壘高舉雙手，主場球迷齊喊「MVP」。

大谷成為大聯盟史上繼松井秀喜之後第二位單季三十轟的日籍打者，但松井在二〇〇四年九月二十九日才敲出第三十轟，大谷則是在七月二日，早了將近三個月。其他紀錄如下：

・二〇二一年全大聯盟首位三十轟打者。
・美聯史上第一位「前八十一場比賽三十轟、十盜」的選手。
・改寫天使隊史明星賽前最多轟紀錄，原紀錄是楚奧特二〇一九年的二十八轟。
・「單季至少十次登板投球」的最多轟選手。原紀錄是貝比魯斯在一九一九年「二刀流」球季的二十九轟，大谷取而代之，成為史上「二刀流」單季最多轟的選手。

**二〇二一年七月四日（主場對金鶯，6：5勝）**

【打者】先發第2棒／DH：4打數1安打，1打點，1得分，1全壘打（31），2三振

美國國慶日這一天，大谷以459英尺的中外野方向深遠全壘打，追平兒時偶像松井秀喜在二〇〇四年的單季三十一轟紀錄，並列日籍選手史上最多，同時也是亞洲選手的最多轟。可怕的是松井當年出賽一五九場才達到三十一轟，但大谷只用七十八場比賽就追平了。

**二〇二一年七月六日（主場對紅襪，5：3勝）**

【投手】先發7局，勝投（4）：奪三振4，四壞0，被安打5，自責分2
【打者】先發第2棒／投手：4打數1安打，1打點，1得分，1二壘打，2三振

上半季最後一次先發登板，一局上半雖然先丟掉一分，但大谷在下半局馬上用球棒追平比數，再

帶動隊友的攻勢反超前。終場就以先發七局失二分的好投奪下本季第四勝，也是美日通算第五十勝。

紅襪總教練柯拉（Alex Cora）：「這裡是棒球的最高殿堂，我很難想像有人能在投球和打擊兩端都做到頂尖，老實說，我對他只有敬畏。」

**二〇二一年七月七日（主場對紅襪，5：4勝）**

**【打者】**先發第2棒／DH：4打數2安打，1打點，2得分，1全壘打（32），2三振

十天前，日籍選手在大聯盟單季全壘打紀錄前三名都被松井秀喜一個人包辦，但大谷最近十戰八轟，只用十天就全部超越了，他正式成為亞洲選手單季全壘打紀錄保持人。

松井也獻上祝福：「三十二轟對翔平這樣的打者來說只是過程。我曾經被認為是大聯盟的長打者，但我相信他才是真正的長打者。更棒的是，他還是個了不起的投手，超乎大聯盟水準，沒有人可以像他一樣。他肩負著許多粉絲與孩子們的夢想和希望，身為棒球迷，我迫不及待地想看看他接下來還能做到什麼。」

大谷賽後則表示：「我從小看松井打球長大，能超越他是莫大的光榮。」

大聯盟官網以「大谷翔平可能是現實世界的超級英雄」專文報導，認為他的「二刀流」更勝貝比魯斯，「大谷翔平就是他自己，不是下一個貝比魯斯。」

**二〇二一年七月九日（客場對水手，3：7敗）**

**【打者】**先發第2棒／DH：4打數1安打，1打點，1得分，1全壘打（33），1三振

大聯盟官方推特的引言是「大谷轟向月球」，因為他在三局上半的全壘打飛行距離遠達463英尺，是水手T-Mobile球場飛行距離第三遠的全壘打。轉播單位一度找不到落點，最後是記者看了回放之後，才發現這一球已經飛上第四層看台。這支全壘打還締造以下紀錄：

・最近二十一戰十六轟，是美聯史上單一球季任何二十一場比賽區間的最多轟紀錄。

・球季前八十二戰三十三轟，是二〇〇六年普侯斯以來最多。

・明星賽前三十三轟，追平多明尼加籍強打索沙（Sammy Sosa）在一九九八年明星賽前非美籍球員的最多轟紀錄。

**二〇二一年七月十二日（全壘打大賽，冠軍：阿隆索〔Pete Alonso〕，地點：庫爾斯球場〔Coors Field〕）**

明星賽前夕，大聯盟推出名為"It's Sho-Time"的三十秒宣傳短片，從頭到尾只有滿滿的大谷。官網還列出大谷的重大成就，包括：

・第一個參加全壘打大賽的投手。

・第一個參加全壘打大賽的日本人選手。

・有史以來單季最多轟的日本人選手（第八十一場比賽就締造紀錄）。

・上半季的全壘打總數與奪三振總數，超越貝比魯斯一九一八、一九一九年兩個「二刀流」球季上半季的總和。

・一九一九年的貝比魯斯之後，第一個具有投手身分的上半季全壘打王。

・史上第一位在明星賽前「三十三支全壘打、十二次盜壘成功」的選手。
・大聯盟官網影音頻道《MLB Film Room》搜尋次數最多的選手，不論全美或海外都是。
・日本NHK綜合台二十五年來第一次直播全壘打大賽。
・在日本觀看次數最多的前十名大聯盟比賽，都是天使的比賽。

上半季三十三轟的第一種子大谷，首輪碰上僅有十一轟的第八種子、國民打者索托（Juan Soto），卻意外提前出局。先攻的索托在三分鐘的正規賽時間內夯出二十二轟，緊接著上場的大谷卻找不到打擊手感，前九次揮棒掛零。時間剩下一分二十秒時大谷喊出暫停，他彎著腰、雙手撐著膝蓋微笑喘氣，當時以5：22遙遙落後。

天使隊友將手機遞給大谷，電話另一端是楚奧特的加油打氣，可是大谷竟累到記不得對方說了什麼。他在賽後坦言：「從沒這麼累過」，可是「在日本有許多人想看我有好表現，我自己也想，畢竟這是第一次有日本人選手參賽。」

最後大谷在正規時間結束前戲劇性地將比數追平，還打出遠達五一三英尺和五〇〇英尺的全壘打。接下來兩人在一分鐘延長賽各打出六轟，比賽進入第二度延長，最後是各三次揮棒，索托連揮三棒都是全壘打，而累垮的大谷第一次揮棒只打出滾地球，就此遭到淘汰。

全壘打大賽最終由大都會打者阿隆索衛冕成功，抱回一百萬美元獎金。只獲得十五萬美元參加獎的大谷則是將獎金分送給大約三十名天使球團工作人員，成為另一段佳話。

**二〇二一年七月十三日（明星賽，美聯明星隊5：2勝國聯明星隊，地點：庫爾斯球場）**

一九三三年，傳奇球星貝比魯斯擊出明星賽史上第一支全壘打，八十八年後，終於出現下一個「二刀流」選手，而且同樣成為明星賽最亮的一顆星。

大谷先由球迷票選成為美聯明星隊先發指定打擊，再經遴選進入投手名單。他不但成為明星賽史上第一位以投手及野手「二刀流」身分同時入選的選手，更擔任美聯明星隊先發投手及開路先鋒。大聯盟還特地修改規則，當他以投手身分退場後，還可以繼續在場上擔任指定打擊。

一局上半率先上場打擊的大谷，面對賽揚強投薛澤（Max Scherzer）打成二壘方向滾地球出局；一局下半先發登板則用十四球讓國聯前三棒小塔提斯（Fernando Tatis Jr.）、孟西（Max Muncy）、亞瑞納多（Nolan Arenado）三上三下。由於是「一局限定」的關係，大谷刻意催出100.2英里速球，「因為只投一局……我原本想把他們全部三振的。」

在投球任務結束後，大谷從二局下半起改任指定打擊，三局上半打出一壘滾地球出局後結束個人出賽，也締造多項紀錄：

・以投手、野手雙重身分入選，明星賽史上第一人。
・先發投手兼任開路先鋒，明星賽史上第一次。
・繼一九九五年野茂英雄之後，第二位在明星賽先發的日籍投手。
・繼二〇〇一年鈴木一朗之後，第二位在明星賽擔任先發第一棒的日籍打者。
・投出本屆明星賽最快的100.2英里速球。
・Statcast統計，明星賽史上第二位球速破100英里的先發投手，前一位是二〇一八年紅襪左投塞爾（Chris Sale）。

・明星賽史上第一位以「二刀流」身分拿下勝投的選手。

・繼二〇一九年田中將大之後，第二位在明星賽拿下勝投的亞洲投手，而且連兩屆由日本投手奪勝（二〇二〇年因疫情取消明星賽）。

・大聯盟史上第一位在任何比賽「先發投一局、打第一棒、最後拿下勝投」的選手。

・因「二刀流」身分，將釘鞋等球具送入美國棒球名人堂作為紀念（生涯第三次）。

題外話，明星賽開打前，大谷與菊池共同拿著花卷東高校的球衣拍照留念，上面有兩人簽名、「從花卷到世界」、「明星賽」等字；此外，大谷在牛棚練投完畢、走回休息區的路上，看到球場有垃圾，便隨手撿起來放進球褲後口袋。這一幕透過NHK放送在日本國人面前，有球迷留言「他是棒球人的典範」、「這是大家都要學習的」。大谷在全世界最高水準的棒球舞台，為日本國人與全世界棒球迷做了最棒的示範。

**二〇二一年七月十八日（主場對水手，4：7敗）**

**【打者】**先發第2棒／DH：3打數2安打，2打點，1得分，1全壘打（34），1三振2四壞

明星賽後陷入低潮，大谷前兩戰十個打數只有一支安打、吞下六次三振，但第三戰很快就揮別低潮開轟，九局下半將偏低的壞球硬撈出全壘打牆外。

總教練梅登認為全壘打大賽確實影響大谷在下半季的表現，「他的揮棒機制有點跑掉，這是為什麼我會這麼喜歡這支打向中外野的全壘打，因為這是他一直在做的事。」

**二〇二一年七月二十五日（客場對雙城，6：2勝）**

【打者】先發第2棒／DH：3打數2安打，1打點，1得分，1全壘打（35），1三振1敬遠，1盜壘

明星賽後大谷的打擊成績明顯下滑，兩天前總教練梅登決定讓大谷休兵一天，以避開對手的先發左投，但大谷顯然很不甘心。麥登說：「就在我讓他休息的那一天，他告訴我，他現在看左投看得非常清楚。」果然這場比賽他就將雙城中繼左投庫隆比（Danny Coulombe）的滑球打成全壘打，而且是六局上半超前比數的致勝轟。

梅登說：「他總是能回應大家的期待，在重要時刻成為焦點，我希望未來有越來越多這樣的機會。」

**二〇二一年七月二十六日（主場對洛磯，6：2勝）**

【投手】先發7局，勝投（5）：奪三振5，四壞0，觸身球1，被安打5，自責分1

【打者】先發第2棒／投手：4打數1安打，1打點，1得分，2三振，1盜壘

如果要找個例子說明大谷有多全能，這場對洛磯的比賽足以說明一切：

・先發七局失一分，連三場優質先發，拿下生涯單季新高的第五勝；單場五次三振無四壞，包括最後一球以100英里火球飆出本季第100次三振。

・擔任先發第二棒，一局下半在開路先鋒佛萊契（David Fletcher）攻占二壘之後立即建功，帶有一分打點的一壘安打，為「投手大谷」打回這場比賽的勝利打點。

・在對方投手五次牽制之後仍盜上二壘，本季第十四盜，最後還回本壘得分。

大谷成為過去五十一年來第一位在美聯球場安打、打點、盜壘的投手。總教練梅登：「他是如此獨一無二，如此與眾不同。你很想拿他和任何人比較，但你就是找不到。」

**二〇二一年七月二十七日（主場對洛磯，3：12敗）**

**【打者】先發第2棒／DH：4打數1安打，2打點，1得分，1全壘打（36），2三振1四壞**

前天開轟、昨天勝投的大谷，這一天再打出全大聯盟獨走的本季第三十六支全壘打，飛行距離遠達463英尺。這是大谷本季對左投手第三發460英尺以上的全壘打，過去十五年沒有任何一位左打能在單一球季對左投打出超過一支460英尺以上的全壘打。

總教練梅登：「就我來看，這是完美的出棒，擊球聲清脆響亮，揮棒動作無懈可擊，可說是我看過落在中右外野方向最深遠的全壘打。」

**二〇二一年七月二十八日（主場對洛磯，8：7勝）**

**【打者】先發第2棒／DH：3打數2安打，3打點，2得分，1全壘打（37），1三振2四壞**

最近四戰三轟，唯一沒開轟的比賽則拿下勝投，大谷四局下半的三分砲，打到對方先發投手單膝跪倒在投手丘上。

這是大谷本季第三十七轟，成為大聯盟史上出身美洲以外的單季最多轟紀錄保持人。原紀錄是凱普勒（Max Kepler，出生於德國）在二〇一九年的單季三十六轟。

# 47 二〇二一年八至十月——挑戰年度MVP

「人生逐夢，夢想創造人生。」——大谷翔平

「我覺得自己還能再進步，還要拿出比今年更好的成績，希望休季期間能做好準備，以更強壯的狀態迎接明年賽季。」——大谷翔平

「我是拉丁裔，也很喜歡小葛雷諾，但大谷才是MVP……因為誰也不可能單季投出一五〇次三振又至少有四十五支全壘打。」——柯瑞亞（Carlos Correa，太空人游擊手）

「抱歉，小葛，你真的很棒。但你是在和一個超級英雄（即大谷翔平）對決，你想打敗的是一個投打都極其優異的選手。」——傑森·史塔克

「不要正常化大谷翔平正在做的事情，因為這並不正常。」——卡斯特羅文斯（Anthony Castrovince，大聯盟專欄作家）

**二〇二一年八月四日（客場對遊騎兵，2：1勝）**

**【投手】**先發6局，勝投（6）：奪三振6，四壞0，被安打4，自責分1

**【打者】**先發第2棒／投手：3打數無安打，1三振

因為右手拇指被界外球擊中而延後三天先發，但這不影響大谷的投球表現，他在客場對遊騎兵先發六局只失一分，率領天使以2：1險勝。

大谷在這場先發的用球數僅八十六球，六局下半三振最後一名打者的最快球速還飆到99.2英里。即便如此，總教練梅登仍然決定讓他退場休息，而且沒有以野手角色繼續留在場上。

賽後梅登解釋不讓他續投的原因，「我讀他的臉就知道了。」「看著他的臉，我認為這（投球局數和投球數）已經夠了……我想今晚這個數字對翔平來說是正確的。」

渡海挑戰第四年，這僅僅是大谷大聯盟生涯第十勝，也是本季第六勝、近期五連勝。重要的是大谷近況絕好調：七月份以來出賽四場都是優質先發，拿下三勝〇敗，防禦率1.38高居同期間全大聯盟第一。一大關鍵在於卡特球的運用：大谷本季前十二場先發的卡特球使用比率為9.9%，被打擊率高達.316，只用這顆球解決十四名打者；但最近四場先發的卡特球使用比率大幅增加到19.0%，解決掉十六名打者，沒有被打出任何安打。

隨著時序進入夏天，大谷的投球表現持續加溫，天使在他最近九場先發拿下七勝，王牌投手架勢浮現。

**二〇二一年八月十一日（主場對藍鳥，2：10敗）**

【打者】先發第1棒／DH：3打數1安打，2打點，1得分，1全壘打（38），1三振1四壞

暌違十三場比賽之後終於炸裂！這場比賽擔任第一棒的大谷，三局下半以兩分砲追平比數，這是八月份的第一支全壘打，相隔四十八個打席則是本季最長。

統計數據發現，「打者翔平」在明星賽前的外角來球占比為31.2％，明星賽迄今激增至46.7％，增幅近五成。面對各隊投手的外角球攻略，總教練梅登的做法是改讓大谷擔任開路先鋒，壓迫對方投手在不想保送的情況下更積極對決，但敵隊投手的普遍閃躲，顯然已成為大谷下半季最大的隱憂。

**二〇二一年八月十二日（主場對藍鳥，6：3勝）**

【投手】先發6局，勝投（7）：奪三振6，四壞3，被安打3，自責分2

【打者】先發第1棒／投手：3打數1安打，1得分，1二壘打，1三振1四壞

大谷在這場比賽再次寫下百年紀錄，他成為大聯盟一百多年來第一個擔任先發第一棒又拿勝投的選手，上一次是一九一八年的傑米生（Charlie Jamieson），已經是一〇三年前的事了。

至於這場比賽最引人注目的投打對決，毫無疑問是投手大谷對戰藍鳥打者小葛雷諾（Vladimir Guerrero Jr.），這是大聯盟史上首次由全壘打排行榜第一名對上第二名的投打對決（至少十五支全壘打）。大谷投出一次三振、一次四壞，被小葛雷諾敲出一支安打，其中第三個打席狂飆99英里速球，全場最快，雖然最後還是投出保送，但顯然大谷的鬥志已經完全燃燒了。

這場比賽贏球之後，大谷本季在主場維持全勝，總計十場先發拿下五勝〇敗，防禦率只有1.92；

明星賽後則是四戰三勝，防禦率僅1.44。總計大谷有多達十四項投打數據都是天使全隊之冠，投手部門包括防禦率（2.93）、勝投（7場）、投球局數（92局）、奪三振（112次）；野手部門包括全壘打（38轟）、二壘打（25支）、三壘打（5支）、打點（84分）、得分（77分）、四壞（55次）、盜壘（16次）、上壘率（.363）、長打率（.655）、攻擊指數（1.017），都是全隊第一。

**二〇二一年八月十四日（主場對太空人，2：8敗）**

**【打者】先發第1棒／DH：5打數2安打，1打點，1得分，1全壘打（39），1三振，1盜壘**

大谷在這場比賽擔任開路先鋒，首局首打席就將時速84.8英里的偏低變速球撈成中右外野陽春砲，飛行距離393英尺。

在這場比賽之前，大聯盟專欄作家卡斯特羅文斯（Anthony Castrovince）撰文列出大聯盟本季八大驚奇，其中一項就是大谷的「投手暫居全壘打王」。

卡斯特羅文斯表示，要寫出「投手暫居全壘打王」這句話依舊相當荒謬，但**「不要正常化大谷翔平正在做的事情，因為這並不正常」**。重點是，大谷不只是個大聯盟平均水準的打者與投手，他的標準化攻擊指數（OPS＋）和標準化防禦率（ERA＋）分別是166與159，代表他比聯盟平均的打者要好上66％、比聯盟平均的投手好上59％。此外，大谷參加全壘打大賽，隔天又在明星賽擔任美聯先發投手與首棒打者，或許只有史瓦伯（Kyle Schwarber）的這句話可以形容他：**「這傢伙真是太瘋狂了。」**

**二〇二一年八月十八日（客場對老虎，3：1勝）**

【投手】先發8局，勝投（8）：奪三振8，四壞0，被安打6，自責分1

【打者】先發第1棒／投手：4打數1安打，1打點，1得分，1全壘打（40），1三振

同一場比賽既擔任先發投手又扛第一棒，這已經夠罕見了，更驚人的是拿勝投又打全壘打？

「投手大谷」主投八局，締造個人生涯最長投球局數，只被打出六支安打失一分，飆出八次三振、無保送，拿下本季第八勝（另一敗）、近期七連勝，最近五場先發防禦率只有1.36，本季防禦率則降到2.79。二〇一八年曾經批評大谷只有高中生打擊實力的知名棒球專家帕森在推特大讚：「哇，**我真的很想看大谷完投，提醒大家，大谷現在做的是史上沒有人辦到過的事，絕對沒有，連貝比魯斯也沒有。**」

「打者翔平」則在八局上半轟出飛行距離430英尺的陽春砲，本季第四十轟，不僅刷新隊史左打者單季全壘打紀錄，更是美聯自從一九七三年採用指定打擊制以來，第四位單場至少投滿八局、還轟出全壘打的選手。

這場比賽的捕手搭檔史塔西（Max Stassi）：「**非常不可思議，真的無話可說，他是大聯盟最好的打者之一，也是大聯盟最好的投手之一，太棒了。**」

反倒是大谷沒有完全滿意自己的表現，「除非完投，否則我永遠不會滿足。我從第六局開始有狀況，所以有點累了，而我們有很棒的終結者伊格雷西亞斯（Raisel Iglesias）。」

**二〇二一年八月二十六日（客場對金鶯，1：13敗）**

【打者】先發第1棒／DH：2打數1安打，1打點，1得分，1全壘打（41），2四壞

前一天先發五局挨三轟的大谷，休息不到二十四小時再戰金鶯，結果他在首局首打席就轟出本季第四十一支全壘打。

這是大谷生涯第一次在金鶯主場坎登球場（Camden Yards）開轟，也完成美聯十五座球場全部開轟過的紀錄。這支全壘打的擊球仰角高達四十五度，追平大谷生涯最高，滯空時間6.3秒，現場轉播單位形容「跟高爾夫揮桿一樣」。

此外，這支全壘打還有一個特殊的意義：大谷在這場比賽之後累計503個打席，這是他美日職棒生涯九年來首度達到規定打席數（打席數必須是球隊出賽場數的3.1倍以上）。日本媒體就認為，這是代表「二刀流」可以保持健康出賽的一個新里程碑。

同一天大谷再添一項榮耀，他被《棒球美國》雜誌選為美國聯盟「最佳打擊爆發力」、「最快跑者」、「最令人興奮球員」。

**二〇二一年八月三十日（主場對洋基，8：7勝）**

【打者】先發第2棒／DH：4打數1安打，1打點，1得分，1全壘打（42），3三振

八月二十八日首打席被觸身球導致右手腕疼痛的大谷，總教練梅登宣布他隔天不會按照表訂計畫登板主投，但仍排定他擔任先發第二棒。梅登說：「這個小伙子正在邁向重要的個人成就，我不想妨礙他成就偉大。」

果然，大谷在五局下半面對中繼投手、前天使隊友希尼（Andrew Heaney），將80.7英里曲球

掃到右外野全壘打牆外。這是大谷本季第四十二轟，幾項紀錄如下：

・本季四十二轟、二十五支二壘打、五支三壘打，以總計七十二支長打超越二〇〇五年松井秀喜在洋基的七十一支，寫下日本球員單季最多長打的紀錄。

・本季對戰洋基五場比賽就敲出四支全壘打。

**二〇二一年九月三日（主場對遊騎兵，3：2勝）**

**【投手】先發7局，勝投（9）：奪三振8，四壞2，被安打7，自責分2**

**【打者】先發第2棒／投手：4打數無安打，1三振**

原訂八月三十一日對洋基先發，因右手腕疼痛未退而取消後，大谷延遲到這一天重回投手丘，對手則是遊騎兵，距離上次登板已相隔八天。

二局上半被馬丁（Jason Martin）敲出兩分砲，比賽回到2：2原點，這一棒顯然打醒了大谷的鬥志。四局上半再度面對失分危機，一出局二三壘有跑者，打者又是馬丁，大谷先用兩顆滑球搶下好球數，第三球狂飆100.4英里的極速火球，讓打者揮棒落空三振出局，接下來面對下一棒塔維拉斯（Leody Taveras）再投出100.5英里的全場最速球，化解失分危機。狂飆火球的大谷締造大聯盟本季新紀錄：單場至少投出兩顆球速達100英里的火球，並且至少兩次擊球初速達100英里。

總教練梅登盛讚大谷：「這是他今年最佳投球表現，有很棒的控球，攻擊打者，投到好球帶任何他想要的位置。」

二〇二一年九月四日（主場對遊騎兵，4：1勝）

【打者】先發第2棒／DH：4打數2安打，3打點，1得分，1全壘打（43）

前一天大谷才以生涯最多的單場一一七球完成七局投球任務，還飆速100英里，這場是雙方四連戰的第二戰，總教練梅登擔心季末對大谷的體力負擔太大，原本考慮讓他休息，但大谷主動請纓，要求排進先發打線，最後以三分全壘打幫助球隊4：1獲勝。

這是大谷本季在天使主場第二十五轟，超越格勞斯（Troy Glaus）成為隊史單季主場最多轟打者。

遊騎兵連兩場分別敗給「投手大谷」七局好投與「打者翔平」的三分砲，總教練伍德沃德（Chris Woodward）苦笑說：「我很喜歡看大谷的比賽精華，但我討厭與他面對面交手。」

二〇二一年九月十日（客場對太空人，5：10敗）

【投手】先發3.1局，敗投（2）：奪三振1，四壞0，觸身球1，被安打9，自責分6

【打者】先發第2棒／投手：1打數1安打，1打點，1得分，1全壘打（44），1四壞1敬遠

睽違三場沒開轟，大谷在自己先發主投當天炸裂，本季第四十四轟！右外野方向的平射砲直接上到看台，美媒形容這是一次火箭般的打擊，擊球速度之快就像子彈一樣。

不過投球可就沒這麼順了，此役先發僅3.1局就被敲出九支安打，丟掉六分自責分，相隔一〇五天吞下本季第二敗，奧圖維（Jose Altuve）三打數三安打釀成重傷害。

事實上這場比賽的先發登板才是美日媒體引頸期盼的，因為他如果拿下這場勝投，將成為繼

一九一八年貝比魯斯之後，一〇三年來第一位「單季雙位數全壘打與雙位數勝投」的大聯盟選手。不過太空人打線有備而來，打得大谷措手不及。補充大谷本季第四十四轟的兩項數據：

・本季第三發「先發主投當天開轟」的全壘打。

・太空人先發左投瓦德茲（Framber Valdez）本季被左打者打的第一支全壘打。

**二〇二一年九月二十一日（主場對太空人，5：10敗）**

**【打者】先發第2棒／DH：4打數2安打，1打點，2得分，1全壘打（45）**

九月前十六場出賽僅有二轟、單月打擊率跌破兩成的大谷翔平，首先在六局下半敲出右外野安打，終結連十一打席無安打的低潮，八局下半再扛出飛行距離遠達445英尺的本季第四十五轟。這支全壘打紀錄如下：

・本季累積四十五轟、二十三盜，大谷成為二〇〇七年的A-Rod之後，最近十四年第一位單季至少四十五轟、二十盜的選手，那一年A-Rod拿下美聯MVP。

・本季第七支擊球初速超過115英里的全壘打，自二〇一五年Statcast啟用以來，其他天使打者加起來也只有三支擊球初速如此快的全壘打。

・最後是一項有趣的紀錄：在隔天小塔提斯第四十轟出爐、成為本季第五位四十轟打者之後，這是大聯盟有史以來第一次「單季前五名四十轟打者都出生自不同國家」，分別是大谷翔平（日本）、培瑞茲（Salvador Perez，委內瑞拉）、小葛雷諾（加拿大）、希米恩（Marcus Semien，美國）、小塔提斯（多明尼加）。

**二〇二一年十月三日（客場對水手，7：3勝）**

**【打者】先發第1棒／DH：3打數1安打，1打點，1得分，1全壘打（46），2三振2敬遠**

就如日本各大媒體的標題「有終46號」，這是天使本季的關門戰，雖然大谷在此之前長達十場比賽沒有開轟，最後將全壘打王寶座拱手讓給同為四十八轟的小葛雷諾與培瑞茲，但最後一場比賽夯出全壘打，總算為夢幻的「二刀流」球季劃下句點。

這場比賽擔任開路先鋒的大谷，首局首打席就鎖定水手左投安德森（Tyler Anderson）時速86.4英里的伸卡球，一棒轟出右外野全壘打牆外，擊球初速112.9英里，飛行距離418英尺。

另一項重要的紀錄是，大谷這支全壘打剛好打下本季第100分打點，成為二〇〇七年松井秀喜之後，相隔十四年再有日本選手達成單季100分打點的紀錄。也由於大谷同時實現鈴木一朗（得分100分以上）和松井秀喜（100分打點以上）等級的數據，網友盛讚「大谷翔平=鈴木一朗＋松井秀喜」。

不只如此，大谷除了本季得分（103）與打點（100）雙雙破百之外，再加上投球局數130.1局、156次奪三振、138支安打，成為大聯盟史上第一位單季「Quintuple 100」（投打五數據皆破百）的選手。

總結大谷翔平的二〇二一年球季：

・「投手大谷」：先發二十三場，九勝二敗，防禦率3.18，130.1局只被打出98支安打，投出156次奪三振（另44次四壞），每局被上壘率（WHIP）1.09，標準化防禦率141（代表他的防禦率比聯盟平均值還低41％），每九局奪三振率則高達10.8次。

・「打者翔平」：出賽155場，537個打數擊出138支安打，打擊率.257、上壘率.372、長打率.592，整體攻擊指數.965，標準化攻擊指數158（代表他的攻擊指數比聯盟平均還高出58%），46支全壘打、100打點、103分得分、26次盜壘成功。值得一提的是本季8支三壘打、20次敬遠保送都是美聯第一名。

有專家認為這是大聯盟史上最偉大的單一球季，但大谷自己滿意嗎？他回答：「我覺得自己還能再進步，還要拿出比今年更好的成績，希望休季期間能做好準備，以更強壯的狀態迎接明年賽季。」

## 【結語】

# 只有翔平才能描繪的時代

「大谷翔平的活躍傳遍了全世界，每當我打開電視，就會看到他打出全壘打。看到他全票當選MVP，沒有比這更高興的事了。」——王貞治

「大谷的表現完全沒有比較對象，因為他本身就在挑戰一個誰都沒有經歷過的境界。他必須設立專屬自己的標準，這就是他不能逃避的宿命。」——鈴木一朗

「身為運動員的時間有限，期許他把握二〇二一年球季，傾盡全力推動自己，創造一個只有翔平才能描繪的時代。」——鈴木一朗

「我覺得自己沒什麼才能，真要說的話，那我只有為了自己喜愛的事物全力以赴的才能。因為我找不到比棒球更有趣的事物，一心只想著棒球。」——大谷翔平

「他就是美國聯盟的年度MVP，而且其他人都不該得到任何一張第一名選票，因為你現在討論的是大聯盟有史以來的最佳球季。」——梅登

「身為隊友，見證你的成就是一件特別的事，你已打造了一個專屬於你的球季……當之無愧！」——楚奧特

二〇二一年十一月十九日十七時十七分，日本著名地標東京鐵塔點燈亮起大谷翔平的球衣背號十七號，以及象徵天使隊的配色燈光，並且在南面顯示賀詞，表彰大谷獲得美聯年度MVP的歷史成就。

美國有為數不少的棒球專家與媒體，將大谷的這一年譽為大聯盟有史以來最偉大的球季之一。雖然以兩轟之差錯失大聯盟全壘打王，又以一勝之差錯失百年來首次「單季雙位數勝投與雙位數全壘打」的紀錄，但「打者翔平」在下列打擊數據都高居美聯前十名：

- 八支三壘打（美聯第一）
- 二十次故意四壞球（美聯第一）
- 八十支長打（美聯第二）
- 長打率〇．五九二（美聯第二）
- 攻擊指數〇．九六五（美聯第二）
- 四十六支全壘打（美聯第三）
- 九十六次四壞球（美聯第三）
- 三一八個總壘打數（並列美聯第四）
- 二十六次盜壘成功（美聯第五）
- 上壘率三成七二（美聯第五）
- 一〇三分得分（美聯第八）

除此之外，「投手大谷」拿下九勝二敗、防禦率三點一八，投出一五六次三振，被打擊率只有兩成〇七。他成為史上首位「單季十轟且一百次奪三振」的選手，bWAR九點一在大聯盟遙遙領先。

大谷成為繼二〇〇一年鈴木一朗之後，第二位獲得年度MVP的日本人選手，但必須說，他受到認同的程度猶在賢拜一朗之上——因為他橫掃全部三十張第一名選票，而全票獲獎僅僅是歷史上的第十九次。

媒體盛讚大谷是「人類的神話傳說」、「超越上古神獸貝比魯斯」、「就算小葛雷諾拿下打擊三冠王，仍無法和他相比」，「世界全壘打王」王貞治也代表全日本獻上祝福：**「大谷翔平的活躍傳遍了全世界，每當我打開電視，就會看到他打出全壘打。看到他全票當選MVP，沒有比這更高興的事了。」**

本季大谷以打者身分出賽一五五場，先發主投二十三場，還包括二十次「同場二刀流」，對球隊的貢獻不言可喻。但你知道嗎？二〇二一年差點成為大谷大聯盟最後一個「二刀流」球季。

## 「二刀流」偉業的幕後推手

說到天使總教練梅登，二〇一九年十月接掌兵符的他一直是出名的「鬼才教頭」，以靈活有創意的調度、極致的防守佈陣而聞名。前洋基球星史威瑟（Nick Swisher）稱呼梅登為「棒球科學家」，因為他在光芒時期乾坤大挪移等級的防守佈陣，彷彿場上有十五名防守者，而不是九名。

將近三十年前，梅登擔任天使小聯盟球隊總教練期間，他曾說服球團高層，讓天分洋溢的新秀左投華倫（Deshawn Warren，一九九二年選秀會天使第二輪指名）嘗試「投打二刀流」，雖然最後以失敗告終，但他不斷思考各種顛覆傳統棒球的可能性。

二〇二〇年回鍋執教天使的第一年，適逢疫情縮短球季以及大谷受到傷病困擾，因此梅登在調度上仍沿襲所謂的「大谷規則」——先發登板的前後一日休息，投球當日不打擊。但隔年（二〇二一）二月，梅登親自告知大谷「無限制」的投打起用法，亦即取消「大谷規則」的保護政策，改以尊重大谷個人意志、給予隨心所欲上場的自由。「當我告訴他『你可以自由上場了』，他緊繃的雙頰突然整個放鬆了。」看到大谷的笑容，梅登知道自己做了正確的決定。

不過大谷也聽出了弦外之音：歷經連續兩年的受傷與低潮，他知道二〇二一年將是「二刀流」的最後機會，如果全面解放後仍起不了作用，那往後可能就得在投打之間二擇一專心發展。

三月二十一日的熱身賽，大谷重現少棒才看得到的調度——他擔任先發投手及第一棒，這是「真・二刀流」實驗的開始；開季第一週，四月四日，大谷在大聯盟第一次「同場二刀流」，而且首打席就開轟。「釋放大谷全部潛能」、「將他的價值極大化」的想法，終於化為實際。

## 成就「二刀流」的關鍵解密

當然「二刀流」的成功並非一蹴可幾，大谷從前一年冬天就積極為新球季做準備：他的臥推超過兩百公斤，這是連頂級運動員都不容易做到的高強度重量訓練；提早啟動牛棚練投與實戰打擊練習；投入「傳動棒球（Driveline Baseball）訓練中心」的科學化訓練，以「普萊球」（PlyoCare ball，加重球的一種）矯正揮臂投球的機制，同步提升球速，後來成為賽前練習的例行項目；每天至少睡八個半至九小時，並嘗試各種方法來增進睡眠品質，藉以快速恢復體力。上述休季期間的自主訓練在春訓一開始就收到立竿見影的效果：他在春訓第三次牛棚練投飆出一百英里的球速，熱身賽第一週就夯出四六〇英尺的特大號全壘打。

除此之外，大谷在球季期間謹守所謂的「三不原則」：

**一、不在球場上進行打擊練習**

雖然在戶外擊球可以清楚看到球的飛行路徑，但對於狀況穩定、準備扎實的打者來說，室內打擊練習其實就夠了；另外，打者在戶外練打時會不自覺想把球打得更遠，特別是大谷這種強打者更會這麼做，如此反而破壞打擊機制。因此不只大谷，楚奧特和厄普頓等隊友也都選擇在室內打擊練習。

另一個不在場上練打的原因是，勤於練球的大谷常被教練團警告「練習太多了」，因此，限制他賽前的揮棒次數，例如使用投球機或不同高度的打擊T座，進行最低限度但效率最高的室內打擊練習，將有助於保留體能到比賽場上，特別是「二刀流」同場出賽時。

**二、不舉辦賽後記者會**

大聯盟的日籍投手習慣在先發登板前一日和當日接受媒體聯訪，打者則在表現活躍的當天賽後受訪，但本季大谷盡可能婉拒這種記者會。例如六月二十九日在洋基球場雙響砲，賽後他堅持「明天是先發登板日，必須集中注意力」而婉拒受訪，倘若日本媒體有取材之必要，最多就是由水原一平代為提問一至二題，再將錄音檔傳送給記者，相較於其他同胞選手，大谷參加視訊記者會的頻率也偏低。

**三、向原本的飲食習慣說不**

過去大谷在明治株式會社營養管理師的指導下，他非常注意自己的飲食。若當天是夜間比賽，他會在早上九點起床自己做飯，搭配花椰菜與歐姆蛋當早餐；午餐及晚餐會食用球場提供的魚類、肉類、蔬菜、乳製品，並且自己計算營養價值；若是外食則盡可能選擇高蛋白、低脂肪的漢堡，並以生菜取代麵包。

不過在二〇二〇年冬天，明治株式會社抽血解析發現大谷不適合食用雞蛋後，他戒掉歐姆蛋，改以無麩質飲食為主，這是他新球季建立肌肉的部分因素。

在左膝膝傷痊癒、手臂及腰腿肌力強化之後，大谷在二〇二一年球季有三十一轟打向右外野方向，中外野及左外野方向則分別只有十轟和五轟。強拉型全壘打的比率增加，印證大谷打擊爆發力的明顯提升；進階數據方面，全壘打所需的飛行距離決定於「擊球初速」與「擊球仰角」，本季大谷平均擊球初速達九十四英里，全大聯盟排名第六，平均擊球仰角則從前一年的九點二度激增到十六點八度，這是支撐他全壘打產量大躍進的最關鍵數據。

至於投球的部分，二〇一八年手肘手術痊癒後，大谷在二〇二一年四月四日飆出本季最快球速一〇一點一英里，全年度有十一球球速破百。伴隨火球回歸，大谷在本季加入卡特球，相較於其他位移幅度較大的變化球種如滑球、快速指叉球、曲球，位移較小的卡特球成功達到引誘打者出棒的效果；另外，隨著投球機制更穩定，大谷在七月以後的十一場登板有多達九場為「優質先發」、其中七場無四壞。

順帶一提，大谷本季從本壘跑上一壘的平均時間為四點〇九秒，全大聯盟排名第五，足見其運動天分與比賽的積極態度。

## 極限在哪裡？天空才是極限

二〇二一年球季結束後，鈴木一朗透過經紀公司表達對大谷的期許：「說到大谷翔平，你就會想到『二刀流』，無限的可能性，無與倫比的才能，以及諸如此類的各種表達。這樣的表現完全沒有比較對象，因為大谷本身就在挑戰一個誰都沒有經歷過的境界。他必須設立專屬自己的標準，這就是他不能逃避的宿命。」「身為運動員的時間有限，期許他把握二〇二一年球季，傾盡全力推動自己，創造一個只有翔平才能描繪的時代。」

如果以二十年為一個世代，那麼二〇〇一年拿下美聯年度MVP的一朗，與二〇二一年全票拿下同一座獎項的大谷，這正是最完美的世代傳承。日本人形容一朗是「孤高之天才」，大谷是「二刀流天才」，但大谷在受訪時卻謙虛地否認了，「我覺得自己沒什麼才能，真要說的話，那我只有為了自己喜愛的事物全力以赴的才能。因為我找不到比棒球更有趣的事物，一心只想著棒球。」

至於高一入學後，大谷向佐佐木洋監督學習到的「曼陀羅計畫表」，如今已內化成為他棒球人生的一部分。現在的他或許不再填表，但腦中自然產生同樣的思考模式，協助他制訂計畫，「朝著正確目標不斷努力」。

對於這個一心只想著棒球的「野球少年」來說，這就是他成功渡海挑戰、進而改變大聯盟的兩大原動力：「為了自己喜愛的事物全力以赴」、「朝著正確目標不斷努力」。只要大谷翔平保持這兩項動力，他就永遠不會停止成長。

極限在哪裡？只有天空才是他的極限（The sky's the limit）。

# 附錄

Shohei Ohtani

# 大谷翔平：大事年表

- 1994年：7月5日出生於岩手縣水澤市（現為奧州市水澤區），是大谷徹與加代子夫婦的次子，上有一兄一姊。
- 1998年：就讀常盤幼稚園。
- 2001年：就讀奧州市立姉体小學。
- 2002年：加入水澤少棒聯盟。
- 2007年：就讀奧州市立水澤南中學，在全國大賽登場。
- 2010年：就讀花卷東高校。
- 2011年：高中二年級，夏季甲子園第一輪敗退，但以150公里速球追平甲子園史上高二生最快球速紀錄。
- 2012年：高中三年級，春季甲子園第一輪敗退； 7月19日，夏季甲子園岩手大會準決賽對一關學院高校投出時速160公里速球，締造日本高校及業餘棒球史上最快球速紀錄；入選第25屆IBAF世界青棒錦標賽日本代表隊；10月25日，北海道日本火腿鬥士隊在日職選秀會第一指名；12月9日，召開記者會正式接受火腿球團第一指名，最終以簽約金1億日圓、年薪1,500萬日圓（推定）、激勵獎金5,000萬日圓的最高規格合約加盟。
- 2013年：花卷東高校畢業；3月29日，對西武隊開幕戰擔任先發第八棒、右外野手，五局上半對岸孝之打出日職生涯首安、六局上半打回第一分打點，成為過去53年來第一位、日職史上第二位開幕戰至少2支安打的高中畢業新人；5月23日，對養樂多隊以先發投手初登板，5局失2分無關勝敗，最快球速157公里，創下日職新人投手初登板的球速新紀錄；6月1日，對中日隊先發5局失3分，獲得日職生涯首勝；7月10日，對樂天隊投手永井怜敲出日職生涯首轟。

- 2014年：7月9日，對樂天隊完投9局失1分16次奪三振，成為日職史上最年輕的單場16K投手；7月19日，明星賽投出162公里速球，締造明星賽最快球速紀錄；9月7日，對歐力士隊擊出本季第10支全壘打，日職史上首次「單季10勝、10轟」；年薪調升到1億日圓（推定），成為松坂大輔以後，高中畢業第三年就達到年薪1億的第二人。
- 2015年：奪下聯盟勝投王、勝率王、防禦率王、最佳九人投手等獎項，並且入選第一屆世界12強棒球賽日本代表隊；12月4日，獲球團加薪至2億日圓（推定），高中畢業第四年就獲得年薪2億，追平達比修有的日職紀錄。
- 2016年：5月29日，對樂天隊擔任先發投手及第六棒，首度「同場二刀流」，先發7局6次奪三振失1分贏得本季第3勝，打擊則為5打數3安打2得分1打點；7月3日，對軟銀隊首度擔任先發投手及第一棒，並成為日職史上第一位首局首打席全壘打的先發投手；7月15日，明星賽首日的全壘打大賽奪得冠軍；7月16日，明星賽第二戰，以4打數3安打1支全壘打2得分2打點，獲選單場MVP；9月13日，對歐力士隊投出時速164公里速球，刷新自己保持的日職最快球速紀錄；9月28日，對西武隊完封9局、投出15次三振，日職史上首次「10勝、100奪三振、20轟、100安」，同時率領火腿隊贏得洋聯優勝；10月16日，高潮系列賽第五戰對軟銀隊，獲得生涯第一次救援成功，投出時速165公里的日職新紀錄；史上首次同時獲選洋聯「最佳九人」投手與指定打擊獎，並獲得洋聯年度MVP。
- 2017年：10月4日，對歐力士隊首度擔任先發投手及第四棒，是1951年10月7日藤村富美男以來的日職第二人，投出9局10次奪三振的完封勝，打擊則為4

打數1安打；10月12日，進行右腳關節三角骨去除手術；11月11日，召開記者會正式宣布挑戰大聯盟；12月9日，召開記者會正式宣布加盟洛杉磯天使隊，簽約金231.5萬美元，天使隊另支付火腿隊2,000萬美元入札金。

- 2018年：3月29日，開幕戰對運動家隊擔任先發第八棒指定打擊，大聯盟生涯首打席對戰先發投手葛拉夫曼（Kendall Graveman）的第一球就敲出安打；4月1日，對運動家隊完成大聯盟生涯初登板，先發6局失3分、6次奪三振，拿下大聯盟生涯首勝；4月3日，對印地安人隊先發投手湯姆林（Josh Tomlin）敲出大聯盟生涯首轟，而且是在天使主場的生涯首打席就開轟；6月8日，因右手肘尺側副韌帶二級撕裂傷列入傷兵名單，並採用自體高濃度血小板血漿注射治療；9月7日，對白襪隊先發投手洛登（Carlos Rodon）擊出當季第19轟，刷新日籍打者在大聯盟菜鳥年的最多轟紀錄；10月1日，例行賽結束次日清晨，接受右手肘尺骨附屬韌帶重建術（又稱Tommy John手術）；11月12日，獲選美聯年度新人王。
- 2019年：6月13日，對光芒隊前四個打數分別擊出全壘打、二壘安打、三壘安打、一壘安打，締造日籍選手在大聯盟的第一次「完全打擊」；9月13日，因左膝先天性髕骨分裂而進行手術。
- 2020年：7月25日，對運動家隊擔任先發第三棒指定打擊，延長賽十局上半擔任二壘跑者，成為大聯盟實施「突破僵局制」之後首名跑者。
- 2021年：4月9日，對藍鳥隊擊出大聯盟生涯第50支全壘打，超越松井秀喜，成為史上最快50轟的日籍打者；4月21日，對遊騎兵隊打出日美職棒生涯通算第100支全壘打；5月17日，對印地安人隊打出單季第13支全壘打，日籍選手第一次在兩聯盟全壘打排行榜單獨領先；7月1日，在大聯盟明星賽票選以63％高得票率，獲選美聯明星隊先發指定打擊；7月4日，以先發投手身分入選明星賽，成為史上第一位同時以投手及野手身分入選的明星球員；7月7日，對紅襪隊敲出本季第32轟，成為亞洲選手單季全壘打紀錄保持人；7月9日，對水手隊打出本季第33轟，追平1998年多明尼加籍強打索沙的「明星賽前非美籍選手最多轟」紀錄；7月12日，成為全壘打大賽史上第一位日籍選手，更是第一位投手；7月13日，大聯盟明星賽，成為繼1995年野茂英雄之後第二位在明星賽先發的日籍投手，也是第一次有先發投手兼任第一棒；9月15日，入選時代雜誌「2021年百大影響力人物（TIME100）」；9月24日，連續3場比賽共獲11次四壞保送，追平大聯盟紀錄；10月3日，球季最終戰對水手隊，以全壘打打回單季第100分打點，成為大聯盟史上第一位單季「安打、打點、得分、投球局數、奪三振」5項數據都達到三位數的選手；球季結束後獲頒美聯年度MVP等多項大獎。

# 大谷翔平：重要獎項

日本職棒時期

- 洋聯最多勝：2015年
- 洋聯最佳防禦率：2015年
- 洋聯最高勝率：2015年
- 洋聯年度MVP：2016年
- 洋聯最佳九人：2015年（投手）；2016年（投手/指定打擊）
- 單月MVP：2015年4月（投手）；2016年6月（投手）
- 洋聯最優秀投捕賞：2015年（捕手為大野獎太）
- Georgia魂賞年度獎：2014年
- 札幌巨蛋MVP：2015年、2016年
- 跨聯盟交流戰日本生命賞：2016年
- 明星賽MVP：2016年（第2戰）
- 明星賽敢鬥選手賞：2013年（第3戰）
- 明星賽SKYACTIV TECHNOLOGY賞：2013年

美國職棒大聯盟時期

2018年

- 單月最佳新人：4月、9月
- 美國聯盟新人王（11月12日）

2021年

- 單月MVP：6月、7月

季後獎項

- 《棒球文摘》大聯盟年度最佳球員（10月8日）
- 《棒球美國》大聯盟年度最佳球員（10月23日）
- 大聯盟主席歷史成就獎（10月27日）
- 球員選擇獎－大聯盟年度最佳球員（10月29日）
- 球員選擇獎－美聯傑出球員（10月29日）
- 《運動新聞 Sporting News》年度最佳球員（10月29日）
- 美聯指定打擊銀棒獎（11月12日）
- 美聯年度MVP（11月19日）
- 大聯盟年度第一隊一指定打擊（11月24日）
- 大聯盟年度第二隊一先發投手（11月24日）
- 艾德格・馬丁尼茲（Edgar Martinez）獎（最佳指定打擊）（11月30日）
- 2021年日本「新語・流行語大獎」第一名：「リアル二刀流/ショータイム」（真二刀流/Showtime）（12月1日）
- 正力松太郎賞（特別賞）（12月7日）
- 《運動新聞 Sporting News》評選「全球運動史上最偉大的五十個賽季」第一名（12月21日）
- 《美聯社AP》年度最佳男性運動員（12月28日）
- 《運動新聞》（Sporting News）年度最佳運動員（12月31日）

| 三壘打 | 全壘打 | 打點 | 盜壘 | 四壞 | 敬遠 | 三振 | 打擊率 | 上壘率 | 長打率 | OPS |
|---|---|---|---|---|---|---|---|---|---|---|
| 1 | 3 | 20 | 4 | 12 | 0 | 64 | 0.238 | 0.284 | 0.376 | 0.660 |
| 1 | 10 | 31 | 1 | 21 | 0 | 48 | 0.274 | 0.338 | 0.505 | 0.842 |
| 0 | 5 | 17 | 1 | 8 | 1 | 43 | 0.202 | 0.252 | 0.376 | 0.628 |
| 1 | 22 | 67 | 7 | 54 | 2 | 98 | 0.322 | 0.416 | 0.588 | 1.004 |
| 1 | 8 | 31 | 0 | 24 | 0 | 63 | 0.332 | 0.403 | 0.540 | 0.942 |
| 2 | 22 | 61 | 10 | 37 | 2 | 102 | 0.285 | 0.361 | 0.564 | 0.925 |
| 5 | 18 | 62 | 12 | 33 | 1 | 110 | 0.286 | 0.343 | 0.505 | 0.848 |
| 0 | 7 | 24 | 7 | 22 | 0 | 50 | 0.190 | 0.291 | 0.366 | 0.657 |
| **8** | 46 | 100 | 26 | 96 | **20** | 189 | 0.257 | 0.372 | 0.592 | 0.965 |
| 4 | 48 | 166 | 13 | 119 | 3 | 316 | 0.286 | 0.358 | 0.500 | 0.859 |
| 15 | 93 | 247 | 55 | 188 | 23 | 451 | 0.264 | 0.353 | 0.537 | 0.890 |

| 完投 | 完封 | 局數 | 打者 | 被安打 | 被全壘打 | 四壞 | 三振 | 失分 | 責失分 | WHIP |
|---|---|---|---|---|---|---|---|---|---|---|
| 0 | 0 | 61.2 | 274 | 57 | 4 | 33 | 46 | 30 | 29 | 1.46 |
| 3 | 2 | 155.1 | 639 | 125 | 7 | 57 | 179 | 50 | 45 | 1.17 |
| **5** | **3** | 160.2 | 621 | 100 | 7 | 46 | 196 | 40 | 40 | **0.91** |
| 4 | 1 | 140 | 548 | 89 | 4 | 45 | 174 | 33 | 29 | 0.96 |
| 1 | 1 | 25.1 | 105 | 13 | 2 | 19 | 29 | 9 | 9 | 1.26 |
| 0 | 0 | 51.2 | 211 | 38 | 6 | 22 | 63 | 19 | 19 | 1.16 |
| 0 | 0 | 1.2 | 16 | 3 | 0 | 8 | 3 | 7 | 7 | 6.60 |
| 0 | 0 | 130.1 | 533 | 98 | 15 | 44 | 156 | 48 | 46 | 1.09 |
| 13 | 7 | 543 | 2187 | 384 | 24 | 200 | 624 | 162 | 152 | 1.08 |
| 0 | 0 | 183.2 | 760 | 139 | 21 | 74 | 222 | 74 | 72 | 1.16 |

# 大谷翔平：美日職棒數據一覽表

## 打擊成績

| 年度 | 年齡 | 聯盟 | 球隊 | 出賽 | 打席 | 打數 | 得分 | 安打 | 二壘打 |
|---|---|---|---|---|---|---|---|---|---|
| 2013 | 18 | 日 職 | 火腿 | 77 | 204 | 189 | 14 | 45 | 15 |
| 2014 | 19 | 日 職 | 火腿 | 87 | 234 | 212 | 32 | 58 | 17 |
| 2015 | 20 | 日 職 | 火腿 | 70 | 119 | 109 | 15 | 22 | 4 |
| 2016 | 21 | 日 職 | 火腿 | 104 | 382 | 323 | 65 | 104 | 18 |
| 2017 | 22 | 日 職 | 火腿 | 65 | 231 | 202 | 24 | 67 | 16 |
| 2018 | 23 | 大聯盟 | 天使 | 104 | 367 | 326 | 59 | 93 | 21 |
| 2019 | 24 | 大聯盟 | 天使 | 106 | 425 | 384 | 51 | 110 | 20 |
| 2020 | 25 | 大聯盟 | 天使 | 44 | 175 | 153 | 23 | 29 | 6 |
| 2021 | 26 | 大聯盟 | 天使 | 155 | 639 | 537 | 103 | 138 | 26 |
| 日本職棒（5年） | | | | 403 | 1170 | 1035 | 150 | 296 | 70 |
| 大 聯 盟（4年） | | | | 409 | 1606 | 1400 | 236 | 370 | 73 |

## 投手成績

| 年度 | 年齡 | 聯盟 | 球隊 | 勝場 | 敗場 | 勝率 | 防禦率 | 場次 | 先發 |
|---|---|---|---|---|---|---|---|---|---|
| 2013 | 18 | 日 職 | 火腿 | 3 | 0 | 1.000 | 4.23 | 13 | 11 |
| 2014 | 19 | 日 職 | 火腿 | 11 | 4 | 0.733 | 2.61 | 24 | 24 |
| 2015 | 20 | 日 職 | 火腿 | **15** | 5 | **0.750** | **2.24** | 22 | 22 |
| 2016 | 21 | 日 職 | 火腿 | 10 | 4 | 0.714 | 1.86 | 21 | 20 |
| 2017 | 22 | 日 職 | 火腿 | 3 | 2 | 0.600 | 3.20 | 5 | 5 |
| 2018 | 23 | 大聯盟 | 天使 | 4 | 2 | 0.667 | 3.31 | 10 | 10 |
| 2020 | 25 | 大聯盟 | 天使 | 0 | 1 | 0 | 37.80 | 2 | 2 |
| 2021 | 26 | 大聯盟 | 天使 | 9 | 2 | 0.818 | 3.18 | 23 | 23 |
| 日本職棒（5年） | | | | 42 | 15 | 0.737 | 2.52 | 85 | 82 |
| 大 聯 盟（3年） | | | | 13 | 5 | 0.722 | 3.53 | 35 | 35 |

belle vue 31

# 大谷翔平

## 天才二刀流挑戰不可能的傳奇全紀錄

作　　者　張尤金
總 編 輯　曹　慧
主　　編　曹　慧
美術設計　比比司設計工作室
內頁排版　思　思
行銷企畫　林芳如
編輯出版　奇光出版／遠足文化事業股份有限公司
E-mail: lumieres@bookrep.com.tw
粉絲團：https://www.facebook.com/lumierespublishing
發　　行　遠足文化事業股份有限公司（讀書共和國出版集團）
http://www.bookrep.com.tw
23141新北市新店區民權路108-4號8樓
電話：（02）22181417
郵撥帳號：19504465　戶名：遠足文化事業股份有限公司
法律顧問　華洋法律事務所 蘇文生律師
印　　製　通南彩色印刷有限公司
初版一刷　2022年3月
初版十刷　2024年1月22日
定　　價　520元
I S B N　978-626-95469-3-0 書號：1LBV0031
978-626-9546947 ( EPUB )
978-626-9546954 ( PDF )



國家圖書館出版品預行編目資料

大谷翔平：天才二刀流挑戰不可能的傳奇全紀錄 / 張尤金著. -- 初版. -- 新北市：奇光, 遠足文化事業股份有限公司, 2022.03
面；　公分

ISBN 978-626-95469-3-0（平裝）
8667106513210

1. 大谷翔平　2. 傳記　3. 運動員　4. 日本

783.18　　110004656

線上讀者回函

Shohei Baseball's Two-Way Phenom

Baseball's Two-Way Phenom Ohtani